퓨처 셀프로 살아가는

_____ 에게

BE YOUR FUTURE SELF NOW

Copyright © 2022 Dr. Benjamin Hardy
Published in 2022 by Hay House Inc.

Korean translation copyright ©2024 by SangSangSquare
Korean translation rights arranged with Hay House UK Ltd.
through EYA Co.,Ltd.

이 책의 한국어판 저작권은 EYA Co.,Ltd를 통한
Hay House UK Ltd.사와의 독점계약으로
주식회사 상상스퀘어가 소유합니다.
저작권법에 의하여 한국 내에서 보호를 받는 저작물이므로
무단전재 및 복제를 금합니다.

30만 부 기념 스페셜 에디션

FUTURE SELF

퓨처 셀프

벤저민 하디 최은아 옮김

상상스퀘어

* 일러두기

1. 이 책에 수록된 참고 문헌 중 국내 출간된 도서는 번역된 제목만 표기하고, 국내 미출간 도서는 번역된 제목 옆에 원서 제목을 처음에만 병기했다.
2. 이 책에 나오는 외래어는 국립국어원 외래어표기법을 따랐으나, 외래어표기법과 다르게 굳어진 일부 용어의 경우에는 예외를 두었다.
3. 책에서 언급된 자료는 QR코드 혹은 상상스퀘어 출판사 홈페이지 (www.sangsangsquare-books.com), 도서목록에서 해당 도서로 들어가면 다운받을 수 있다.

나의 부모님 필립 하디와 수잔 나이트,
나의 형제 트레버 하디와 제이콥 하디,
나의 아내 로렌 하디,
나의 아이들 칼렙, 조단, 로건, 조라, 피비, 렉스에게
이 책을 바칩니다.

차례

- 008 이 책을 본 독자들의 후기
- 012 추천의 글
- 022 30만 부 기념 한국어판 서문
- 031 프롤로그

PART 1 미래의 나를 위협하는 요인 7가지

- 074 **위협 1** 미래에 대한 희망이 없다면 현재는 의미를 잃는다
- 083 **위협 2** 과거에 대한 부정적인 스토리는 미래를 위협한다
- 093 **위협 3** 주변 환경을 인식하지 못하면 아무 길이나 가게 된다
- 102 **위협 4** 미래의 나와 단절되면 근시안적인 결정을 내리게 된다
- 109 **위협 5** 시급한 문제와 사소한 목표가 당신의 발목을 잡는다
- 119 **위협 6** 경기장에 들어가지 않으면 당연히 패배다
- 126 **위협 7** 성공이 실패의 기폭제가 될 때가 있다
- 135 **KEY POINT** 미래의 나에 대한 위협

PART 2 미래의 나에 대한 진실 7가지

- 147 **진실 1** 당신의 미래가 현재를 이끈다
- 157 **진실 2** 미래의 나는 예상과 다르다
- 165 **진실 3** 미래의 나는 피리 부는 사람이다
- 178 **진실 4** 미래의 나를 생생하고 자세하게 그릴수록 더 빠르게 발전한다
- 186 **진실 5** 미래의 나로서 실패하는 게 현재의 성공보다 낫다

195	**진실 6** 성공하려면 미래의 나에 진실해져야 한다
200	**진실 7** 신에 대한 견해가 미래의 나에게 영향을 미친다
211	**KEY POINT** 미래의 나에 대한 진실

미래의 내가 되는 7단계

PART

217	**1단계** 현실에 맞는 목표를 명확하게 세워라
232	**2단계** 덜 중요한 목표들을 제거하라
241	**3단계** 필요에서 열망으로, 열망에서 앎으로 나아가라
250	**4단계** 원하는 것을 정확하게 요구하라
259	**5단계** 미래의 나를 자동화하고 시스템화하라
266	**6단계** 미래의 나의 일정을 관리하라
273	**7단계** 완벽하지 않더라도 공격적으로 완수하라
282	**KEY POINT** 미래의 내가 되는 단계

283	에필로그
287	감사의 말
290	30만 부 기념 한국어판 서문 원문
299	저자 벤저민 하디 줌 라이브 Q&A
318	참고 문헌
338	찾아보기

이 책을 본 독자들의 후기

2023년 10월 20일, 이 책을 10독 한 후 2023년 말에 50독을 하였습니다. 책 내용 대부분이 공감되어 매일 삶에 적용하고 싶은 마음에 50독까지 하게 됐습니다. 읽을 때마다 마치 보물상자(퓨처 셀프)에서 새로운 보물을 발견하고 꺼내는 듯한 재미를 느꼈고, 목표를 달성하기 위한 기준을 설정하는 데 많은 깨달음을 얻었습니다.

_고슴도치아빠님

프롤로그를 읽고 '우와' 감탄사와 함께 온몸에 전율을 느끼고 벅찬 감동을 참을 수가 없었습니다. 짧지만 임팩트 있고, 많은 내용이 함축되어 있음에도 쉽게 읽힙니다. 지금 저의 뜨거운 감정이 글로는 표현이 잘 안 되네요. 이 책이 변화의 시작점이 될 것입니다.

_안근호님

저처럼 책을 많이 읽지 않는 사람도 단 하루만에 몰입해서 읽을 수 있는 책입니다. 지금 저의 가장 큰 변화는 현재 마주한 '모든 시점이 다르게' 보인다는 것입니다. 즉 그토록 바랬던 변화가 시작된 것입니다! 인생에 지각변동을 일으키고 싶다면, 이 책을 반드시 읽어 보길 권합니다.

_상행성님

이 책을 읽고 미래의 나에게 편지를 쓰게 되었습니다. 지금까지 총 세 통의 편지를 썼는데 그때마다 심장이 뛰고 눈가에 눈물이 맺히는 신기한 경험을 했습니다. 이 책은 저를 살아가게 만들었고, 현재에 더욱 몰입하게 해주었습니다.

_러노님

'퓨처 셀프'라는 이전에 없던 개념을 설명해주는 이 책은 여태껏 읽어본 자기계발서 중 가장 인상 깊었고, 쉽게 읽혔으며, 실행력을 더욱 높여주었습니다.

_폴찬님

저에겐 마법 같은 책이라 남편과 두 딸에게 선물했습니다. 일에 관한 서류 외엔 글 한 줄 안 읽던 남편이 이 책을 읽고는 좋은 글귀라며 가족 단톡방에 올리고, '퓨처 셀프'와 미래에 대해 자주 이야기하곤 합니다.

_김재연님

3개월, 12개월 후의 나에게 편지를 쓰고 제 인생이 완전히 달라졌습니다. 명확한 목표가 생겼고, 스스로 변화하기 위해 노력하고 있습니다. 매일 미래의 나에게 점점 다가가고 있습니다!

_김*우님

오랜만에 만난 너무 훌륭한 책이라 쉴 틈 없이 읽어나갔고, 밑줄이 많이 그어진 책입니다. 미래의 내가 되어서 영상편지를 남겨보려 합니다. 그동안 나를 알고 싶다는 갈증이 있었는데 이 책을 만나 그 갈증을 해소할 수 있어서 기쁩니다.

_돈기부업님

오랜만에 읽는 만점짜리 책입니다! 이 책 덕분에 생각을 바꾸고 행동으로 실천할 수 있었습니다. 이 책을 하루라도 빨리 읽지 않으면 손해라고 생각합니다.

_아르비아님

삶에 엄청난 변화가 일어나기 시작했습니다. 미래를 10배 크게 상상하게 되었고, 목표가 더욱 명확해졌습니다. 미래의 나와 연결하는 것이 변화의 시작입니다.

_Ricbam님

《퓨처 셀프》를 읽으면서 인상 깊은 문장에 밑줄을 긋느라 형광펜 5개 2세트를 사용하고, 빈 공간에 이것저것을 써넣느라 책이 너덜너덜해졌습니다. 올해 읽었던 책 중에 가장 최고라 할 수 있고, 왜 베스트셀러인지 이해할 수 있었죠. 이 책은 내 미래에 확실한 시간과 노력을 지불할 가치를 알려주었습니다.

_skhaibos님

정말 되고 싶은 나만의 '퓨처 셀프'를 만났습니다. 삶의 목적을 찾았고, 이를 달성하기 위한 구체적이고 정량적인 계획을 세웠습니다. 더 나은 사람이 되기 위해 끝까지 노력하겠습니다!

_slowblue님

미래의 나와 연결되는 순간 희망이 생겼습니다. 과거의 경험을 재해석했고, 현재를 바라보는 관점이 달라졌습니다. 그렇게 제가 원하는 미래의 나와 연결되었고, 전념하는 삶을 살게 되었습니다.

_kido님

사람을 움직이게 하는 책입니다! 저는 미래에 하고 싶은 일에 대해 생각도 하고 계획도 세우지만, 실천은 하지 않는 사람이었습니다. 이 책을 읽고 드디어 행동하기 시작했습니다. 지금의 모습에서 변하고 싶다면 이 책을 꼭 읽어보시길 바랍니다!

_serendipity님

이 책을 읽고 3개월 후에 재독을 하면서 그동안 제가 얼마나 성장했는지 명확하게 알 수 있었습니다. 나아가 1년 후, 10년 후, 20년 후에는 얼마나 더 성장해 있을지 상상하니 기대감으로 벅차오릅니다.

_건강하고용감한독학자님

추천의 글

발악에서 퓨처 셀프로

신영준 박사

왜 '노력'이 아니라 '발악'일까요? 우리가 '지금' 힘들다면, 그 뿌리는 '과거'에 있기 때문입니다. 우리가 지금 보는 별빛은 사실 수백만 년 전의 모습이라고 합니다. 우리 삶도 이와 비슷합니다. 무언가 발산되고 그것이 현실에 투영되려면 어느 정도 시간이 걸립니다. 지금 너무 괴롭고 힘들다면, 그것은 과거에 했던 행동과 선택이 투영된 결과입니다. 따라서 현재의 고통을 지금 당장 바꿀 방법은 없습니다.

그렇기에 우리는 발악해야 합니다. 현재의 고통과 악순환이 반복되지 않으려면, 모든 수단을 총동원해서 미래를 바꾸어야 하기 때문입니다. 발악을 통한 발산만이 미래가 현재의 지점으로 왔을 때 고통의 순간을 마주하지 않는 확실한 방법입니다. 한 분이라도 발악을 통해 지독한 악순환을 끊으면 좋겠다는 마음으로 그동안 책과 영상 그리고 다양한 소통 수단을 통해 많은 사람에게 이 이야기를 전달하려고 노력했습니다.

그렇게 발악의 중요성을 끊임없이 설파하던 중 운명처럼 발악의 표본으로 삼을 만한 《퓨처 셀프》라는 책을 만났습니다. 제가 이 책에 관심을 갖게 된 것은 굿리즈Goodreads에 올라온 한 독서 후기 때문이었습니다. 어느 70세 어르신께서 아내와 사별한 후 죽을 날만 기다리며 살았는데, 《퓨처 셀프》를 읽고 난 후 모든 게 바뀌었고, 목적의식을 다시 느끼게 되었다는 내용이었습니다. 20년 전에 이 책을 읽었다면 너무나 좋았을 것이라는 어르신의 진한 아쉬움이 오롯이 전달되었고, 이렇게 좋은 책을 자기 조카가 어떻게든 읽게 하겠다는 다짐이 저에게 형언하기 어려운 큰 감동으로 다가왔습니다.

그 어느 때보다 책을 열심히 읽었습니다. 끌리듯이 킨들에서 영어 원서를 구매했고, 꼼꼼하게 밑줄을 그으며, 심지어 밑줄 그은 페이지를 캡처하여 정리하면서 읽었습니다. 이 글을 쓰는 순간에도 원서를 읽으면서 발견했던 보물 같은 문장들이 떠오릅니다. 이동하면서 영어 오디오북을 들었고, 한국어판 가제본이 나왔을 때 다시 정독하면서 원서에서 놓쳤던 부분을 곱씹었습니다. 최종적으로 정식 출간본이 나왔을 때 또 새로운 마음으로 읽었고, 밑줄 친 부분을 중심으로 재독하면서 읽고 또 읽었습니다.

이렇게 이 악물고 읽은 내용으로 '퓨처 셀프 인생 특강' 영상을 촬영했습니다. 책에서 배운 개념을 100퍼센트 체화하기 위해서, 더 많은 분과 함께 책의 내용을 소화하기 위해서였습니다. 저는 몇 권의 책을 썼고, 관련해서 영상도 많이 찍었고, 책과 관련 없는 영상까지 합하면 1000편이 넘는 영상을 찍었습니다. 그중 가장 기쁜 마음으로 촬영한 영상이 '퓨처 셀프 인생 특강'이었습니다. 마치 무엇에 홀린 것처럼, 이 책을 제가 집필한 느낌으로 찍었습니다. 제가 그렇게 오랫동안 주장했던 '발악이 답이다'라는 개념을 훨씬 더 구체적으로, 그리고 탄탄한 근거를 기반으로 세련되게 설명하는 책이 《퓨처 셀프》였기 때문입니다.

"과거로 돌아가면 무엇을 꼭 하고 싶나요? 왜 그것을 하고 싶나요? 그것을 하지 못한 게 현재 어떤 영향을 주나요? 그럼 지금의 행동은 미래에 어떤 영향을 줄까요? 지금 우리가 미래에서 왔다고 생각하면 어떨까요? 무엇을 해야 할까요? 바로 지금!"

"시간이 없어서 운동을 못 하고 독서를 안 하면 미래가 없어진다. 운동과 독서는 시간을 빚내서라도 해야 한다."

"작은 성공은 '독'이 될 수 있고, 큰 실패는 '득'이 될 수 있다. 유념해야 할 점은 우리가 매일 하고 있는 것이 '작은 실패'라는 것이다."

이 구절들은 7년 전에 제가 《두근두근》이라는 책을 쓰면서 적은 내용입니다. 소름 돋을 정도로 《퓨처 셀프》의 개념과 똑같습니다.

저는 《퓨처 셀프》를 읽으면서 조금의 과장도 없이 엄청난 전율을 느낄 수밖에 없었습니다. 제가 이 책을 수십 번 읽고, 수십 편의 영상을 찍은 이유이기도 합니다. 7년 전에는 '퓨처 셀프'라는 구체적인 단어를 몰랐지만, 저는 상당히 오랜 시간을 운 좋게 퓨처 셀프로 살아왔던 셈입니다.

저뿐만 아니라 주변에도 퓨처 셀프로 살고 있는 분들이 많습니다. 엄청난 업적을 이뤄낸 분들이 굉장히 구체적인 퓨처 셀프로 살아가고 있다는 사실도 알게 되었습니다. 더 나아가 현시대뿐만 아니라 역사적으로도 위대한 퓨처 셀프들이 많았다는 사실에 뭔가 벅찬 감정이 느껴지기도 했습니다.

역사에서 발견할 수 있는 가장 대표적인 퓨처 셀프가 바로 독립투사들입니다. 저는 늘 궁금했습니다. 도대체 얼마나 용감해야 목숨을 걸고 나라를 위해 자신을 희생할 수 있을까? 아무리 생각해도 이해 정도가 아니라 감조차 오지 않았습니다. 그 궁금증은 《퓨처 셀프》를 읽고 해결되었습니다. 독립운동가들은 단순히 용기를 낸 것이 아니었습니다. 이미 '온전하게 독립된 대한민국'이라는 퓨처 셀프를 기준으로 당연히 해야 할 일을 실천하셨던 것이죠. 그렇게 위대한 퓨처 셀프들의 숭고한 업적이 이해되기 시작하면서 불가능의 영역에 있던 커다란 도전에 부딪힐 마음이 조금씩 샘솟기 시작했습니다.

책을 읽고 나면 동시대에 살고 있는 퓨처 셀프들이 눈에 보이기 시작합니다. 위대한 업적을 현재 진행형으로 이뤄가는 이 시대의 기업가는 대부분 퓨처 셀프입니다. 저는 오래전에 일론 머스크Elon Musk의 인터뷰에서 굉장히 충격적인 이야기를 들었습니다. "인류가 화성으로 이주하려면 아직 시간이 많이 필요하다. 그렇기 때문에 그 과정에서 지구온난화를 늦추기 위해 전기 자동차를 보급하려는 것이 내가 테슬라를 설립한 목적이다." 솔직히 이 이야기를 들었을 때 경외감이 들 정도였습니다. 그때 느꼈던 경외감이 퓨처 셀프에 대한 동경이었음을 이제는 100퍼센트 이해하게 되었습니다.

사실 제가 책을 읽으면서 일론 머스크보다 먼저 떠올렸던 기업인은 아마존의 창업자인 제프 베이조스Jeff Bezos였습니다. 그는 최고의 의사결정을 위해 '후회 최소화 법칙'이라는 것을 만들었습니다. 어떤 중요한 의사결정을 내렸을 때 과연 죽기 직전에 그 결정을 후회할 것인지 아닌지 자신에게 물어보는 것입니다. 현재의 결정을 미래의 나에게 맡겼던 제프 베이조스는 완벽하게 퓨처 셀프 개념을 실천하고 있었습니다. 제프 베이조스는 아마존 CEO로 활동할 당시 직원들에게 어떤 상품이나 프로젝트에 대해 '미래 보도자료future press release'를 작성하도록 독려했다고도 합니다. 그는 미래 보도자료를 통해 아마존 직원들이 미래 고객의 관점에서 지금의 상품과 프로젝트를 바라보도록 만들었고, 그런 관점을 통해 혁신을 끌어내도록 아마존을 이끌었다고 합니다. 죽음을 기억하고 현실에 충실해야 한다는 메시지는 스티브 잡스Steve Jobs를 비롯해 많은 리더들이 설파했기 때문에, 저에게 후회 최소화 법칙은 현명한 사고방식 정도로 다가왔었습니다. 하지만 미래 보도자료는 퓨처 셀프 개념을 실제 회사 경영에 적용한 것으로, 똑같은 개념을 알아도 실천하는 정도에 따라 극명하게 다른 미래를 만든다는 교훈을 다시 한번 깨닫게 되었습니다.

퓨처 셀프라는 개념을 깨닫고 나면 많은 이야기에 이 개념이 녹아 있다는 사실을 알게 됩니다. 박지성 선수의 인터뷰를 보면 막연한 꿈을 가지고 사는 것이 온전하게 퓨처 셀프로 사는 것과 무엇이 다른지 조금 더 깊이 이해할 수 있습니다. 박지성 선수가 축구 꿈나무인 중고등학생들을 위해 강연을 가면 "유럽에 가고 싶은 사람 손 들어보세요"라고 질문을 던진다고 합니다. 그러면 거의 모든 친구가 손을 듭니다. 두 번째 질문으로 "그러면 지금 영어 공부 하는 사람?"이라고 물어보면 대부분 손을 들지 않는다고 합니다. 그 상황을 너무도 안타까워하는 박지성 선수의 모습을 보면서 바로 퓨처 셀프가 떠올랐습니다. 유럽에서 한국 선수가 살아남는 것은 사실 통계로 보면 거의 불가능에 가깝다고 해도 과언이 아닙니다. 사실 우리나라 K리그 1부 리그에서 뛰는 것도 소수의 선택받은 선수만 가능합니다. 그렇게 축구만 잘하는 것도 힘든데, 유럽에 진출했을 때 동료나 코치진과 소통이 어렵다면 선수 생활은 전반적으로 힘들어질 수밖에 없습니다.

그래서 손웅정 감독도 손흥민 선수의 독일 진출이 확정되자마자 바로 독일어 수업을 해줄 선생님을 수소문해서 찾았다고 합니다. 손웅정 감독과 박지성 선수는 유럽 무대에서 살아남기 위한 퓨처 셀프 중 하나가 소통임을 너무도 잘 알고 있었습니다. 이런 에피소

드들이 퓨처 셀프와 막연한 꿈의 차이를 확실하게 말해주는 것 같습니다.

야구에서도 퓨처 셀프의 중요성을 확인할 수 있습니다. 2021년부터 메이저 리그 샌디에이고 파드리스에서 뛰고 있는 김하성 선수도 영어 공부의 중요성을 강조했습니다. 2024년에 샌프란시스코 자이언츠와 계약한 이정후 선수가 메이저 리그로 오기 전에 무엇을 준비하면 좋겠냐는 기자의 질문에 "영어 공부 좀 많이 하고 오면 좋겠다"라고 답변했습니다. 만약 해외 무대에서 죽을 고생해서 성공한 운동선수들에게 타임머신을 타고 과거로 돌아가 자신에게 꼭 해주고 싶은 조언을 꼽으라고 한다면, 아마 많은 선수가 운동만큼 언어 공부가 중요하다는 사실을 알려주겠다고 말할 것 같습니다. 우리는 퓨처 셀프 관점에서 현재를 살아가는 것이 무엇보다 효과적이라는 사실을 명심해야 합니다.

성공적인 자기계발을 위해서도 퓨처 셀프 개념은 무척 중요합니다. 영어 실력 향상은 많은 사람이 꼭 달성하고 싶어 하는 목표이기에, 이를 예시로 퓨처 셀프 관점에서 이야기해보도록 하겠습니다. 여러분의 퓨처 셀프가 '영어로 유창하게 말하고 정보 습득을 완벽하게 하는 미래의 나'라고 한다면, 지금 여러분은 무엇을 해야 할까요? 무작정 열심히 영어 공부를 하면 될까요? 아닙니다. 정말로 많은 사람이 영어 정복에 도전하지만, 대부분이 원하는 결과를 얻지 못합니다. 그 이유는 퓨처 셀프로 설명할 수 있습니다.

퓨처 셀프가 구체적이고 명확할수록 지금 무엇을 해야 하는지 방향성이 명료해집니다. 일단 영어를 잘하는 미래의 나를 생각한다면, 정량적으로 중요한 결론을 도출할 수 있어야 합니다. 과연 얼마나 공부해야 영어를 유창하게 할 수 있을까요? 미군에서 한국어 통역병을 육성할 때 한국어 공부만 온종일 집중하는 과정으로 64주의 시간이 걸렸다고 합니다. 개인 공부와 숙제하는 시간까지 합하면 약 3000시간 정도 공부와 연습에 집중한 셈이죠. 어떤 기초도 없이 시작한 미국인이더라도 이 과정을 거치면 굉장히 유창하게 한국어로 소통이 된다고 하니, 우리가 영어를 마스터하려면 최소 3000시간 정도는 꾸준하게 공부해야 한다고 합리적으로 추론해볼 수 있습니다.

만약에 여러분이 하루에 1시간씩 일주일에 5번 공부한다고 하면, 단순하게 정량적으로 계산했을 때 약 11.5년을 공부해야 영어를 체화할 수 있습니다. 단 한 주도 빠지지 않고 해야 11.5년입니다. 하루에 1시간씩 꾸준하게 1년을 유지하는 경우가 얼마나 있을까요? 사실상 거의 없습니다. 그래서 영어를 유창하게 하고 싶다면 철저하게 퓨처 셀프 관점에서 생각하고 실행해야 합니다.

먼저 영어를 삶의 우선순위 3개 중에 하나로 설정해야 합니다. 그리고 일주일에 최소 10시간이 가능하다면, 20시간씩 공부할 마음으로 집중해서 꾸준하게 해야 합니다. 만약 20시간씩 꾸준히 공부한다면 짧게는 2년, 길게는 3년 정도면 충분히 가시적인 성과를 얻게 됩니다. 실제로 같이 공부하고 있는 그룹에서 이런 방식으로 성과를 낸 분들이 계십니다.

그렇게 영어의 임계점을 넘으면 업무 역량이나 세상을 보는 시야가 완전히 바뀌기 때문에 새로운 목표를 또 설정할 수 있게 됩니다. 막연하게 영어를 잘하겠다는 마음으로 시작하는 것과 미래의 내가 현재로 와서 계획을 설계하는 것은 완전히 다른 이야기입니다. 영어 공부에서 배운 사례를 다른 상황에 적용하면, 훨씬 구체적이고 정확한 계획과 우선순위 설정이 가능해집니다.

《퓨처 셀프》는 대국민 필독서입니다. 더 많은 사람이 퓨처 셀프로 살아가면서 근시안적 결정이 아닌 장기적 안목으로 의사결정을 내린다면, 단순히 개인뿐만 아니라 공동체에도 거대한 긍정적인 영향을 줄 것입니다. 이 책은 너무도 중요한 인생철학을 구체적으로 어떻게 실천해야 하는지 친절하게 알려줍니다.

특히 벤저민 하디 박사가 20년 후 퓨처 셀프로서 현재에 있는 자신의 아이들과 만나는 내용은 퓨처 셀프로 살아간다는 것이 무엇인지를 아주 쉽게 그리고 감동적으로 설명하는 부분이었습니다. 우리가 왜 경기장 안에 들어가야 하는지, 경기장 안에서 실패를 경험하는 것이 왜 중요한지 알려주는 부분에서는 더 큰 용기를 얻을 수 있었습니다. 우선순위 3개 이외의 것에 칼같이 "No!"라고 대답해야 한다는 부분에서는 가장 중요한 목표 3개를 5년, 10년 꾸준하게 성취해나간다면 10배, 100배 성장도 가능하리라는 확고한 신념을 다질 수 있었습니다.

좋은 구절이 수없이 많지만, 그중에서도 최고는 지금 우리가 하는 행동이 퓨처 셀프에게 투자하는 일인지, 부채를 안기는 일인지

판단함으로써 올바른 의사결정을 내릴 수 있다는 설명이었습니다. 정말로 인생을 관통하는 통찰이었습니다. 이것보다 더 완벽한 의사결정 기준이 또 있을까요? 제가 서두에 말했던 '발악'은 이 악물고 퓨처 셀프에 투자해야 한다는 것으로 명료하게 정리되었습니다. 이 책을 읽는 모든 독자가 중요한 의사결정을 내릴 때 꼭 퓨처 셀프를 떠올려보셨으면 좋겠습니다.

마지막으로 추천사를 통해 벤저민 하디 박사에게 좋은 책을 집필해줘서 너무나 감사하다는 말을 다시 전하고 싶습니다.

퓨처 셀프 인생 특강
신영준 박사

30만 부 기념 한국어판 서문

퓨처 셀프로 살아갈 한국 독자에게

2023년 10월, 《퓨처 셀프》가 한국에서 20만 부 가까이 판매됐다는 소식을 들었다. 놀랍고도 기쁜 소식이었다. 퓨처 셀프, 즉 '미래의 나'에 담긴 메시지와 과학적 이론이 한국 독자에게 공감을 얻었다고 생각하니 매우 행복했다. 그 소식을 듣자마자 한국의 독자와 국민과 연결되어 있다고 느꼈다. 이 책에 담긴 개념이 얼마나 중요한지에 대해 우리의 생각이 비슷한 것 같았기 때문이다.

이 책을 응원해줘서 감사하다!

이 책을 재밌게 읽고 공감해줘서 감사하다!

한국에서 《퓨처 셀프 30만 부 기념 스페셜 에디션》을 출간한다고 하여 한국 독자를 위한 특별 서문을 쓰게 되었다. 《퓨처 셀프》를 집필한 이후 얻게 된 새로운 관점과 개인적 경험을 이 서문을 통해 전하려 한다. 스페셜 에디션 출간을 결정해 새로운 아이디어를 한국 독자와 공유할 기회를 준 상상스퀘어 출판사에 감사를 전한다. 매우 영광스러운 일이 아닐 수 없다.

'미래의 나'를 다룬 과학에 관한 새로운 관점을 말하기 전에 한 가지 이야기를 먼저 들려주겠다. 몇 개월 전 친구이자 멘토였던 사람과 의견이 크게 충돌한 사건이 있었다. 한마디로 우리는 격렬한 논쟁을 벌였다. 나이가 나보다 훨씬 더 많은 그 남자는 내가 한 사람으로서 가고 있는 방향이 걱정된다고 말했다. 그는 내가 잘못된 길로 들어섰다고 생각했고, 그래서 내 영혼이 곧 길을 잃을 거라고 했다. 이런 말을 노골적으로 한 건 아니지만, 그가 하는 말에 그런 의미가 담겨 있었다.

그는 내게 자신이 운영하는 마스터마인드 그룹Mastermind group에 참여해보라고 권했다. 이 그룹에서는 구성원들이 함께 모여 서로의 내면에 잠재된 능력을 발견하도록 돕는다. 그렇게 발견한 잠재력으로 타락한 세상을 치유하고 도울 수 있는 대담한 비전과 계획을 세운다.

나는 그에게 그룹에 참여할 수 없다고 전했다. 그룹의 근본 취지가 인간 본성에 관한 내 견해와 충돌했기 때문이다. 그에게 이렇게 말했다.

"우리는 견해가 완전히 다르군요. 선생님은 인간을 고정된 창조물이라고 믿습니다. 내면에 잠재된 재능과 능력이 있어, 그것을 발견하고 계발해야 한다고 생각합니다. 그 재능을 토대로 목표와 목적을 달성할 수 있다고 믿는 거죠. 제 생각은 그와 정반대입니다. 저는 재능을 토대로 목표를 추구하는 게 아니라고 생각합니다. 오히려 목표를 세우면 그 목표가 어떤 재능을 계발해야 할지 토대를 제공한다고 생각합니다. 잠재력은 현재의 나라는 틀 안에 갇혀 있지 않습니다. 오히려 상상력과 비전이 잠재력의 크기를 보여준다고 생각합니다. 캐럴 드웩Carol Dweck 박사처럼 '고정 마인드셋'이 아니라 '성장 마인드셋'을 믿습니다. 제가 선택한 미래의 내가 현재의 내 잠재력을 결정합니다. 현재의 내가 미래의 내 잠재력을 결정하는 게 아닙니다."

그렇게 마스터마인드 그룹에 참여하지 않는 이유를 직접적이고 솔직하게 설명했다. 그러자 그는 격노하며 나를 비난하기 시작했다. 내가 끔찍한 길로 들어선 가망 없는 사람이라며 한심하게 여겼다.

그의 신랄한 비난이 쏟아지고 있을 때 아내로부터 문자 메시지를 받았다. 일곱 자녀를 돌보는 일을 도와달라는 내용이었다. 그에게 침착하게 말했다. "선생님과 의견이 달라 유감입니다. 아내한테 아이들을 봐달라는 연락이 와서 그만 가보겠습니다."

헤어질 때 그는 너무 심한 비난을 퍼부은 것을 후회하는 것 같았다. 하지만 자신이 틀렸다는 걸 인정하고 싶은 생각은 없어 보였다. 몇 시간 후 그는 문자 메시지를 보내 '재능이 목표를 정하는 게 아니라 목표가 재능을 정한다'라는 내 생각이 매우 희망적이라고 말하면서, 아까는 미안했다며 사과했다.

그렇게 대화는 끝났지만. 그 일을 계기로《퓨처 셀프》에서 다룬 개념을 깊이 그리고 치열하게 고민하게 됐다. 한 사람의 진정한 정체성과 잠재력이 무엇인지 곰곰이 생각했다. 의문의 여지 없이 모든 사람은 유일무이한 존재다. 배경, 환경, 한계, 제약이 사람마다 다르다.

하지만 내 마음에서 '사람의 잠재력이란 무엇일까?'라는 질문이 사라지지 않았다. 과거와 현재의 경험이 토대가 되어 잠재력이 결정되는 걸까? 아니면 사람들 각자의 내면 깊은 곳에 숨겨진 강력한 힘이 있어 자신이 무엇이 될지 선택할 수 있는 걸까?

테릴 기븐스Terry Givens는 이렇게 말했다.

"인생은 우리가 익혀야 하는 각본이라기보다 스스로 자유롭게 그리는 도화지에 가깝다. 하지만 각본을 익혀 사는 삶이라는 환상은 위험이 적다는 점을 내세워 우리를 유혹한다. 또 예술 작품 하나를 창조해내는 것보다 각본을 익히는 편이 더 쉽다."

개인적으로 나는 현재의 나를 크게 신경 쓰지 않는다. 현재의 나를 사랑하고 과거의 나도 사랑한다. 하지만 지금 나는 '과거의 나가 아님을' 잘 알고 있다. 심지어 일주일 전의 나도 내가 아니다. 하버드대학교 심리학자인 대니얼 길버트Daniel Gilbert는 "미래의 나에 대한 심리학"이라는 주제로 테드 강연에서 이렇게 말했다.

"인간은 자신의 모습이 완성됐다고 착각하지만, 우리는 미완성의 존재다. 지금까지 당신이 경험한 모든 사람처럼 현재의 당신은 일시적이고 순간적이며 금방 바뀐다. 삶에서 변하지 않는 한 가지 진리는 '우리가 변한다'라는 사실이다.'"

'퓨처 셀프'가 현재 내 삶의 방향과 잠재력을 결정한다. 현재의 내가 미래의 방향과 잠재력을 결정하는 게 아니다. 용기를 내어 단도직입적으로 말해보겠다. 현재의 당신은 훌륭하고 뛰어나지만, 지금 모습은 극장 스크린에 지나가는 한 장면처럼 '일시적이고 순간적이며 금방 바뀐다'. 지금 이 순간이 순식간에 지나가버리는 것처럼 말이다.

  미래의 당신은 현재의 당신과 다르다.
  하지만 어떻게 다를지는 '당신'에게 달렸다.
  비전이 원대할수록 더욱 탁월한 결정을 내릴 수 있다.
  이를 통해 《퓨처 셀프》를 쓰고 나서 중요한 개념을 깨달았다. '불가능한 목표'가 '가능한 또는 현실적인 목표'보다 더 실용적이고 유익하다는 사실이다.
  무슨 의미일까?
  최근 이 주제에 관한 연구가 활발히 진행 중이다.
  불가능한 목표가 현실적인 목표보다 왜 더 유익한지 생각해보자.

불가능할 정도로 큰 목표를 세우면 그 목표를 이루기 위해 사용할 수 있는 방법이 훨씬 적다. '2배' 성장하는 목표나 '작은' 목표를 세우면 수많은 방법을 사용해 성공할 수 있다. 반면에 '10배' 성장하는 목표나 '불가능한' 목표를 세우면 목표를 달성할 수 있는 방법이 거의 없다.

바로 이 점이 불가능한 목표에 관한 연구가 말하는 바다. '제약 이론'이라는 개념을 연구하는 학자 앨런 바너드Alan Barnard는 단계적 목표나 작은 목표가 도움이 되지 않는다는 사실을 발견했다. 목표를 달성하기 위해 해볼 수 있는 일이 무수히 많기 때문이다. 예를 들어 수입을 10~50퍼센트 올리는 게 목표라고 해보자. 10퍼센트의 수입 상승을 원한다면 아마 수백, 수천 가지 방법을 통해 원하는 수입을 얻을 수 있을 것이다. 하지만 수입을 10배(1000퍼센트) 올리기를 원한다면, 그 방법을 전혀 찾지 못할 것이다. 또한 지금 하는 일도 목표 달성에 아무런 도움이 안 될 것이다. 그렇기에 '10배' 원대한 미래가 훨씬 강력한 도구가 된다. 현재 하는 모든 일을 훨씬 더 냉정하고 치열하게 생각해야 하기 때문이다.

내 아들 칼렙을 예로 들어보겠다. 칼렙은 테니스 선수다. 칼렙의 목표가 단순히 대학생 테니스 선수라면 그 목표를 달성하기 위해 활용할 수 있는 방법은 수없이 많다. 우리 가족이 사는 플로리다주 올랜도에는 십여 개의 고등학교 테니스 과정과 수백 명의 테니스 코치가 있으며 테니스 아카데미도 많다. 대학생 테니스 선수라는 목표를 이루는 데는 그 많은 방법이 분명히 효과적일 것이다.

하지만 칼렙의 목표는 비현실적으로 원대하다. 칼렙은 프로 테니스 선수가 되기를 원한다. 그러면 지금 눈앞에 있는 많은 방법이 대부분 목표 달성에 도움이 되지 않을 것이다. 솔직히 플로리다 전역에서 칼렙을 프로 선수 수준으로 제대로 이끌어줄 코치도 손에 꼽을지 모른다.

따라서 칼렙이 '10배' 이상의 목표를 세운다면, 현재 테니스 실력과 훈련 과정을 더욱 까다롭고 정직하게 평가할 수밖에 없다. 현재의 훈련 과정은 프로 수준으로 실력을 향상하는 데 도움이 되지 않는 것처럼 보일 수 있기 때문이다. 10배 이상의 목표를 이루려면 어떤 전략을 써야 할지 고민할 수밖에 없다. 그래서 목표가 클수록, 심지어 불가능한 목표일수록 지금 상황을 정직하고 냉철하게 바라보게 된다. 10배 더 큰 미래의 나 또는 불가능한 미래의 나를 목표로 삼으면, 지금의 방법 대부분은 그 목표를 이루는 데 도움이 되지 않는다. 지금 하는 일 대부분이 그 목표와 상관없는 일이다. 그래서 불가능한 목표는 강력한 도구가 된다.

나는 이 원칙을 미래의 나에 적용했다. 향후 3년 동안 이룰 개인적 목표들은 터무니없이 비현실적이다. 솔직히 그 목표들을 이룰 수 있을지 모르겠다. 하지만 현재의 내가 그 일을 할 수 있을지 없을지 생각하는 건 의미가 없다. 미래의 나는 지금과는 다른 사람이고, 그 사람은 이미 그 일을 이루었다.

아인슈타인은 "상상력이 지식보다 더 중요하다"라고 말했다.

미래의 나를 상상하며 창조할 때 과거나 현재의 나를 토대로 삼을 필요는 없다. 과거나 현재의 나에 갇히지 말고 미래의 나를 상상하고 결정하라. 현재의 나보다 10배 더 위대하고 10배 더 탁월한 미래의 나를 상상하라. 그러면 그 미래의 나는 지금 하는 일 대부분을 중단하라고 요구할 것이다.

'일관성 원칙'이라는 심리학 개념이 있다.[2] 사람들은 다른 사람에게 일관성 있게 보이기를 바란다는 의미다. 그래서 이런 원칙이 미래의 나에게 문제가 될 수 있다. 일관성 있는 사람으로 보이고 싶기 때문에, 자신이 바라는 미래의 내가 아닌 과거의 나와 일관성을 유지하려는 함정에 빠질 수 있다.

여기에 냉혹하고 어려운 현실이 있다.

'불가능한' 미래의 나를 목표로 세운다면 과거의 나와 일관성을 절대 유지할 수 없다.

현재 당신이 누구인지, 무엇을 할지 결정하는 건 과거가 아니라 미래다. 당신의 미래가 현재를 결정한다. 현재가 미래를 결정하는 게 아니다.

이러한 개념을 지난 몇 년 동안 몇 가지 방식으로 활용했다. 나는 《퓨처 셀프》를 집필한 이후 훨씬 더 원대하고 불가능한 목표들을 추구하고 있다. 그러면서 내 인생은 믿기지 않을 정도로 변하고 발전했다.

그렇다. 그렇게 하려면 엄청난 전념과 용기가 필요했다.

하지만 그 결과 놀라운 변화와 성장을 맛보았다.

여러분도 3년에서 5년마다 불가능한 목표를 세웠으면 한다. 그러면 3년에서 5년마다 그전까지 이룬 모든 것을 합한 것보다 10배 더 많이 이루고 성장할 것이다.

여러분도 할 수 있다.

단, 현재나 과거의 내가 아닌 '퓨처 셀프'에 전념해야만 가능하다.

'퓨처 셀프'에 투자하고 있는 한국 독자를 진심으로 응원한다!

조만간 한국을 방문해 여러분을 만나기를 바란다.

《퓨처 셀프》 독자의 성공을 함께 축하해주고 싶다.

2024년 7월 16일
벤저민 하디

*저자의 원문은 290p에 수록했습니다.

프롤로그

현재와 미래가 달라지는 놀라운 혁명

"당신이 되고자 하는 사람이 됐다고 상상하라.
그러면 지금 구원을 얻을 것이다."
_네빌 고다드 Neville Goddard[1]

당신이 어디에
가장 몰입하는지
확인하라

2015년 10월 4일 저녁, 17세의 지미 도널드슨Jimmy Donaldson은 11학년(우리나라 고등학교 2학년에 해당함-옮긴이) 역사 시험공부를 제쳐두고 4개의 유튜브 동영상을 촬영했다.

3년 전부터 지미는 열심히 유튜브 영상을 제작했지만, 이번 촬영은 달랐다. 전에 찍은 영상들은 대부분 비디오 게임 해설이나 유명 유튜버의 생활과 수입에 관한 이야기였다. 하지만 이번 영상은 자기 자신과 나누는 은밀하고 솔직한 대화를 구독자들에게 들려주는 형식이었다.

첫 번째 영상에서 지미는 6개월 후 미래의 나에게 말했다.

두 번째 영상에서는 12개월 후 미래의 나에게 말했다.

세 번째 영상에서는 5년 후 미래의 나에게 말을 걸었다.

네 번째 영상에서는 10년 후 미래의 나에게 말했다.

각 영상의 길이는 약 2분이었다.

극적이고 짜릿한 장면은 전혀 없었다.

하지만 그 중요한 순간에 지미는 미래의 나에게 원하고 기대하는 모습을 있는 그대로 솔직하게 말했다.

평소 같으면 영상을 찍자마자 올렸지만, 이번에는 2015년 10월 4일을 기점으로 각 영상이 정확하게 6개월 후, 12개월 후, 5년 후, 10년 후에 공개되도록 예약 설정해두었다.

6개월 후인 2016년 4월 4일, 첫 번째 영상이 지미의 유튜브 채널에 공개되었다.[2]

이 영상은 지미가 컴퓨터 화면을 보여주며 자신이 운영하는 유튜브 채널의 현재 통계를 강조하는 것으로 시작되었다.

"이 영상을 찍고 있는 순간 내 채널은 구독자가 8000명이고 180만 건의 조회 수를 기록하고 있어. 그러니 이 수치와, 여러분이 이 영상을 볼 때의 수치를 비교해보길."

그런 다음 그는 미래의 나와 짧은 대화를 나눈다.

"6개월 후 나에게 하고 싶은 말은? 그때도 매일 영상을 업로드하고 있으면 좋겠어. 구독자가 적어도 1만 5000명은 됐으면 하는 게 미래의 내 모습이야. 그렇게 되지 못하면 창피할 것 같아. (구독자에게) 여러분도 음, 그래…. 지금도 나는 여전히 유튜브를 즐기고 있어. 미래의 나도 계속 그러면 좋겠어. 6개월 안에 내 채널의 구독자가 2만 명 정도로 말도 안 되게 많아진다면 얼마나 근사할까."

지미는 6개월 목표를 달성했다. 그뿐 아니라 2016년 10월 4일, 12개월 후 〈미래의 나〉 영상이 공개될 무렵에는 6개월 전보다 구독자가 10배 증가해 구독자는 20만 명 이상이 됐다.

그는 수백만 명이 조회하는 영상을 지속적으로 만들었다.

그의 영상은 점점 대담해지고 혁신을 거듭했다.

그는 또 다른 자아인 '미스터 비스트 MrBeast'라는 브랜드를 만들었다.

미래의 나와 대화를 나눈 영상은 지미의 인생에서 전환점이 됐다. 자신과의 솔직한 대화는 지미가 꿈을 향해 용기를 내는 결정적인 변곡점이 됐다. 몇 년 후 그는 인터넷에서 돌풍을 일으키며 수억 달러를 벌어들였다. 지금도 그의 인기는 여전하다.

미래의 나의 모습을 사람들에게 공개하는 즉시, 과거의 모습에서 벗어날 것이다

 그날 밤 역사 시험을 포기하고 미래의 나라는 영상을 촬영해 공개하면서 지미는 다른 사람이 됐다. 실제로 지미의 유튜브 영상을 보면, 2015년 10월 전과 후가 어떻게 다른지 그 차이를 뚜렷하게 볼 수 있다. 달라진 영상에는 비디오 게임이 진행되는 모니터가 아니라 지미의 모습이 더 자주 등장한다. 자신이 만든 '미스터 비스트'라는 브랜드를 홍보하고, 영상에 자주 출연하는 친구들을 불러 모아 브랜드를 지원해달라고 요청했다.

 2016년 6월 1일, 지미의 첫 번째 영상은 엄청난 입소문이 나면서 2000만 건 이상의 조회 수를 기록했다. 지미와 친구들은 최고의 유튜브 영상을 선보인다며 댓글을 달았다. 영상에는 시각 효과를 더

많이 활용했고, 미스터 비스트는 더욱 자신감을 얻어 으스대며 활개 쳤다.³

며칠 후 지미는 흥미로운 묘기나 우스꽝스러운 재주를 보여주며 자신만의 스타일을 선보였다. 한번은 피크닉 테이블을 구매한 후 플라스틱 버터 칼만 사용해 그 테이블을 반으로 잘랐다. 테이블을 자르기 위해 플라스틱 칼 수천 개를 사는 데 60달러 이상을 썼고, 미션을 수행하는 데 수십 시간이 걸렸다. 이 영상의 조회 수는 300만 건 이상을 기록했다.⁴

2016년 8월 23일, 친구가 식품 포장용 랩 100개를 이용해 자신을 둘둘 마는 영상을 올려 200만 건의 조회 수를 기록했다.⁵

2016년 10월 16일, 인터넷 광고를 읽자마자 그 광고가 즉시 현실이 되는 상황극을 만들어 올렸다.⁶ '공짜 아이패드 당첨'이라는 광고를 읽으면 순식간에 그의 현관에 새 아이패드가 나타났다. '당신의 노트북을 100배 더 빠르게'라는 광고를 읽으면 그의 무릎에 어느새 새로운 노트북이 있었다. 그는 노트북을 놓고 친구들과 농담을 하다가 영상에 등장한 노트북을 부수면서 영상을 끝냈다. 이 영상으로 미스터 비스트는 600만 건의 조회 수를 기록했다.

2017년 1월 8일, 미스터 비스트는 10만까지 세는 모습을 생방송으로 내보냈다.⁷ 이 미션을 완수하는 데 거의 40시간이 걸렸다. 조회 수는 2000만 건을 기록했다. 한 달 뒤에는 20만까지, 그다음에는 30만까지 셌다.⁸,⁹

2017년 8월에는 로건 폴Logan Paul이라는 이름을 10만 번 말하는

모습을 촬영했다.[10]

우스꽝스럽고 터무니없는 미션을 선보이던 지미는 '자신이 바라는 미래의 나'로 방향을 전환했다. 그는 더욱 대담한 실험을 펼쳤는데, 미스터 비스트 브랜드를 키우기 위한 주요 전략으로 기부 영상을 찍기 시작했다.

2017년 6월 15일, 자신이 직접 노숙자에게 1만 달러를 기부하는 영상을 올렸다.[11] 나중에는 10명의 노숙자에게 각각 1000달러를 주었다.[12]

2017년 8월 15일, 게임 영상을 생중계하는 온라인 게이머들을 무작위로 골라 1만 달러를 기부하는 자신의 모습을 촬영했다.[13]

기부 영상은 느닷없이 큰돈을 받은 사람들이 어쩔 줄 몰라 하는 반응에 초점을 맞췄다.

2017년 8월 23일에 올린 영상에는 피자 배달원들에게 1만 달러를 팁으로 주고 그들이 놀라는 모습을 보며 따뜻하게 미소 짓는 지미의 모습이 담겼다.[14] 영상 속에서 지미는 기부받은 돈이 자신과 아내에게 큰 도움이 된다며 눈물을 흘리는 남자를 끌어안았다.

2017년 8월 30일에는 우버 기사에게 1만 달러를 팁으로 주었다.[15]

지미의 채널에는 여러 후원자가 있었다. 후원금 규모가 점점 커지면서 지미는 더 많은 돈을 기부할 수 있었다. 그에 더해 규모가 큰 미션이나 게임을 수행해 사람들이 더 큰돈을 얻을 수 있게 했다.

그는 얼마나 많은 풍선을 매달아야 공중에 뜰 수 있는지 실험했고, 자신이 사는 주에 있는 모든 월마트를 찾아다니며 스니커즈 초코바를 사기 위해 100시간 이상을 운전했다. 동전만 가지고 자동차를 구입했고, 채널의 300만 번째 구독자에게 1페니짜리 동전 300만 개를 주었다.[16,17,18,19]

2020년 10월 4일, 세 번째 영상이 공개되자 미스터 비스트는 떠오르는 유튜브 스타가 됐다.

채널의 구독자 수는 4000만 명이 넘었고, 그의 이름을 모르는 사람이 없었다.

그는 30명 정도로 이루어진 팀을 꾸려 유튜브 제작 사업을 했고, 연간 수익은 1억 달러를 넘었다.

영상들은 평균 3000만 건의 조회 수를 기록했고, 일부 영상의 조회 수는 수억 건에 달했다.

5년 후 미래의 나와 대화를 나눈 영상은 6개월 후, 12개월 후 대화 영상보다 조금 더 깊이 있는 내면의 대화를 보여주었다. '안녕, 5년 후의 지미야'에서 17세의 지미는 훨씬 달라지고 성숙해진 미래의 나와 연결되어 있었다.

"지금 나는 고등학생이야. 이 영상을 볼 때에는 어디에 있을까. 음…. 대학은 아닐 거야. 대학을 졸업한 후겠지. 와. 녀석. 정말 근사한데!"

그의 머릿속에서 온갖 생각이 피어나는 것 같았다.

"지금 나는 2015년에 있어. 5년 후에 내가 죽었으면 어떡하지?"

지미의 얼굴에는 두려운 기색이 역력했다. 더는 말해서는 안 된다는 듯 입을 막았다. 그의 눈이 커졌다. 겁에 질린 표정으로 계속 말했다.

"오, 섬뜩할 것 같아. 너무 섬뜩할 거야. 편히 잠드소서. 정말 이상하겠군."

이 영상이 유튜브 채널에서 방송될 때 자신이 죽었을 수도 있다는 점을 곰곰이 생각한 후 지미는 미래의 나에 대해 더 진지해졌다.

"여러분이 이 영상을 볼 때 채널의 구독자가 100만 명이 안 된다면 내 인생은 완전히 실패한 거야. 100만 명의 구독자를 만들고 싶어…. 100만 명의 구독자를 만들겠어!"

꼭 그렇게 되고 말겠다는 그의 신념은 더욱 확고해진다.

한편 꿈을 실현해야 한다는 무게감이 그를 압도했다. 지미는 의자에 앉아 생각에 잠겼다.

이후 머리카락이 날릴 정도로 숨을 내뱉었다.

"야, 그건…."

지미는 말을 잇지 못하며 머리를 절레절레 흔들었다. 그리고 눈을 감은 채 자신이 원하는 게 무엇인지 절박한 심정으로 깊이 생각했다. 그는 고개를 저으며 침실의 천장을 응시했다. 자신이 바라는 미래의 나에 매우 깊숙이 연결된 나머지 촬영하고 있다는 사실도 잊었다.

잠깐의 상상을 끝낸 후 다시 카메라 앞에서 자신과의 대화를 이어갔다.

"내가 어느 대학을 가게 될지는 모르지만 여러분이 이 영상을 볼 때쯤이면 고등학교를 졸업하고 대학도 나왔겠지…. 아마 유튜브 크리에이터를 직업으로 삼았을 거야…. 어쩌면…. 어쩌면…."

그는 꿈을 이야기하면서 손톱을 물어뜯었다.

"이봐, 지금쯤이면 정말로 100만 구독자가 있어야 한다고. 미래의 지미야, 제발. 지금 내 손에 무슨 짓을 하는 거지?"

그는 꿈을 한 번 더 선언하며 영상을 끝냈다.

"이 영상이 공개될 때 100간 명의 구독자를 만들어놓겠어."

이 책을 쓰고 있던 2021년 12월은 미스터 비스트의 '안녕, 5년 후의 지미야'가 방송된 지 1년이 조금 지난 시점이다. 당시 지미는 8200만 명이 넘는 구독자를 보유했으며 그의 미션은 더욱 대담해졌다. 그리고 자신이 꿈에 그리던 모습이 됐다. 나아가 계획보다 더 높은 곳으로 거듭거듭 도약했다.

지난 6년간 지미에게 일어난 변화는 믿어지지 않을 정도다. 지미는 침실에서 유튜브 영상을 찍으며 수익을 전혀 올리지 못하던 17세 청소년이었다. 그런 그가 세계에서 가장 유명한 사람 중 한 명이 됐다. 엄청난 부를 쌓고 비즈니스 기술을 익힌 그는 언젠가 미국의 대통령이 되기를 꿈꾼다.

당신과 나도 지미와 비슷한 결과를 얻기 위해 참그할 방법이 있을까? 당연히 있다. 정말 가슴 뛰는 답변 아닌가? 최근 심리학 연구에서는 미스터 비스트의 놀라운 변화를 아주 간단한 이론으로 설명한다. 당신도 그 방법을 적용해 인생을 바꿀 수 있다.

이 책이 그 방법을 확실하게 보여줄 것이다.

심리학의 변화

"심리학의 역사에서는 사람과 동물이 과거에 좌우된다는 프레임이 우세했다."
_마틴 셀리그먼 *Martin Seligman* 외[20]

1800년대 말에서 1900년대 말까지 심리학은 인간의 문제에 초점을 맞추었다. 병리학이라고 불리는 이론과 치료법은 우울증이나 자살 등의 문제를 줄이는 데 중점을 두었다. 인간 번영이라는 개념은 거의 강조되지 않았다.

이 기간 동안 과학은 인간이라는 존재가 과거의 직접적인 산물이라는 사상을 제창했다. 이런 관점을 '결정론determinism'이라고 한다. 즉, 인간의 행동은 앞에서 쓰러지면 연달아 쓰러지는 하나의 도미노 패에 불과하다는 사상이다.[21, 22, 23, 24] 과거의 사건인 도미노

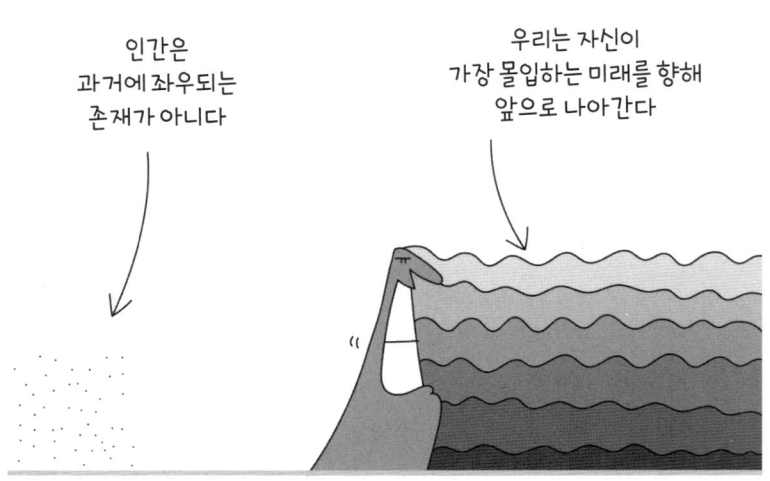

패들은 현재 당신이 누구인지, 무엇을 하고 있는지를 결정한다. 인간의 권한이나 자유는 없다. 그저 자극과 반응만 있을 뿐이다. 다시 말해 결정론에 따르면 오늘의 삶은 과거를 재조합한 삶이다.

결정론이 지배적인 관점이었지만, 이 사상에는 심각한 한계와 부정적인 요소가 있다. 인간이 겪는 문제는 수없이 많은데 그 문제들을 과거를 통해서만 설명할 수 있었기 때문이다. 안타깝게도 심리학의 주요 목표는 문제를 해결하는 게 아니라 설명하는 것이었다.

1990년대에 자칭 '긍정 심리학자positive psychologists'라는 혁신적인 심리학자 집단이 나타나 심리학의 핵심 신조에 의문을 제기했다. 그들은 과거와는 다른 질문을 던지며 무엇이 사람을 행복, 건강, 성공으로 이끄는지 탐구하기 위해 색다른 유형의 실험을 진행했다.

과학 기술과 신경과학의 획기적인 발전을 등에 업고 진행한 실험을 통해, 연구자들은 사람들이 어떤 요인 때문에 현재의 모습에 이르렀는지 새로운 해석을 내놓았다. 그런 현대 연구 결과들은 과거의 주장과는 상반된 설명을 제시한다.

최근 심리학 연구에서는 과거가 우리의 행동과 삶을 좌우하지 않는다는 사실을 보여준다. 오히려 인간은 미래를 향해 앞으로 나아가는 존재임을 많은 증거로써 제시한다.[25]

인간이라는 존재인 우리는 이 행성에서 다른 종이 갖지 못한 독특한 특징을 지녔다. 미래를 생각할 수 있는 능력뿐 아니라 미래에 대해 수많은 시나리오를 상상할 수 있는 능력이 있다. 거기에 더해

인간은 미래의 가능성을 깊이 생각할 수 있다.[26]

예를 들어 어떤 직업을 선택할지, 어디에서 지낼지, 다른 나라로 이주할지, 현지에 남을지 등 당신 앞에는 수많은 선택지가 있다. 인간에게는 삶에서 성취할 가능성이 있는 미래가 수백 가지 있다. 스스로 내리는 결정도 수없이 많다. 우리는 수많은 선택지 앞에서 고민하며 어떤 방향으로 갈지 최종 결정을 내린다.

심리학에서는 인간의 이러한 독특한 능력을 '전망prospection'이라고 한다. 즉, 어떤 일을 하든 그 행동은 미래의 예측을 동력으로 삼는다는 것이다.[27] 전망은 '목적론적 세계관'을 바탕으로 한다. 인간의 모든 행동과 행위는 장기적 또는 단기적 목적에 좌우된다는 견해다.[28]

이 견해로 볼 때 인간의 모든 행동에는 목적이 있다. 목적의 다른 말은 목표다. 인간의 모든 행동은 개인이 의식하지 못하더라도 목표 지향적이다.

예를 들어 음식을 꺼내려고 냉장고를 연다고 가정해보자. 이 행동의 목표는 허기를 채우거나 심심해서 무언가 간식거리를 찾는 것이다. 목표가 무엇이든 그 목표가 냉장고를 열게 하는 동력이다.

또 다른 예를 생각해보자. 학생마다 학교에 가는 다양한 이유가 있다. 대학에 갈 자격을 갖추기 위해 학교에 가는 학생이 있는가 하면, 부모의 강요에 못 이겨 어쩔 수 없이 가는 학생도 있다. 교실에 앉아 있는 이유가 무엇이든 모든 학생은 나름의 목적을 달성하기 위해 그곳에 있는 것이다.

목적을 의식하지 못할 수도 있고 목적이 동기부여를 하지 않을 수도 있지만, 그래도 목적은 여전히 존재한다. 해로운 약물을 복용하거나 소셜미디어로 시간을 낭비하는 경우라면 즉각적인 만족이나 현실 도피가 목적일 수 있다. 그런 행동 이면에도 다 이유가 있다.

자신에게 몇 가지 질문을 해보라.

- 이 행동을 하는 이유 또는 목표가 무엇인가?
- 이 행동으로 나는 어떤 이득을 얻는가?
- 이 행동의 결과는 무엇인가?

특정한 사건이나 행동은 다음 3단계로 이해할 수 있다.

1. 무엇
2. 어떻게
3. 왜

1단계는 일어난 사건이 무엇인지 설명하는 능력이다. 이 단계에서는 '그는 학교에 갔다'라는 식의 말을 할 수 있다.

2단계는 행동이 어떻게 일어났는지 설명하는 능력이다. '그는 차를 타고 학교에 갔다'라는 식으로 말할 수 있다.

3단계는 왜 그런 행동을 했는지 설명하는 능력이다. 누군가가 하는 행동에는 반드시 '왜'가 있다. 이 '왜'가 행동의 이유 또는 목표다.

왜를 아는 것이 가장 심오하고 강력한 형태의 지식이다. 왜는 '무엇과 어떻게'의 동력이기 때문이다. 정확한 정보를 바탕으로 주가가 왜 오르내리는지 알 때 투자를 결정하기가 더 수월하다. 어떤 사람이 특정 행동을 왜 하는지 알 때 그들을 더 잘 이해할 수 있다.

인간 행동 이면에는 언제나 왜 또는 목표가 있다. 인간의 모든 활동에 목적이나 이유가 있는 것이다. 따라서 자신이 어떤 목적이나 목표를 선택하는지 명확하게 의식해야 한다. 그러면 방법은 저절로 나타나기 시작한다. 행동은 목적이나 목표를 따라가게 마련이기 때문이다. 의식적인 목표가 없다면 어떻게 해야 할지 몰라 좌충우돌하며 혼돈에 빠지고 만다.

목표나 동기는 모두 접근 또는 회피라는 두 범주로 나뉜다.[29, 30] 일어났으면 하는 일에 대한 접근 또는 일어나지 않았으면 하는 일에 대한 회피, 이 두 가지가 어떤 행동을 하는 이유다. 일반적으로 80퍼센트의 사람들이 회피나 두려움이 동력이 되어 행동한다. 그에 반해 접근이나 용기가 동력이 되어 행동하는 사람은 20퍼센트 정도다.

데이비드 호킨스David Hawkins는 다음과 같이 말한다.

광고업계는 상품을 팔기 위해 우리의 두려움을 이용한다. 슬픔은 과거와 관련이 있지만, 우리가 일반적으로 경험하는 두려움은 미래에 대한 것이다. 대개 사람은 걱정과 불안, 공포를 안고 살아가며 날마다 두려움이라는 감정을 느낀다…. 불쾌한 감정이며, 두려움은

미래에 대한 두려움이다. [37]

접근 동기와 회피 동기 둘 다 목표다. 예를 들어 집을 잃지 않으려고 직장에 가는 것은 회피 동기가 목표인 행동이다. 한편 승진하려고 직장에 가는 것은 접근 동기가 목표인 행동이다.

접근 또는 회피를 위한 목표나 이유는 그것이 긍정적이든 부정적이든 생각, 에너지, 행동에 동력을 제공한다.

모든 경우 인간은 자신이 상상하는 미래를 근거로 행동한다. 자신이 피하고 싶은 미래일 수도 있고, 만들려고 노력하는 미래일 수도 있다. 또한 수십 년 후의 미래일 수도, 몇 초 후의 미래일 수도 있다.

사람들의 행동은 주로 두려움이 동력이 되지만, 단기적인 목표를 추구하는 행동도 많다. 이를테면 직장에서 소셜미디어에 정신을 빼앗기거나, 퇴근 시간과 주말만 기다리거나, 쇼핑을 하는 것 같은 눈앞의 만족을 추구하며 행동하는 사람이 많다.

래퍼이자 비즈니스 거물 피프티 센트50 Cent와 작가 로버트 그린Robert Greene이 함께 저술한 《50번째 법칙》에는 다음과 같은 내용이 있다.

> 이성적이고 의식을 지닌 창조물인 인간의 본성상 우리는 미래를 생각하지 않을 수 없다. 하지만 사람들은 대부분 두려움 때문에 미래를 좁은 울타리 안에 가두고 만다. 내일과 몇 주 후에 대한 고민

에 빠지기 일쑤며 몇 달 후를 대비해 막연한 계획을 세운다. 대개 우리는 발등에 떨어진 문제들을 처리하느라 지금 순간 너머를 바라보기 어렵다. 하지만 미래를 더 멀리 깊이 생각할수록 원하는 모습으로 만들 능력은 더욱 향상된다. 이것이 힘의 법칙이다.[32]

두려움이 동기가 되면 용기와 비전이 동기가 되는 것보다 낮은 수준의 의식 상태에 머물게 된다. 두려움을 초월해 수용과 용기, 사랑을 행동의 이유로 삼으려면 더 높은 수준의 정서가 발달해야 한다.

두려움이 인간 행동의 핵심적인 감정 요인이기는 하지만, 먼 미래를 내다보지 못하는 게 꼭 두려움 때문만은 아니다. 일부 심리학자는 인간이 수년 또는 수십 년 후의 미래를 효과적으로 생각하도록 진화하지 않았다고 믿는다.[33] 수렵·채집 시대에 살던 우리 조상은 65세에 은퇴하는 것을 계획하지 않았다. 그 대신 그들은 다음 끼니를 해결하기 위해 전략을 짜거나 다른 동물에게 잡아먹히지 않으려고 애썼다.

오늘날 인간은 앞날을 생각하려고 힘겹게 노력한다. 그 증거로 미국인이 은퇴 계획을 세우기 시작하는 평균 연령이 27세라는 점을 보면 알 수 있다. 그런데 목표한 은퇴 자금을 다 모으는 데 거의 40년이 걸린다. 그렇게 모은 총 은퇴 자금은 평균적으로 10만 7000달러(약 1억 3500만 원) 정도다. 27세라는 나이에서 보면 꽤 큰돈 같지만, 은퇴 후 한 달 수입이 310달러에 불과한 금액이다. 맙소사.

인간이 장기적인 미래를 생각하고 계획을 세우기 어려운 또 다른

 이유는 평균 수명이 지난 150년 사이에 거의 두 배로 늘어났기 때문이다. 1860년, 미국의 평균 기대 수명은 39세였다.[34] 그러니 어떻게 80년 후라는 긴 세월을 내다보고 계획을 세울 수 있었겠는가.
 많은 요소가 성공적인 삶을 사는 것을 방해한다. 따라서 두려움과 부정적인 생각, 단기적인 시각에서 벗어나야 한다. 적극적이고 장기적이며 사랑을 토대로 목표를 세우는 것이 성공적이고 행복한 삶을 사는 길이다. 미래의 나를 바라보는 시각이 곧 우리가 나아가야 할 길을 알려주는 나침반이다.
 그래서 전망, 정체성, 미래의 나를 주제로 한 연구가 점점 많아지고 있다. 미래의 나에 대한 시각의 중요성을 연구하는 심리학자들도 점점 더 늘고 있다. 저명한 심리학자들의 테드 강연은 미래의 나를 창조하고 미래의 나와 연결하는 일의 중요성을 강조한다.

다음은 최근 몇 년 동안의 테드 강연 주제다.

- 〈미래의 나에 대한 심리학〉[35]
- 〈현재의 나와 미래의 나 사이의 싸움〉[36]
- 〈미래의 나에게 묻는 근본적인 질문〉[37]
- 〈미래의 나로 가는 여정〉[38]
- 〈미래의 내가 제공하는 지침〉[39]
- 〈미래의 나에게 인사하기〉[40]
- 〈미래의 나를 어떻게 도울 수 있을까?〉[41]
- 〈미래의 나를 위한 적극적인 생각〉[42]
- 〈현재의 나를 미래의 나로 만드는 방법〉[43]
- 〈미래의 나에 대한 도전〉[44]
- 〈미래의 내가 되는 방법〉[45]

미래의 나를 다루는 심리학이 계속 발전하고 점차 설득력을 얻으면서, 미래의 나에 대한 코칭 및 명상 프로그램도 개발 중이다. 하지만 이 주제를 완벽하게 다룬 책은 아직 없다. 심리학자들의 연구는 아직 다듬어지지 않은 초기 단계다. 미래의 나에 대한 심리학은 앞으로 20년 동안 계속 발전할 것이다. 이 책에서 미래의 나와 관련된 최근 심리학을 소개하려고 한다.

매우 실용적인 이 책을 읽으면서 당신은 다음 내용을 배울 것이다.

- 미래의 나에 대한 심리학
- 원하는 미래의 나와 연결하고 그 모습을 만드는 방법
- 미스터 비스트처럼 미래의 나를 현재 상상할 수 있는 수준을 초월해 확장하는 방법

미래의 나와 연결되는 수준이 현재의 삶과 행동 수준을 결정한다. 연구 결과가 명확히 보여주듯이 미래의 나와 더 깊이 연결될수록 지금 더욱 현명한 결정을 내릴 수 있다. 미래의 내가 어떤 모습일지 깊이 생각해보라. 그러면 풍요로운 은퇴 생활을 위해 계획을 잘 세워 효과적으로 투자하며, 열심히 운동하고 올바른 식습관을 유지할 가능성이 커진다. 일탈 행위나 자기 파괴적인 행위를 할 가능성은 줄어든다. [46, 47, 48]

미래의 나라는 개념은 단순하지만 거의 활용되지 않는다. 현명한 결정을 하려면 그 결정이 어떤 결과를 가져올지 알아야 한다. 어떤 결과를 바라는가? 그 결과를 철저하게 분석해 바라는 결과가 나오도록 행동해야 한다. 그것이 최고의 결정이자 행동이다. 원하는 것에서 시작해 거꾸로 가라. 목표를 향해 가기보다 목표라는 지점에서 생각하고 행동하라. 우리 뇌는 저절로 그렇게 작동한다. 신경과학자들은 뇌가 기본적으로 미래를 예측하는 기관이어서 미래를 현실로 만드는 행동을 유발한다는 데 동의한다. [49] 배움은 뇌의 예측 능력에 최신 정보를 제공해 그 능력을 향상하는 과정이다. [50]

가고자 하는 곳이 명확할수록 무수한 선택지 사이에서 방황하는

일이 줄어든다.

　미래의 나와 단절되면 사람들은 자기 발등에 떨어진 불만 끄느라 정신없다. 그렇게 시급한 일들만 처리하다 보면 좋은 성과를 얻을 리 없다. 하지만 이는 대다수 사람들의 일반적인 모습이다.

　많은 사람이 주로 단기적인 목표를 추구하며, 그런 결정이 장기적으로 어떤 결과를 가져올지 생각하지 못한다. 이런 현실이 2010년 〈심슨 가족The Simpsons〉의 '머니바트MoneyBart'라는 에피소드에서 다루어졌다(〈심슨 가족〉은 미국의 방송사 FOX에서 방영 중인 최장수 프로그램 중 하나다. '머니바트' 에피소드는 2010년 10월 10일에 방송됐다.-옮긴이). 무책임한 아버지 호머는 가장의 책임을 다하지 않고 술에 빠져 현실을 회피했다.[51]

　호머의 아내 마지는 호머가 가장 노릇을 제대로 하게 하려고 이렇게 말한다. "언젠가 아이들은 집을 떠날 거예요. 그러면 당신은 아이들과 더 많은 시간을 보내지 않은 걸 후회하겠죠."

　"그건 미래의 호머가 겪을 문제지. 이봐, 나는 그 인간과 상관없다고." 호머는 고개를 저었다. 그리고 보드카를 마요네즈 병에 부어 마신다. 그러고는 갑자기 심장마비로 쓰러진다.

　우리가 호머의 모습에 공감하는 이유는 우리도 호머와 다를 바 없다는 걸 잘 알고 있기 때문이다. 우리는 보드카를 선택하지 않고 아이들을 선택할 수 있다. 하지만 언제나 미래의 나에게 문제를 떠넘긴다.

　1990년대에 〈레이트 쇼 위드 데이비드 레터먼The Late Show with

David Letterman〉(미국의 방송사 CBS에서 1993~2015년까지 방영된 심야 인기 토크쇼-옮긴이)에서 코미디언 제리 사인펠드Jerry Seinfeld는 인간이 겪는 공통적인 문제를 다루었다.

나는 어떤 광고를 보았다. '6월까지 지급액 없음'이라는 문구가 무척 마음에 들었다.
사람들은 '오, 6월이라니. 6월은 오지 않을 거야'라고 생각한다.
그들은 물건을 사고 스스로에게 이렇게 말한다.
'6월에 나는 어떻게든 돈을 마련하겠지.'
나 역시 그렇게 말한다.
늦은 밤에 나는 이렇게 생각한다. '어, 밤이네. 그런데 너무 재미있잖아. 나는 자고 싶지 않아. 나는 밤 사나이야. 그런데 5시간만 자고 일어나서 졸리던 어떡하지? 그건 아침 사나이의 문제지. 아침 사나이에게 맡겨. 나는 밤 사나이니까 파티를 즐기자.'
그러고는 5시간만 자고 일어나서 피곤하고 졸리다.
밤 사나이는 언제나 아침 사나이를 망친다.
아침 사나이가 밤 사나이에게 복수할 방법은 없다.
아침 사나이가 할 수 있는 일이라고는 최대한 자주 늦잠을 자는 것이다. 그러면 낮 사나이는 직장을 잃을 테고 밤 사나이는 돈이 없어서 더는 파티를 즐기지 못할 것이다.

레터먼은 제리에게 "현대 미국인 삶의 양면성을 정확하게 보여

주었다"라고 웃으며 말했다.[52]

미래의 나와 단절된 사람은 눈앞의 목표를 추구하거나 도파민이 잠깐 활성화되는 쾌락을 일삼는다. 이렇게 단기적인 목표만 추구하면 미래의 나는 결국 큰 대가를 치를 수밖에 없다.[53] 하버드대학교 심리학 교수이자 미래의 나를 연구하는 전문가인 대니얼 길버트는 이런 질문을 던졌다. "어째서 우리는 미래의 내가 후회할 결정을 내리는가?"[54]

이 질문은 우리가 쉽게 놓치는 중요한 진실에 이르게 한다. 즉, 미래의 나와 연결될수록 현재 더 나은 삶을 살게 된다는 것이다.

- 행동과 태도를 좌우하는 것은 과거가 아니라 미래다.
- 모든 목표는 접근 또는 회피라는 두 범주로 나뉜다.
- 미래의 나와 연결되면 현재를 수용하고 사랑하며 그 가치를 인식할 수 있다.
- 미래의 나와 연결하는 것이 현재의 목적과 의미를 만들어낸다.
- 장기적인 미래의 나와 연결하라. 그러면 오늘 더욱 훌륭하고 탁월한 결정을 내리게 된다.

미래의 나와 연결될 때 행복하고 생산적이며 성공적인 삶을 살 수 있다.

이처럼 놀라운 삶의 철학이 또 있을까. 미래의 나와 연결되면 현재의 나와 상황이 향상된다. 그리고 지금의 삶이야말로 진정한 보물임을 깨닫게 된다. 미래의 나와 연결하는 것이 현재를 힘차게 살아가는 방법이다.

지금 미래의 내가 돼라

퇴근해 집으로 운전하며 오는 동안 피곤이 온몸을 짓눌렀다.
 여느 날 같으면 나는 하루 업무를 마치고 돌아와 휴식을 취한다. 하지만 평소와 달리 오늘은 이 책을 쓰며 미래의 나에 관한 연구를 구상한다. 더 나은 남편이 되기 위해 배운 것을 어떻게 사용할 수 있을까? 활기찬 여섯 아이는 퇴근하고 돌아온 내 관심을 끌어보려고 법석을 부린다. 그런 아이들에게 더 나은 아빠가 되기 위해 미래의 나와 어떻게 연결될 수 있을까? 인정하고 싶지는 않지만, 사실 가족과 시간을 보내고 싶은 마음만 있지 실제로는 가족과 함께하지 않는다는 사실을 잘 안다.
 한번은 집 근처에 도착해 길가에 차를 세우고, 집에 도착한 내 모습이 어땠으면 좋겠는지 깊이 생각했다. 나는 20년 후 53세인 미래의 나를 생각해보았다. 여섯 아이는 모두 성인이 되어 더는 집에서 함께 살지 않을 것이다.
 집에서 얼마 안 되는 거리에 차를 주차해놓고 차 안에서 스스로에게 이렇게 질문했다. "53세의 내가 다시 돌아와 남은 오늘을 산

미래의 나와 연결하는 것,
이것이야말로 현재를 온전히 살아가는 비결이다

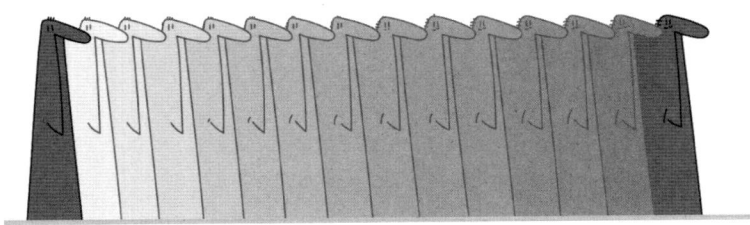

다면 어떤 기분일까? 미래의 나는 다시 살게 된 오늘 무슨 일을 할까?"

오스트리아의 정신과 의사이자 홀로코스트 생존자인 빅터 프랭클Viktor Frankl의 말이 떠올랐다.

두 번째 삶을 사는 것처럼 살아라. 그리고 첫 번째 삶에서 했던 잘못된 행동을 지금 하려고 하는 게 아닌지 생각하라!
책임감을 자극하는 표현으로 이 격언보다 더 강력한 말은 없을 것이다. 이 말을 통해 현재는 과거이며 과거는 바뀌고 수정될 수 있다고 상상할 수 있다. [55]

나는 프랭클의 말을 적용해보기로 했다.
20년 후 미래의 내가 타임머신을 타고 되돌아와 오늘을 다시 살아볼 기회를 얻었다고 상상한 것이다.

집에 도착해 주차를 하려고 보니 세 살 된 피비가 밖에서 기다리고 있었다.

"아빠!" 나를 보자마자 딸아이는 흥분해서 이리 깡충 저리 깡충 뛰었다.

사랑스럽고 귀여운 딸을 지켜보면서 20년 후 미래의 내가 이 순간을 어떻게 온몸으로 느낄지 생각해보았다.

미래의 내가 된 나는 그 순간을 평소와 다르게 보게 됐다. 눈물을 흘리며 내가 아이를 얼마나 사랑하는지 느끼게 됐다. 딸은 신이 내게 주신 완벽한 선물이었다.

나는 차에서 뛰어내려 마치 20년 만에 처음 보는 것처럼 피비를 껴안았다. "우리 술래잡기할까?"

아이는 "응!" 대답하고는 까르르 웃으며 도망갔다.

나도 함께 웃으며 달려가 아이를 잡았다. 아이를 번쩍 들어 올려 꼭 끌어안았다. '오, 이게 내 인생이란 말이야? 내가 이렇게 운이 좋았어?'

이렇게 관점을 바꾸니 동네와 거리가 다르게 보였다. 내가 경험한 것에 경건함을 느꼈다. 그리고 거룩한 땅에 서 있음을 깨달았다. 5분 정도 피비와 행복한 시간을 보낸 후 미래의 내가 타임머신을 타고 되돌아와 어린 딸과 논 시간을 영원히 기억하기 위해 셀카를 찍었다.

피비를 데리고 집 안으로 들어가니 아이들이 다 그렇듯이 시끄럽게 서로 싸우고 있었다. 로렌은 주방에서 아기 조라와 렉스를 돌보며 분주하게 저녁을 준비하고 있었다.

평소 같으면 당장 아이들을 꾸짖으며 야단쳤을 것이다. 어쩌면 멍해졌을지도 모른다.

하지만 이날은 미래의 내가 되어 있었기 때문에 가족이 평소보다 훨씬 더 소중하게 다가왔다. 어수선한 집 안을 보고 화가 나기는커녕 여기저기에 나뒹굴고 있는 장난감마저 사랑스럽게 보였다.

주방 식탁에 널려 있는 학습지와 숙제들을 보니 행복했다.

바닥에서 장난치고 있는 아이들은 얼마나 사랑스럽던지.

나의 아내 로렌, 아내의 아름다움에 숨이 막힐 지경이었다. '도대체 어떻게 내가 이런 놀라운 삶을 얻었을까?'

10살, 14살 아이들과의 말다툼이 짜증이 나기보다는 내가 그 아이들의 농담을 얼마나 좋아하는지를 느끼고 놀랐다. 미래의 나에

2021년 10월 30일
53세인 미래의 내가
피비와 놀면서

게 눈앞에 있는 아이들은 30대 성인이다. 만약 아이들의 어린 시절로 되돌아가 5분의 시간을 보낼 수 있다면 미래의 나는 무슨 말을 할까? 아이들에게 설교를 늘어놓지는 않을 것이다. 분명히 미래의 나는 이 사랑스러운 아이들의 말을 귀담아듣고 아이들을 더 잘 이해하려고 노력하며 무조건 지지할 거라 확신한다.

나는 귀를 열고 입을 닫았다.

가족의 소리를 귀 기울여 들었다.
가족과 함께했다.
가족을 보며 웃었다.
가족을 사랑했다.
가족과 연결됐다.

내면에서 지각변동이 일어나는 걸 느꼈다. 나는 기분이 좋아졌다. 나의 내면이 더 진화하고 깊어졌음을 느낄 수 있었다. 평소에 나를 좌절시켰던 일들이 사소해 보였다. 지금 순간에 몰입하게 되면서 전에는 짜증스러웠던 일들을 사랑스럽게 바라볼 수 있었다. 그에 더해 행동은 더욱 친절하고 관대해졌다. 나는 지혜롭게 행동할 수 있었다. 미래의 나는 지금 이 상황을 현재의 나와 다르게 더 현명하게 처리할 것이다.

미래의 나를 현재로 불러와 살아가면서 모든 게 달라졌다.

심지어 미래의 내가 어쩌면 20년 후에 존재하지 않을지도 모른다는 점을 깨닫고 지금 이 순간에 감사하게 됐다.

나는 죽을 수도 있다. 최근 친구의 두 살 된 아기가 창문 블라인드 줄에 목이 감겨 사망하는 끔찍한 사고가 있었다. 고대 스토아 철학 사상으로 '메멘토 모리 Memento Mori'라는 말이 있다. '죽음을 기억하라'라는 뜻인데, 항상 죽음을 생각하고 있어야 지금 이 순간을 소중히 여기고 감사하게 된다.

안타깝게도 우리는 주변에서 벌어지는 기적 같은 순간을 자주 놓친다. 목적의식이나 사명감이 없으면 바로 눈앞에 있는 선물 같은 순간을 인식하지 못한다. 미래의 나와 단절되는 순간 현재의 삶이 안겨주는 무한한 가치를 알아보지 못한다. 빅터 프랭클은 지금 이 순간이 지나갔다고 상상할 것을 제안한다. 자신이 무엇을 하고 있는지 의식하지 못하기 때문에 어쩔 수 없이 나쁜 결과에 직면한다는 것이다.

이것이 미래의 나에 관한 연구가 설득력을 얻는 이유다. 미래의 나와 연결되면 지금 이 순간이라는 금광을 더 잘 이해하고 감사하게 된다. 미래의 내가 되어 지금의 삶을 보면 이전에는 보지 못한 기회를 볼 수 있다. 미래의 나와 함께한다면 현재를 소중하게 여길 것이다.

당신은 어떤가? 20년 후 미래의 당신이 현재의 당신과 대화를 나눈다면 무슨 말을 할까?

미래의 당신은 지금 상황을 어떻게 보겠는가?

미래의 당신을 염두에 둔다면 얼마나 다르게 행동하겠는가?

이 책이 하는 약속

이 책을 읽어나가면서 지금 미래의 내가 되는 방법을 배우게 될 것이다. 지금 당장 미래의 너가 된다면 자신이 원하는 삶을 만들 수 있다.

미스터 비스트의 놀라운 성공은 그가 원했던 미래의 나에 전념한 결과였다. 그는 용기를 냈기 때문에 의도적인 연습을 일관성 있게 할 수 있었다. 이런 태도가 어떤 분야에서든 전문 기술을 발전시키는 체계적인 방법이다.[56, 57] 의도적인 연습을 하려면 특정한 목표를 이루기 위한 의도적인 행동을 해야 한다. 따라서 미스터 비스트처럼 미래의 나에 대한 명확한 시각을 가져야 한다.[58]

작가이자 철학자인 스티븐 코비Stephen R. Covey는 "정신적 창조

가 실제적 창조보다 언제나 먼저다"[59]라고 말했다. 무언가 성공적인 결과를 이룬 사람은 누구나 결과를 먼저 마음속으로 뚜렷하게 그렸다. 그다음 마음속에 그린 이미지를 이루기 위해 열심히 노력했다. 한 걸음 한 걸음 앞으로 나아가면서 그들의 비전은 더욱 명확해지고 확장되고 발전했다.

성경에서도 "믿음은 바라는 것들의 실체요, 보이지 않는 것들의 증거다"라고 말한다.[60] 현재 어떤 모습인지가 미래의 당신에 대한 증거다. 미래의 나에 대한 믿음과 집념이 얼마나 큰지는 행동과 생각을 통해 증명된다.

미래의 나를 명확하게 보고 그 모습에 전념하면 모든 생각과 행동은 목표라는 필터를 거치게 된다. 이를 심리학에서는 '선택적 주의selective attention'라고 한다.[61]

기대하는 것을 볼 수 있다.

관심 있는 것만 볼 수 있다.

집중하는 대상이 확장된다.

미국 심리학의 아버지 윌리엄 제임스William James는 그 점을 이렇게 강조했다.

외부 세계에서는 수백만 가지 상황이 펼쳐진다. 하지만 모두 내 경험으로 들어오지는 않는다. 왜 그럴까? 그 일들에 관심이 없기 때문이다. 내가 관심을 두는 것만 경험이 된다.[62]

우리는 자신이 기대하는 것을 본다. 나아가 어떤 모습을 간절하게 이루고 싶고 그렇게 하겠다고 결심하면 그런 생각과 일치한 행동을 하게 된다.

믿음이 행동과 힘을 끌어내는 원리다.

믿음으로 산을 옮길 수 있고, 사람을 달에 보내며, 수백만 달러를 벌고, 불치병도 치료한다. 이 정도 수준의 믿음을 가지려면 원하는 바에 대한 비전을 명확하게 만들어야 한다. 미국 작가 플로렌스 쉰Florence Shinn은 "원하는 것을 이미 받았음을 알고 그에 따라 행동하라"라고 말했다.[63]

- 원하는 게 무엇이든 이미 내 것이라는 사실을 기억하라.
- 원하는 모든 것을 가질 수 있고, 가진 것처럼 행동하라.

사실 우리는 이미 그렇게 하고 있다. 이제부터는 자신이 상상하는 미래를 생생하게 그리는 일에 도전하라. 미래를 어떻게 바라보는지에 따라 우리 생각과 행동이 달라진다.

현재 어떤 특정한 미래에 전념한다면 왜 그런 미래를 꿈꾸는가?

만약 다른 미래를 선택한다면 어떨까?

진정으로 원하는 미래에 전념한다면 어떨까?

원하는 미래에 100퍼센트 전념하고 최종 결과를 이미 얻었다고 생각하라. 그러면 자신이 만들고 있는 미래에 대한 증거가 점점 많아진다. 그리고 목표를 이루는 데 필요한 노력과 변화가 전혀 힘들지 않을 것이다. 오히려 꿈을 향해 나아가지 않고 가만히 있는 게 더 고통스러울 것이다. 한때 탈출구로 삼았던 순간적인 쾌락만 좇던 행동들이 고통스러워질 것이다. 그리고 훨씬 더 용감해질 것이다.

자신이 바라는 미래에 전념하면 비슷한 생각을 지닌 사람들과 조언을 주고받으며 협력 관계를 구축할 수 있다.

원하는 미래에 전념하는 과정에서 사고방식, 신념, 정신 상태가 바뀌고 이전과는 완전히 다르게 세상을 바라볼 것이다.

마침내 점점 더 나아지는 결과를 얻는다. 리더십 전문가 짐 데스머Jim Dethmer, 다이애나 채프먼Diana Chapman, 칼리 클램프Kaley Klemp는 이렇게 말한다.

전념은 '현재 무엇을 하고 있는지'에 대한 진술이다. 지금 무엇에 전념하고 있는지는 말이 아니라 결과로 알 수 있다. 우리는 전념하고 있으

며 결과를 만들어내고 있다. 그 결과가 전념의 증거다. [64]

정체성이 바뀌면 행동도 바뀐다.
정체성은 자신이 가장 전념하는 모습이다.
정체성은 자신에 대한 비전을 바탕으로 한다. 따라서 전념하는 비전이 달라질 때 정체성은 즉시 달라진다. 그러면 생각과 행동도 바로 달라진다.
맞다, 미래의 나를 온전히 받아들이려면 용기가 필요하다.
맞다, 예상보다 더 많은 시간이 걸릴 수도 있다.
맞다, 장애물도 있을 것이다.
하지만 미래의 나에 전념한다면 그 과정에서 직면하는 모든 일은 당신을 더 나은 모습으로 만들어준다. 그러면 진정으로 원하는 것을 얻을 것이다.
어떤 일이 닥치든 그 일을 통해 당신의 의지는 더욱 강해진다.
어떤 경험이든 유익한 경험으로 전환해 더 멀리 전진하고, 처음에 상상했던 것 이상으로 더 발전할 수 있다.
완전히 전념하고 믿음을 갖는다면 기어코 길을 찾아내고 만다. 길은 언제나 있다. 사상가이자 시인인 랠프 월도 에머슨Ralph Waldo Emerson은 "당신이 무언가 하겠다고 결심하면 온 우주가 나서서 그 일이 이루어지게 만든다"라고 했다.
미스터 비스트처럼 당신도 지금 상상하는 것 이상으로 놀라운 미래를 만들 수 있다. 내가 딸아이 피비와 보낸 시간처럼 당신도 오늘 당장 낡은 패턴을 바꿀 수 있다. 그 첫 단계가 미래의 나는 어떤 모습일지 정하고 지금 그 모습이 되는 것이다.

미래의 당신에게 편지를 써보기를 바란다. 미스터 비스트가 영상이 유튜브에 공개되는 시간을 설정해둔 것처럼 그 편지가 미래의 특정 시간에 당신에게 전송되도록 예약해두어라. (상상스퀘어 출판사 사이트, 도서목록에서 관련 자료를 다운받을 수 있다.)

이 책의 PART 1에서는 미래의 나를 위협하는 요인 7가지를 분석한다. PART 2에서는 미래의 나에 대한 진실 7가지를 다룬다. PART 3에서는 미래의 나를 상상하고 그 모습을 명확히 하여 지금 미래의 내가 되는 7단계를 구체적으로 알려준다.

이 책은 당신이 원하는 미래를 창조해 현재를 힘차게 살아가도록 안내하는 가장 직접적이고 과학적인 지침서다. 또한 선조의 지혜와 최첨단의 과학을 결합해 삶을 확실하게 바꾸는 방법을 단순한 말로 설명해준다.

준비됐는가?

시작하자.

미래의 당신을 응원한다.

가고자 하는 곳이 명확할수록
무수한 선택지 사이에서 방황하는 일이 줄어든다.

위협 1	미래에 대한 희망이 없다면 현재는 의미를 잃는다
위협 2	과거에 대한 부정적인 스토리는 미래를 위협한다
위협 3	주변 환경을 인식하지 못하면 아무 길이나 가게 된다
위협 4	미래의 나와 단절되면 근시안적인 결정을 내리게 된다
위협 5	시급한 문제와 사소한 목표가 당신의 발목을 잡는다
위협 6	경기장에 들어가지 않으면 당연히 패배다
위협 7	성공이 실패의 기폭제가 될 때가 있다

PART 1
미래의 나를 위협하는 요인 7가지

"인간으로 존재하기 위한 기본적긴 조건은 희망이다. 희망이 없다면 우리는 시들어 결국 말라 죽고 만다."
_세스 고딘 Seth Godin[1]

"미래를 기대해야만 살 수 있는 것이 인간의 특징이다."
_빅터 프랭클

빅터 프랭클은 어린 시절부터 호기심이 무척 많았다. 사람들을 돕는 걸 좋아했던 그는 10살이 되기도 전에 정신과 의사가 되겠다고 결심했다.

프랭클은 1905년 3월 26일 오스트리아 빈에서, 신앙심 깊은 부모에게서 삼남매 중 둘째로 태어났다. 어머니 엘사 프랭클Elsa Frankl은 프라하 출신으로 정이 많았다. 아버지 가브리엘 프랭클Gabriel Frankl은 지방 정부의 속기사로 일하며, 사회복지 부처 책임자가 되기 위한 길을 걷고 있었다.

프랭클은 고등학교에서 심리학을 공부하며, 세계에서 가장 영향력 있는 심리학자인 지그문트 프로이트Sigmund Freud와 서신을 주고받기 시작했다. 프랭클은 프로이트에게 자신이 쓴 논문 한 편을 보냈고, 그 논문은 국제정신분석학회지에 실렸다.

대학을 졸업하고 일 년 후인 1925년, 프랭클은 알프레드 아들러Alfred Adler의 사상에 몹시 마음이 끌렸다. 아들러 역시 영향력 있는 심리학자로, 프로이트와 비슷한 사상을 공유하다가 나중에는 프로이트와 결별하고 각자의 길을 갔다. 아들러 이론은 공동체와 사회개혁을 강조하며, 개인이 열등감을 극복해 내적으로나 외적으로 우월한 상태에 도달하도록 돕는 데 중점을 두었다.

그해 프랭클은 심리 치료와 철학의 경계를 탐구하며, 삶의 의미와 가치관의 중요성에 초점을 맞춘 논문을 발표했다. 이는 그가 중점을 두고 탐구한 주제였다. 프로이트와 아들러는 개인 발전의 핵심 측면이 그 사람의 '과거'라고 강조한 반면, 프랭클은 '미래'를 강조했다. 프랭클은 발전 이론을 '의미 치료logotheraphy'라고 명명했다. '의미'를 뜻하는 그리스어 '로고스logos'에서 따온 명칭으로, 개인의 발전과 정신 건강의 질은 미래에 무언가를 성취하고자 의미를 갖는 데서 비롯된다고 믿었다.

프랭클은 1928~1929년에 의학박사 학위를 이수하는 동안, 7개 도시에서 10대를 위한 무료 상담 센터를 운영했다. 그 결과 자살하는 학생 수가 크게 줄었다. 프랭클은 국제적인 인지도를 얻었고, 유럽 전역의 명망 있는 대학과 영향력 있는 심리학자 모임에 합류해달라는 초대를 받았다.

프랭클은 1931년 의과대학을 졸업한 후, 빈에서 자살 충동을 겪는 여성 환자를 수용한 정신병원의 책임 의사로 일했다. 이후 32세였던 1937년에 병원을 개원했다. 하지만 개원하고 몇 달 후 독일이 오스트리아를 침략했고, 프랭클은 나치를 피해 부모의 집에서 정신과 진료를 이어갔다.

프랭클은 로스차일드 병원 신경과에서 유대인 환자를 진료하면서 첫 저서 《의사와 정신The Doctor and the Sou》을 집필하기 시작했다. 이 책에서 그는 인간이 행복하고 건강하게 살려면 반드시 미래에 성취하고자 하는 목적이 있어야 한다는 획기적인 연구 결과를 제시했다.[2]

1942년 프랭클은 로스차일드 병원에서 만난 간호사 틸리 그로서Tilly Grosser와 결혼했다. 결혼 첫해 틸리는 임신을 했고, 그는 저술 작업을 계속했다. 결혼한 지 몇 달 후 프랭클과 틸리, 그의 부모는 나치에 체포되어 오늘날 체코에 있는 테레지엔슈타트의 '테레진 수용소'로 끌려갔다. 6개월 후 프랭클의 아버지는 굶주림과 극심한 피로로 사망했다.

이처럼 끔찍한 강제 수용소에 있는 동안 프랭클은 동료 수용자와 자신을 짓누르는 심리적 외침에 초점을 맞춰 연구를 계속했다. 그리고 자살의 위험을 막기 위해 세계 최초 여성 랍비인 동료 수용자 레기나 요나스Regina Jonas와 함께 수용자들이 고통에서 의미를 발견하도록 도왔다.

1944년 프랭클과 틸리가 아우슈비츠 강제 수용소로 끌려가고, 뒤따라 65세인 어머니도 끌려갔다. 강제 수용소에 도착하자마자 어머니는 가스실에서 살해당했고, 틸리는 베르겐벨젠 수용소로 다시 이송됐다. 아내와 헤어져 비탄에 빠진 프랭클은 가축 운반차에 실려 카우퍼링과 튀르크하임의 강제 노동 수용소로 이송됐다.

아우슈비츠 강제 수용소에 있는 동안 프랭클의 《의사와 정신》 원고가 나치에게 발각되어 파기됐다. 이 원고는 가족을 제외하면 프랭클에게 가장 소중한 것이었다. 나치에게 체포되는 절체절명의 순간에도 유일하게 챙긴 것이 그 원고였다. 프랭클은 원고를 옷 속에 숨겨 목숨을 걸고 지켰었다. 그 원고에는 고통을 겪고 있는 사람들에게 삶의 희망과 의미를 주기 위한 그의 생각이 담겨 있었다.

프랭클은 나치가 없애버린 원고를 다시 써서 책으로 출판하고, 아내와 가족을 꼭 다시 만나겠다고 굳게 다짐했다. 그 결심 덕분에 프랭클은 희망의 끈을 놓지 않을 수 있었다. 그는 이렇게 말했다.

나는 아우슈비츠 수용소에 끌려가서 출판 준비를 다친 원고를 빼앗겼다. 그 원고를 반드시 다시 쓰겠다고 굳게 결심했다. 이 원그를 새롭게 쓰고자 하는 간절한 열망 덕분에 강제 수용소에서 모진 고초를 겪으면서도 살아남을 수 있었다.³

1945년 프랭클은 장티푸스에 걸렸다. 치명적인 혈관 수축을 막기 위해 수용소에서 몰래 구한 종이쪽지에 《의사와 정신》을 다시 기록하며 밤새 깨어 있었다.

마침내 1945년 4월 27일, 미군이 강제 수용소의 수용자들을 해방시켰다. 프랭클은 틸리와 가족을 찾기 위해 빈으로 돌아왔다. 하지만 결국 틸리와 어머니, 형, 형수가 살해당했다는 소식을 들어야 했다.

절망에 빠진 프랭클은 친구들의 도움과, 책을 다시 쓰겠다는 결심을 하며 힘을 얻었다. 1946년 프랭클은 빈 신경과 종합진료소 소장이 되었고, 25년간 그 자리에서 환자를 진료했다. 그는 '강제 수용소에서의 심리'라는 챕터를 추가해《의사와 정신》을 완성했다. 전쟁 후 빈에서 출판된 최초의 책이었다. 책 초판은 불과 며칠 만에 모두 판매됐다.

프랭클은 강제 수용소에서의 경험을 기록해, 그의 가장 유명한 책인《죽음의 수용소에서》이 담았다. 1946년 한 해 동안 그는 다 중 강연에서 삶의 의미와 회복력, 극심한 역경 속에서도 삶을 받아들이는 자세의 중요성 등 자신의 핵심 사상을 설명했다. 프랭클은 이

후 재혼했고, 많은 책을 발표했으며, 미래에 대한 의미를 찾는 것을 기본으로 하는 치료법을 발전시켰다.

빅터 프랭클은 20세기의 가장 중요한 인물이었고 현재도 그렇다. 수천만 부가 팔린《죽음의 수용소에서》는 수많은 사람에게 희망을 주고 그들을 치유했다. 그는 책에 프리드리히 니체Friedrich Nietzsche의 말을 인용했다. "살아야 할 이유가 있는 사람은 모든 어려움을 어떻게 해서든 견뎌낸다."

프랭클에 따르면 어떤 환경에 처하든 미래를 분명히 볼 수 있어야 한다. 트라우마를 치료하는 데도 명확한 미래가 아주 중요하다. 미래의 나를 위협하는 가장 심각한 요인은 자유의 상실이 아니라 목적과 의미의 부재다.

  프랭클의 이야기는 목적과 의미의 부재가 얼마나 치명적인 위협이 되는지 생생하게 보여준다. 목적을 잃으면 현재의 삶은 죽은 삶이다.

위협

1

미래에 대한 희망이 없다면
현재는 의미를 잃는다

"당신이 원하는 위치나 모습에 대한 비전은
당신이 가진 가장 큰 자산이다.
목표가 없다면 성공을 거두기 어렵다."

_폴 아든 Paul Arden [4]

미래의 목적과
연결되지 않는
현재의 삶은
감옥이다

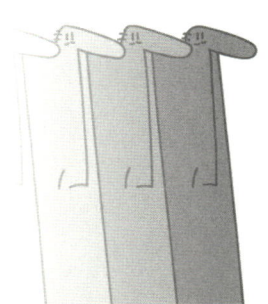

강제 수용소에 있는 동안 프랭클은 동료 수용자가 언제 죽을지 매우 정확하게 예측할 수 있었다. 수용자들이 목적을 잃자 눈에서 생명의 불빛이 사라진 것을 보았기 때문이다. 그들은 매일 먹는 작은 빵 조각을 나눠 먹고 싶지 않아 다른 사람들과 단절하고, 그 순간의 고통에서 자신을 무감각하게 만들기 위해 충동적으로 단기 도파민을 추구했다. 목적 상실은 육체의 죽음으로 이어졌다.

고통에서 의미를 찾지 못하거나 앞으로 나아갈 희망이 없던 그들에게 행복은 불가능했다. 목적이 없는 삶은 과거의 생각이나 자살 충동, 그 밖에 다른 심각한 문제들에 갇혀 있는 감옥이 됐다.

살아야 할 '이유'가 없었기 때문에 남아 있는 생명은 모조리 순간의 고통에서 벗어나는 데 사용됐다. 그러다가 물에 빠진 사람이 산소를 갈망하는 것처럼 죽음을 갈망했다.

프랭클은 《죽음의 수용소에서》에 이렇게 적었다.

> 미래에 대한 믿음을 잃은 수용자는 불행한 결말을 맞았다. 믿음을 상실하면서 정신적인 힘도 잃고 말았다. 그들은 스스로 무너져 내렸으며 정신과 신체가 파괴되는 길로 들어섰다….
>
> 용기와 희망이 있느냐 없느냐가 신체의 면역력에 얼마나 강력한 영향을 미치는지 아는 사람은, 용기와 희망을 갑자기 잃으면 얼마나 치명적인 결과가 생기는지 이해할 것이다….
>
> 병에 걸린 수용자를 치료할 때 가장 중요한 일은 환자가 기대할 수 있는 미래의 목표를 제시함으로써 내적 힘을 길러주는 것이었다.

수용자 중 일부는 스스로 그러한 목표를 본능적으로 찾으려고 했다. '영원의 상 아래에서sub specie aeternitatis(스피노자의 말로서 만물의 본질을 영원한 진리라고 봄 - 옮긴이)' 미래를 기대해야만 살 수 있는 것이 인간의 특징이다. 이는 극심한 시련의 시기에는 구원을 의미한다.[5]

프랭클이 인용한 '영원의 상 아래에서'라는 표현을 눈여겨봐야 한다. 이 말은 '보편적이고 영원한 진리'가 무엇인지 설명한다.

다른 사람들은 몰라도 프랭클은 그 표현을 가볍게 사용하지 않았다.

이것은 프랭클의 의미 치료, 즉 '인간은 미래에 대한 관점으로 좌우된다'라는 그의 핵심 사상이자 심리 치료 기법이 되었다. 프랭클은 강제 수용소에 잡혀가기 전부터 이 이론을 발전시켰다. 그리고 수용소에서의 경험으로 견해를 확장하고, 사상을 명확하게 확립했다.

목적의 결여는 수명을 단축하는 반면, 목적을 갖는 일은 기대 수명을 평균 이상으로 늘릴 수 있다. 18세기 미국인의 평균 기대 수명은 40세 이하였다. 하지만 미국 건국의 아버지들 대부분은 그보다 최소한 20년은 더 살았다. 벤저민 프랭클린Benjamin Franklin, 토머스 제퍼슨Thomas Jefferson, 존 애덤스John Adams를 비롯한 몇몇은 80대까지 살기도 했다. 기대 수명이 75세인 오늘날로 치면 150세까지 산 셈이다. 목적은 비할 데 없는 생명력과 활력, 열정을 제공한다.

프랭클의 목적은 수용소에서 살아남아 원고를 다시 써서 책으로 출판하는 것이었다. 또한 아내와 가족을 다시 만날 수 있기를 간절하게 원했다. 이러한 목표들이 프랭클을 살아남게 했다. 살아야 하는 이유가 모진 시련을 어떻게 해서든 견디게 한 것이다.

의미심리학 분야의 저명한 심리학자 로이 바우마이스터Roy Baumeister와 캐슬린 보스Kathleen Vohs는 "현재 사건은 미래의 결과와 연결되어 있을 때 의미가 생긴다"라고 말한다.[6] 인간의 행동이나 경험이 미래의 결과와 아무런 연결성이 없으면 그 의미를 잃고 만다. 외부와 단절된 상태에서는 아무것도 존재하지 않는다.

졸업장을 받을 수 없다면, 왜 학교에 가고 수업을 듣겠는가?

자격증이 필요 없다면, 왜 열심히 노력하며 도전하겠는가?

인간관계를 쌓을 필요가 없다면, 왜 다른 사람과 감정적 교류를 하겠는가?

미래와 연결되지 않는다면 현재는 아무 의미가 없다. 지금 어떤 결정을 선택할지에 절대적인 영향을 미치는 것은 바로 미래다.

이것이 강제 수용소에 수용된 사람들에게 닥친 난관이었다. 미래에 대한 희망이 없으니 현재에서 의미를 찾을 수 없었다. 미래의 내가 없으면, 삶을 그저 나아가게 하지 못한다. 사람들은 말 그대로 이성을 잃었다.

프랭클은 이렇게 말했다.

미래의 목표를 볼 수 없어서 몸과 마음이 시들어가는 사람은 과거의 생각에 파묻혀 살았다. 그들은 강제 수용소에서의 시련을 내적 힘을 기르는 시험으로 여기지 않았다. 삶을 진지하게 받아들이지 않고, 아무것도 아닌 것으로 업신여겼다. 두 눈을 감고 과거에서만 살려고 했다. 그들의 삶은 의미가 없어졌다.

프랭클에게 미래의 희망과 목적은 의미 있고 성공적인 삶의 핵심 토대였다. 희망이 없는 사람들의 심리는 방황하고 왜곡된다. 사회적으로 고립되어 미래에 대한 희망을 잃는다면, 사람들은 삶이 더 나아지는 방법을 찾지 않는다. 그들은 삶에 대한 권한을 발휘하지 못한 채, 외부 환경에 고스란히 휩쓸리는 피해자가 된다.

"목표가 없는 곳에서 인간은 소멸한다"라는 속담이 있다.[7] 여기서 소멸은 내적 붕괴를 말한다. 내적 붕괴가 일어나면 한순간에 인간성이 말살되고 신체적 건강을 잃는다. 프랭클에게 목적은 모호한 희망이나 막연한 낙천주의가 아니라, '가시적이고 구체적인 목표'였다. 그는 미래에 성취하고자 하는 의미 있는 일을 설명할 때 '목표'라는 단어를 자주 사용했다. 목적, 의미, 또는 목표를 이루려는 것에 대한 그의 설명은 희망을 주제로 한 현대 연구와 정확히 일치한다.

보통 사람에게 희망은 그저 막연한 소망처럼 보일 수 있다. 하지만 미래에 대한 희망이 없다면 삶이 어떨지 잠시 생각해보라. 기대하며 계획을 세울 구체적인 무언가가 없다면 현재는 몹시 고통스러워진다. 이런 상황에서는 끝없이 추락하는 소용돌이에서 탈출할 수 없다고 느끼게 된다. 상황을 스스로 통제하는 건 꿈도 끄지 못한다. 희망이 없다면 동기부여는 불가능하다. 어떤 희망도 품을 수 없다면 무언가 행동을 할 의욕이 생기지 않는다. 그러니 어떤 결과를 산출할 수 있겠는가?

희망이 없다면 투지를 발휘하는 게 불가능하다. 댄절라 더크워스Angela Duckworth는 '투지'란 장기적인 목표를 향한 열정과 끈기라고 말한다. 그는 희망을 자신이 추구하는 게 무엇이든 그 과정에서 수많은 굴곡을 헤쳐나가게 해주는 에너지원이라고 봤다.[8]

심리학자들은 희망을 의지와 방법으로 설명한다.[9] 의식적인 선택과 관련이 있으므로 희망은 의지다. 희망을 지닌 사람은 추구할 만한 가치가 있는 목표를 구체적으로 정한다. 그리고 자신에게 권한이 있다고 믿는다. 자신의 결정이 중요하고, 인생의 결과물들을 스스로 좌우할 수 있다고 생각한다.

희망이 있다면 그것을 이룰 방법을 찾거나 유연함을 발휘해 방법을 만든다. 따라서 희망은 방법이다. 희망이 있는 곳에는 언제나 방법이 있다. 희망은 승산을 따지지 않는다.

희망의 정의는 다음과 같다.

1. 명확하고 구체적인 목표다.
2. 자신의 권한을 믿는다. 자신에게 권한이 있다고 믿으면 행동을 통제한다. 행동이 중요하며 인생의 결과에 영향을 미칠 수 있다고 생각한다.[10]

3. 길을 찾는 생각이다. 희망이 있다면 방법을 발견하거나 내놓는다. 또는 현재 위치에서 목표에 이르는 다양한 방법을 만들 수 있다.

희망은 미래가 나아질 거라고 막연히 생각하는 낙관주의보다 훨씬 더 강력하다.[11,12,13] 한 줄기 희망이라도 희망을 지니는 것은, 은행에 예금을 넣어두고 미래의 목적에 대한 이자를 받는 것이나 마찬가지다.

하지만 넘어야 할 산이 있는 희망도 있다. 그런 원대한 희망을 이루려면 집중, 믿음, 행동이 필요하다.

이때 희망은 의지이자 방법이다.

심리학자들은 원대한 희망을 지닌 사람과 작은 희망을 지닌 사람의 뚜렷한 차이를 발견했다.[14,15] 그 차이는 평생 희망을 연구해온

저명한 임상심리학자 찰스 스나이더Charles Snyder의 말로 요약할 수 있다.

원대한 희망을 지닌 사람은 목표에 도달하는 다양한 길을 찾으며 새로운 방법을 기꺼이 시도한다. 반면에 작은 희망을 지닌 사람은 한 가지 방법만 고집하며 난관에 봉착했을 때 다른 길을 찾으려 하지 않는다. 그들은 문제에 집중하는 사고력을 발휘하지 않고, 회피하거나 물러서려고 하는 경향이 있다. 그래서 계속 소극적으로 행동한다. 안타깝게도 그들은 과거 경험으로부터 아무것도 배우지 못한다. 그러나 원대한 희망을 지닌 사람은 목표에 도달하지 못하면, 그 실패를 다른 실행 가능한 접근 방법을 찾아야 한다는 피드백으로 받아들인다.[16]

원대한 희망을 지닌 사람은 구체적인 결과를 만들기 위해 100퍼센트 전념한다. 그들은 흔들림 없이 목표를 확고하게 유지하지만, 목표를 달성하는 과정이나 방법은 매우 유연하게 조정한다.

앤절라 더크워스는 인간의 성숙에 대해 핵심을 잘 설명했다. 그의 연구에 따르면, 인간은 나이가 들어가면서 투지가 점점 더 커진다. 하지만 투지가 저절로 커지는 건 아니다. 투지가 있는 사람이 되려면 오랜 시간 실패와 난관을 극복하며 목표를 고수해야 한다. 목표를 자꾸 바꾸는 사람은 꼭 필요한 투지를 기르지 못한다. 이 스포츠에서 저 스포츠로 분야를 바꾸는 운동선수는 투지가 없다. 투지는 몇 년 혹은 수십 년 동안 한 가지를 고수하는 것이다.

여기에 또 하나의 중요한 측면이 있다. 투지를 자라게 하려면 전념하는 장기 목표가 구체적이어야 한다. 그리고 중요한 목표를 달성할 방법 또는 시스템을 정기적으로 점검하고 개선해야 한다.

원대한 희망을 품으려면 과정이 아니라 목표에 전념해야 한다. 기존의 사고와 행동방식에 빠져 있어서는 안 된다. 당신이 가고자 하는 곳에 도달하는 더 낫고 새로운 방법을, 인내심을 가지고 끈기 있게 찾고, 그것을 활용해야 한다.

프랭클이 깨달은 것처럼 미래에 대한 명확한 목적이 있을 때 희망이 뿌리를 내린다. 프랭클처럼 원대한 희망을 지닌 사람은 목표를 추구하는 데 완전히 전념하며, 그 목표를 달성하는 방법과 관련해서는 완벽히 유연하다.

인생의 명확한 목적이 없으면, 우리 뇌는 핑계를 찾는 데 집중할 것이다. 결국 희망이 없으면 그 무엇도 아무런 의미가 없다.

미래의 나를 위협하는 가장 심각하고 근본적인 요인은 미래에 대한 희망이 없는 것이다.

희망이 없으면, 현재는 의미를 잃는다.

희망이 없으면, 삶의 명확한 목표나 목적의식이 사라진다.

희망이 없으면, 길이 없다.

희망이 없으면, 당신은 소멸한다.

위협

2

과거에 대한 부정적인 스토리는 미래를 위협한다

"얼굴에 주먹이 꽂히기 전까지는
누구나 나름대로 계획이 있다."

_마이크 타이슨 *Mike Tyson*

과거는 과거일 뿐
그 이상의 의미는 없다

16세 때, 나는 어머니와 두 남동생과 함께 아이다호주 선밸리에 사는 가까운 지인 마이클 바커Michael Barker를 방문하려고 길을 나섰다. 5시간 동안 운전해야 하는 거리를 절반쯤 지난 저녁 시간이었다. 운전을 하던 어머니가 피곤하다고 하셨다. 이제 막 운전을 배운 나는 기회를 놓칠세라 운전을 하겠다고 나섰다. 어머니는 뒷좌석에 누워 금방 잠이 드셨다.

내가 차를 몬 지 몇 분도 채 되지 않았을 때 건설 현장이 나타났다. 깜빡거리는 불빛이 왼쪽 차선으로 가라고 신호를 보내고 있었다. 칠흑 같은 밤에 비가 내리고 있었고, 도로 오른쪽은 차단벽이 건설 현장을 막고 있었다. 신호가 안내하는 대로 왼쪽 차선으로 가다가 방벽이 끝나는 지점에서 오른쪽 차선으로 다시 들어갔다. 그런데 갑자기 타이어가 진흙과 돌무더기에 빠지고 말았다. 거의 시속 100킬로미터로 운전하던 나는 본능적으로 왼쪽 차선으로 핸들을 꺾었다. 차는 빙빙 돌며 중앙분리대를 들이받고 뒤집혔다. 나는 머리를 차 유리창에 부딪히면서 정신을 잃었다.

정신이 들었을 때는 차가 고속도로 반대편에 놓여 있었다. 뒷좌석에서 동생 제이콥의 울음소리가 들렸다.

트레버가 소리를 질렀다. "형, 차에 엄마가 없어!"

차가 뒤집히면서 어머니는 차에서 튕겨나가 도로에서 15미터 정도 떨어진 곳에 내동댕이쳐져 있었다. 어떤 아이도 부모의 그런 끔찍한 모습을 봐서는 안 된다. 나는 아무 말도 하지 못했다.

구급대원들이 도착해 우리는 구급차를 타고 가장 가까운 병원으로 옮겨졌고, 어머니는 응급헬기에 실려 중환자실로 긴급 이송됐다. 어머니의 생사를 우리는 알지 못했다.

그날 밤 병원에서 어머니의 소식을 기다리고 있는데, 한 경찰관이 병실로 들어와 물었다. "누가 벤이지?"

나는 자리에서 일어났다. 그런데 내가 베고 있던 베개를 보니 머리카락이 한 움큼 빠져 있었다. 당황하는 나를 보고 경찰관은 충격을 받으면 머리카락이 빠질 수 있다고 설명해주었다.

그는 나를 한쪽으로 데리고 가서 이렇게 말했다. "얘야, 정말 큰일 날 뻔했구나. 너희 어머니 상황이 지금 어떤지는 나도 모르겠다. 하지만 지금 너는 이 사건을 어떻게 처리해야 할지 결정해야 한단다."

경찰관은 야간에 건설 현장을 점검해야 하는 담당자가 현장에 없었다고 말했다. 건설 현장을 막고 있던 방벽이 거의 140미터 이상 무너져 있었기 때문에 담당자가 상황을 점검해 방벽을 복구했어야 했다. 그는 "이 사고는 네 잘못이 아니다. 네 탓이 아니란다"라고 말했다. 그러고는 내가 상황의 주도권을 갖도록 도왔다. 나 자신과 내가 돌봐야 하는 두 동생을 위해서라도 그래야 했다.

저명한 트라우마 전문가 피터 레빈Peter Levine은 "트라우마는 우리에게 발생한 사건 그 자체가 아니다. 감정이입을 해주는 증인이 없을 때 내면에 머무는 감정이 트라우마다"라고 말한다.[17]

그 경찰관은 내게 감정이입을 해주는 증인이었다. 그는 내가 충격과 고통을 잘 헤쳐나가도록 도왔다. 울고 싶으면 울라고 했고, 내가 상황을 주도해서 이 경험을 어떤 프레임으로 설정해야 하는지 도와주었다.

누구나 그럴싸한 계획을 세운다. 삶이 얼굴에 강편치 한 방을 날리기 전에는 말이다. 삶이 당신에게 어떤 강편치를 날리든 과거는 그저 하나의 스토리다. 당신이 과거에 입힌 스토리는 그것이 무엇이든 현재와 미래에 엄청난 영향을 미친다.

과거를 부정적인 스토리로 만들면 목표는 그 과거에 좌우된다. 현실을 회피하는 데 급급한 나머지 단기적인 계획을 세우게 되며, 현재의 고통을 벗어나려고만 할 것이다.

과거에 대해 부정적인 생각을 품을 때 삶은 유리하게 펼쳐지지 않는다. 당신에게 일어나는 사건에 휘둘리는 삶을 살게 된다. 과거에 부정적인 스토리를 입히면 삶이 자신을 함부로 대한다고 생각하며, 자신을 희생양이라고 느낄 수밖에 없다.

건강한 정서는 긍정적인 과거와 가슴 설레는 미래를 품고 있을 때 생긴다. 긍정적인 사건을 실제로 경험해야만 긍정적인 과거를 품을 수 있는 것은 아니다. 과거를 긍정적으로 생각하는 건 실제 일어난 사건과는 거의 관련이 없다. 당신에게 발생한 실제 사건보다 훨씬 더 중요한 건 그 사건에 어떤 스토리를 입히느냐다. 그 사건에 대해 스스로 어떤 감정을 느끼는지가 중요하지 실제 사건은 그다지 중요하지 않다.

과거는 기본적으로 '의미'가 있다. 과거 사건과 관련해 스토리를 어떻게 만들었느냐에 따라 현재의 나와 미래의 나에게 그 과거의 의미가 달라진다.

따라서 과거 사건에 어떤 스토리를 부여할지 스스로 선택해야 한다. 슬픔을 연구하는 정신과 의사 고든 리빙스턴Gordon Livingston은 "우리 삶의 스토리는 고정된 게 아니라 끊임없이 변경된다"라고 말했다.[18]

심리학에서는 시간을 순차적으로 보기보다 전체적으로 본다. 보통 과거는 지나간 시간이고, 현재는 지금 살고 있는 시간이며, 미래는 다가올 시간이라고 생각한다. 하지만 심리학적으로 과거, 현재, 미래는 지금 이 순간에 함께 존재한다. 미국 소설가 윌리엄 포크너William Faulkner는 "과거는 절대 죽지 않는다. 심지어 지나가지도 않는다"라고 말했다.[19]

과거의 스토리는 미래의 목표와 희망에 큰 영향을 미친다. 그런데 그 스토리를 주로 만드는 것이 현재 상황이다. 나이를 먹고 성숙해지면서 자연스럽게 기억을 다양한 관점으로 재구성한다. 긍정적인 분위기와 안전한 환경에서 믿을 수 있는 사람들과 함께 있으면, 자신이 기억하고 싶은 방향으로 기억을 재구성할 수 있다.

심리학자 브렌트 슬라이프Brent Slife는 《시간과 심리학적 설명Time and Psychological Explanation》에서 다음과 같이 말했다. (진한 글씨로 된 부분은 내가 강조하고자 하는 것이다.)

우리는 현재 정신적 상태에 비추어 기억을 재해석하거나 재구성한다. 이런 의미에서 **과거가 현재의 의미를 만드는 게 아니라 현재가**

과거의 의미를 만든다고 말하는 게 더 정확하다…. 우리의 기억은 객관적으로 축적된 독립체가 아니라, 현재 우리 내면에서 살아 움직이는 것이다. 그래서 현재 기분과 미래 목표가 기억에 큰 영향을 미친다. [20]

더욱 찬란한 미래를 맞으려면 더 나은 과거가 있어야 한다.

과거의 스토리를 거듭 반복해서 재해석하고 재구성하라. 그러면 점점 성숙해지면서 가장 힘겨웠던 순간마저 경외심과 기쁨으로 바라보게 될 것이다. 고난에서 교훈과 삶의 의미를 얻게 되고, 그 순간들을 사랑하게 될 것이다.

맞다. 삶은 고난이다. 고통이 삶의 한 부분이다. 사회적·경제적 위치나 인종 등 여러 요인과 상관없이 누구나 살아가면서 엄청난 감정적 고통을 경험한다. 실망스러운 일을 겪고, 꿈이 무참히 짓밟히고, 기대가 무너진다. 몹시 충격적인 사건이 일어나기도 한다. 가혹한 말이나 비난이 아무렇지도 않게 쏟아진다. 게다가 실수로 인한 트라우마도 생긴다.

고통과 혼돈을 어떻게 처리하느냐가 미래의 내가 어떤 모습이 될지에 큰 영향을 미친다. 삶의 고통이 당신을 삼키도록 내버려둔다면, 온갖 중독과 방황에 빠져 되는 대로 살게 될 것이다. 고통을 마주해 그 감정을 바꿔보려고 하지 않기 때문이다.

고통과 상처를 성장에 초점을 맞춰 효과적으로 활용하면, 놀라울 정도로 설득력 있는 교사가 된다. 가장 힘겨웠던 순간이 삶의 진정한 교훈을 주며, 숭고한 일에 전념하게 만든다. 비르소 변화가 이루어지는 때는, 변화하지 않아서 생기는 고통이 변화로 인한 고통보다 더 견딜 수 없게 될 때다.

과거의 경험을 재구성하는 데는 수년 혹은 수십 년이 걸릴 수 있지만, 당장 한순간에 그 경험을 바꿔놓을 수도 있다. 생명력은 내면에 있다. 의도적인 연습을 통해 과거의 어떤 경험도 긍정적으로 재구성하는 기술을 연마할 수 있다. 의도적인 연습을 하라. 그러면 고통이라는 감정을 더 효과적이고 빠르게 전환해, 성장과 목적의 길로 향할 수 있다.

고통에서 교훈을 얻으면 목적 달성에 필요한 추진력을 얻고 다른 사람을 돕는 길로 나아갈 수 있다. 이게 바로 심리학자들이 말하는 외상 후 성장이다. 고통을 적극적으로 마주하고 올바른 인식과 감사함으로 고통을 바라볼 때 외상 후 성장이 이루어진다.[21] 당신에게는 어떤 경험이든 그것을 긍정적인 스토리로 구성할 수 있는 힘이 있다.

과거에 겪었던 힘겨운 시련을 진심으로 기뻐할 수 있는가? 만약 그런 순간들이 없었다면, 현재 알고 있는 지혜를 얻지 못했을 수 있다. 또한 지금의 모습도 어떻게 달라졌을지 알 수 없다. 이 주제로 스트래티직 코치Strategic Coach의 설립자인 댄 설리번Dan Sullivan과 나는 《격차와 유익The Gap and The Gain》이라는 책을 공동으로 저술했다.[22] 여기서 '격차'는 자신의 모습이나 경험에 대한 평가가 자신이 생각한 이상적인 결과와 다를 때 생기는 차이를 말한다.

끔찍한 시련을 겪을 때 그 경험에 격차라는 프레임을 씌우면, 즉 그 경험을 이상적인 상황이 아니라고 해석하면, 인생의 사건들은 당신에게 그저 벌어지는 일이다. 그리고 당신은 그런 경험의 산물일 뿐이고, 일어난 사건들에 휩쓸리는 무력한 피해자다. 어떤 경험이 이상적인 상황이 아니라고 생각하면, 부정적인 비교를 하게 되며 경험에서 어떤 교훈도 얻지 못한다.

모든 경험을 개인적 성장의 계기로 전환할 때 비로소 유익이 생긴다. 무슨 일이 일어나든 그 경험을 유익한 경험이라는 프레임으로 설정하라. 경험에서 적극적이고 의식적으로 교훈을 얻어라. 그러면 더 나빠지는 게 아니라 더 나아진다. 끔찍한 시련을 겪을 때 그 경험을 유익한 경험이라는 프레임으로 설정하면, 인생의 사건들은 당신에게 유리하게 펼쳐진다. 당신은 더는 경험의 산물로 존재하지 않는다. 경험이 의식적인 선택의 산물이 되는 것이다. 경험이 무엇을 의미하는지는 당신 손에 달렸다.

당신이 경험의 주인이지, 경험이 당신의 주인은 아니다. 고통스러운 경험이었다고 해서 그 경험들의 가치를 깎아내리지 마라. 오히려 고통에서 더 많은 교훈을 얻을 수 있으므로 그 가치를 귀중하게 여기고, 경험에 대해 감사하는 마음을 가져라. 과거의 경험에서 유익을 얻으면, 미래의 나는 경험 하나하나를 통해 지속적으로 성장하고 발전한다.

과거의 경험에서 유익을 찾는다면, 예전보다 아는 게 더 많아진다. 더욱 탁월한 관점이 생기며 원대한 목표를 세우게 될 것이다.

그리고 공감 능력도 향상된다. 미래의 나는 과거 덕분에 더 탄탄한 기반을 갖춘다.

끔찍한 사고를 당한 어머니는 몇 주 동안 혼수상태에 있었다. 하지만 천만다행으로 목숨은 건졌다.

어머니는 1년 이상 전신 깁스를 하고 두피에 박힌 유리를 제거하기 위해 머리카락을 모두 밀어야 했고, 영구적인 척추 변형이 생겼다. 20년이 지난 지금도 어머니는 지속적으로 극심한 통증에 시달린다.

혼수상태에 있을 때, 어머니는 자신이 죽었다고 생각했다. 어머니는 세 아들을 키울 수 있도록 생명을 다시 달라고 신께 기도했다. 의식을 되찾았을 때, 어머니는 살아난 것에 대해 깊은 목적의식을 가지고 있었다. 간호사들이 어머니의 긍정적인 태도를 보며 놀라는 일이 한두 번이 아니었다. 극심한 고통이 쉴 새 없이 밀려와도 어머니는 살아난 것에 감사했다.

우리 가족은 그 사고에 대한 후유증으로 몇 년 동안 힘겨운 나날을 보냈다. 하지만 어머니는 삶의 목적을 확고히 해준 긍정적인 경험으로 그 사건을 해석했다. 어머니는 대부분의 사람이 당연하게 여기는 사소한 일들까지도 감사하게 생각했다. 사람들이 어떤 처지에 있든, 과거가 어땠든, 현재 모습이 어떻든, 아무도 차별하지 않고 모두를 기꺼이 받아들이기 시작했다. 또한 모든 사람에게 극도의 연민을 느끼고, 관심을 보였다. 어머니는 과거의 일 때문에 더 나빠진 게 아니라 더 나아졌다.

미래의 나를 위협하는 두 번째 요인은 과거를 부정적인 스토리로 만드는 것이다. 부정적인 과거는 미래를 제약한다.

과거는 의미다.

과거는 스토리다.

그 스토리를 어떻게 구성하느냐가 미래의 나에게 절대적인 영향을 미친다.

위협

3

주변 환경을 인식하지 못하면 아무 길이나 가게 된다

"가장 많은 시간을 함께 보내는 사람 다섯 명의 평균 모습이 바로 당신이다."

_짐 론 *Jim Rohn*

피그말리온 효과

당신은 주변 사람들의 기대에 따라 성공하기도 하고 실패하기도 한다한 유명한 실험에서 연구자들은 2학년과 3학년(우리나라 초등학교 2학년과 3학년에 해당함-옮긴이)을 맡은 교사들에게 해당 학년의 한 해 학업 성취도를 조사하고 싶다고 말했다. 그리고 학년 초에 연구자들이 실시한 IQ 테스트 결과에 따라, 어떤 학생은 머리가 좋고 어떤 학생은 그렇지 않다는 정보를 교사들에게 슬며시 알려줬다.[23]

학년 말에 결과를 조사해보니, 예상대로 머리가 좋은 학생들은 그렇지 않은 학생들보다 성적이 매우 좋아졌으며, 전반적인 학업 능력이 향상됐다.

하지만 사실 연구자들은 학년 초에 IQ 테스트를 하지 않았다. 그들은 교사의 기대가 학생의 성적에 영향을 미치는지 확인하기 위해 학생들을 무작위로 선별해, 어떤 학생은 머리가 좋고 어떤 학생은 그렇지 않다고 말한 것이다.

교사들은 머리가 좋은 학생들을 자기도 모르게 특별 대우했다. 머리 좋은 학생들에게 더 높은 기대를 했고, 이러한 기대가 자기 충족적 예언이 된 것이다.[24]

인정하고 싶지는 않지만, 우리의 성과와 결과는 흔히 주변 사람들의 기대에 기초한다. 심리학자들은 이런 현상을 '피그말리온 효과'라고 한다.[25] 주변 사람들이 당신에게 거는 기대가 낮다면, 당신의 성과는 그 수준으로 낮아진다. 반면에 사람들이 당신에게 거는 기대가 높다면, 당신의 성과는 그 수준으로 올라간다.

사람을 움직이게 하는 동력은 목표다. 그런데 그런 목표가 자신도 모르는 사이에 환경에 의해 주입되는 경우가 얼마나 흔한가. 외가 쪽에 치과의사가 7명이나 있는 내 처남이 치과의사가 된 게 특별한 일일까? 마약을 복용하는 부모 밑에서 자란 여성이 고통을 잠시 잊기 위해 마약에 손을 댄다고 해서 그게 다 그 여성만의 잘못이라고 할 수 있을까?

성숙해지면 더욱 적극적이고 의식적으로 목표를 선택한다. 하지만 미성숙 상태에 머물러 있다면 반응적이고 무의식적인 목표를 추구하게 된다.

미래의 나를 위협하는 세 번째 요인은 주변 환경이 목표에 어떤 영향을 미치는지 인식하지 못하는 것이다.

와튼스쿨 마케팅학 교수인 조나 버거Jonah Berger는 《보이지 않는 영향력》에서 이렇게 말한다. "원자들이 서로 반응하듯이 우리 모습과 행동은 끊임없이 사회적 상호작용에 반응하면서 만들어진다."[26]

흥미롭게도 심리학자들은 사람들이 어떤 것을 선호하는 이유가 그것이 정말 좋아서가 아니라 반복 노출되기 때문이라는 사실을 알게 됐다. 이런 현상을 '단순노출 효과mere-exposure effect'라고 한다.[27, 28, 29] 욕망은 대개 단순히 무언가에 노출된 결과다. 한 연구에서도 담배 광고에 자주 노출된 사람은 흡연을 별로 나쁘게 생각하지 않는다는 결과를 보여줬다.[30]

이는 누가 친구가 되는지에도 적용된다. 근접효과에 따르면, 교실에서 바로 옆에 앉은 사람이 두 줄 앞에 앉은 사람보다 친구가 될 가능성이 크다.

대중 연설가이자 작가인 지그 지글러Zig Ziglar는 "입력되는 정보가 당신의 관점을 결정한다. 관점은 결과를 결정하며, 결과는 미래를 결정한다"라고 말했다. 더 나은 정보를 받아들이면 더 나은 생각을 하게 되고, 궁극적으로 더 나은 결과를 얻는다. 쓰레기를 넣으면 쓰레기가 나온다.

더 원대하고 탁월한 목표를 세우고 싶은가? 더 나은 미래의 나를 원하는가? 그렇다면 훌륭한 통찰력과 능력을 지닌 사람들과 자주 접촉해야 한다. 비즈니스 전략가 찰리 존스Charlie Jones는 "훌륭한 사람을 만나지 않고 좋은 책을 읽지 않는다면, 5년 후에도 지금 그 모습 그대로일 것이다"라고 말했다. 입력되는 정보와 경험, 만나는 사람을 적극적으로 바꿔야 한다. 그래야 전에는 몰랐던 것을 인식하게 되고, 보지 못한 것을 보게 된다. 그리고 전과 다른 방식으로 행동한다.

마음챙김Mindfulness은 자신의 상황이 스스로에게 어떤 영향을 미치는지 인식하는 기술이다.[31] 당신이 처한 상황은 무엇인가?

그 상황은 어떤 영향을 미치는가?

현재 어떤 목표를 추구하는가?

지금 어떤 삶을 살고 있는가?

당신은 어떤 인생을 선택했는가?

삶은 의식적인 선택의 결과인가, 단순히 주변 환경에 휩쓸린 결과인가? 환경이 당신을 지배하는가, 당신이 환경을 지배하는가? 세계적인 경영 컨설턴트 마셜 골드스미스Marshall Goldsmith는 《트리거》에서 이렇게 말한다. "우리가 환경을 만들고 통제하지 않으면, 환경이 우리를 만들고 통제한다."[32]

우리는 소셜미디어 세계에 살고 있다. 소셜미디어는 사람들의 잠재의식에 영향력을 행사해 행동, 욕망, 정체성, 관심을 지배하도록 설계됐다. 그런 외부 환경이 당신의 목표에 어떤 영향을 미치는지 깨달을 수 있는 힘을 키우면, 외부 환경이 당신을 특정 방향으로 몰고 갈 때, 정신을 차리고 깨어 있을 수 있다. 그리고 당신이 바라는 미래의 내가 되는 삶을 의식적으로 선택할 수 있다. 빅터 프랭클은 이렇게 말했다.

> 자극과 반응 사이에는 공간이 있다. 그 공간에서 어떤 반응을 할지 선택할 수 있다. 그 반응에 발전과 자유가 달려 있다.[33]

환경에 휘둘리지 않을 때 자유를 얻을 수 있다. 자신이 처한 환경을 자각해야 한다. 그리고 그 환경에서 벗어나 다양한 관점에서 바라보며 선택지를 찾아야 한다. 어떻게 행동하고 존재할 것인지, 무엇을 보고 생각할 것인지, 새롭고 더 나은 방법에 자신을 반복 노출하라. 과거에 어떤 행동을 했든 앞으로는 다르게 행동할 수 있다. 언제 어디서나 의식적인 선택을 할 수 있다.

어떤 사람이 되고 싶은가? 이 질문에 대한 대답은 틀림없이 현재 상황에 영향을 받을 것이다. 하지만 그 대답은 현재 상황을 벗어나야 한다. 지금 알고 있는 지식에 갇히지 말고 상상력을 발휘해보라.

현재나 과거와 상관없이 어떤 사람이 되고 싶은가? 현재 상황에 따라 목표를 정하는 것은 피했으면 한다. 그보다 당신이 원하는 상황을 머릿속으로 생생하게 그려라. 그것이 현재 상황을 벗어나는 방법이다. 그리고 미래의 나를 행동의 동력으로 삼아라. 그러면 훨씬 더 강력한 힘을 발휘하게 된다. 하버드대학교 심리학 교수 엘렌 랭어Ellen Langer는 이렇게 말했다.

> 사회심리학자들은 사람의 정체성이 주로 자신이 처한 상황에 달려 있다고 주장한다. 하지만 그 상황은 누가 만드는가? 우리가 마음챙김을 실천할수록 상황을 더 효율적으로 만들 수 있다. 상황을 만들 때 우리는 진정성을 가질 가능성이 더욱 커진다. 마음챙김은 사물을 새로운 시각으로 바라보고 변화의 가능성을 믿게 한다.[34]

현재 상황을 벗어나 미래의 나를 상상하기 시작했다면, 자신을 그 방향으로 끌어당길 환경을 만들어라. 본능적으로 우리 뇌는 이미 그리고 즉시 이 활동을 시작할 것이다. 동양의 신비주의자 루미Rumi는 "당신이 찾는 것이 당신을 찾고 있다"라고 말했다.

원하는 것을 결정하고 나면, 정신은 주변 환경에서 그것이 있는지 찾아내기 위해 깨어 살피게 된다. 그리고 '선택적 주의selective attention'로 이미 주변에 존재했지만 보지 못했던 것을 찾아내게 될 것이다.[35, 36] 이러한 인식은 원하는 목적지에 도달하는 길과 과정을 효과적으로 발견하게 해준다.

당신이 원하는 모습을 만들어주는 환경을 설계하라. 예를 들어 사업가가 되고 싶다면 포부가 있는 사업가가 아니라 성공한 사업가들 가까이 접근하라. 건강해지고 싶다면 건강한 사람들과 함께하라. 부유해지고 싶다면 모두가 풍요로운 삶을 사는 곳으로 가라. 그리고 당신이 속한 집단에서 평균이 돼라.

투지를 중점적으로 연구하는 앤절라 더크워스는 투지가 분명히 개인적인 특성이지만, 높은 성과가 기대되는 환경에서는 투지를 더 쉽게 개발하고 활용할 수 있다고 인정했다.[37] 자신이 바라는 미래의 내가 되려면 그 모습을 이루는 데 도움이 되는 환경으로 들어가야 한다.

피그말리온 효과에 더해 단순노출 효과도 활용하라.

인간은 놀라울 정도로 환경에 빨리 적응한다. 주변에 있는 사람들이 나에게 미치는 영향은 어마어마하다. 비디오게임을 하고 정크푸드를 즐겨 먹는 사람과 어울리면, 어느 순간 자신도 그런 행동을 좋아하고, 심지어 그 행동에서 빠져나오지 못하게 된다. 반대로 적극적이고 건설적인 사람들과 시간을 보내면, 그런 특성들을 빠르게 배운다. 진정한 친구란 미래의 나를 더 훌륭하게 만들어주는 사람이다.

사적으로나 공적으로 누군가와 관계를 맺게 되면, 그런 인간관계는 특정한 길로 당신을 인도하게 마련이다. 평생 지속하는 관계도 있지만, 대부분의 관계는 상황에 따라 달라진다. 예를 들어 당신에게 예전부터 도움이 된 멘토나 사업 파트너가 있을 수 있다. 하지만 어느 순간이 되면 관계를 발전시킬 수도 있고, 새로운 멘토나 파트너를 찾아야 할 수도 있다.

당신을 이 자리까지 오게 한 것이 언제나 당신을 다음 단계로 도약시키는 것은 아니다. 따라서 자각뿐 아니라 용기도 필요하다. 지금까지 긴밀한 관계를 맺었던 사람과 더는 함께하지 않는 것이 어렵고 심지어 두려울 수도 있다. 하지만 관계를 재설정하는 것은 그렇게 복잡한 일이 아니다. 그리고 상대를 존중하는 것일 수도 있다. 함께하지 않는다는 것이 상대가 틀렸다거나 나쁘다는 뜻은 아니다. 당신의 비전이 지속적으로 발전했고, 그래서 더는 같은 방향으로 갈 수 없기 때문이다.

당신이 맺는 인간관계는 '거래적'이 아니라 '변혁적'이어야 한다.

물론 관계에서 거래나 경제적 목적이 생겨서는 안 된다는 말은 아니다. 그런 건 당연히 생긴다. 전략적으로 행동하지 말라는 말도 아니다. 배우자를 고를 때도 단지 사랑만이 아니라 그보다 더 많은 요소를 고려하지 않는가. 미래에 대한 비전과 목적을 공유한 사람과 결혼한다.

변혁적 관계를 맺으라는 건 서로에 대해 계산기를 두드리지 말라는 말이다. 변혁적 관계에는 서로 돕고 지원하려는 진정한 열망만 있다. 변혁적 관계의 목적이자 방식은 변화다. 베풂, 감사, 성장에 초점을 맞춘 변화가 변혁적 관계의 핵심이다.

'나에게 무슨 유익이 있지?'라는 생각에 사로잡히지 말고 '그들에게 무슨 유익이 있지?'라는 질문을 해야 한다. 먼저 다른 사람이 목표를 이룰 수 있게 도와라. 거기서 출발해 관계를 구축해야 한다.

변혁적 관계를 맺음으로써 당신은 전혀 예상하지 못한 지점으로 갈 수 있다. 변혁적 관계를 탄탄하게 구축하면, 미래의 당신은 상상 이상으로 훌륭하고 탁월해질 것이다. 거래적 관계로는 지금 이 지점까지만 올 수 있었다. 거래적 관계에서 벗어나지 못하면 미래의 나는 더 멀리 갈 수 없다.

미래의 나를 위협하는 세 번째 요인은 미래의 내가 환경의 산물이라는 점이다. 정신을 차리고 깨어 있으면 환경을 의식적으로 선택할 수 있다.

잘 선택하라.

위협

4

미래의 나와 단절되면
근시안적인 결정을 내리게 된다

"진화의 관점에서 보면 인간에게 장기적인 계획이라는 말은 비교적 새로운 개념이다. 인간은 이렇게 오래 살며 먼 미래를 계획하도록 진화하지 않았다. 다음 달 또는 그보다 조금 더 긴 기간을 대비해 음식을 저장하는 것은 당연한 일이었다. 하지만 은퇴 후 30년 넘게 살면서 '은퇴 자금이 바닥나버리면 어떻게 할 것인가' 하는 고민은 상당히 낯설다. 이제 새로운 측면을 바라봐야 한다. 현재 일어나고 있는 모든 상황은 우리를 몹시 흔들고 있다. 이런 상황을 고려해 계획을 세워야 한다. 먼 훗날의 일을 무시하기는 매우 쉽고, 당장 시선을 끄는 일을 무시하기는 상당히 어렵다. 지금 당장 돈을 소비하며 맛있는 음식을 먹는 일은 즉각적인 보상을 안겨주기에 매력적이다. 하지만 장기적인 관점에서 더 나은 나를 위해 소비를 줄이고, 해로운 음식을 먹지 않는 일은, 글쎄, 많은 사람에게 매우 어려운 숙제다. 현재의 힘이 그만큼 강력하기 때문이다."

_할 허시필드 Hal Hershfield[38]

미래의 나와
단절될 때
현재의 나는
어리석은
결정을 내린다

인간이라는 종인 우리는 20년 후의 미래를 계획하도록 진화하지 않았다. 대체로 인간의 결정은 근시안적이며 상상력이 부족하다. 주로 당장 보상을 안겨주는 일을 추구하며, 이런 행동 때문에 장기적으로 미래의 나는 큰 대가를 치른다.

캘리포니아대학교 로스앤젤레스UCLA 심리학과 교수로, 15년 동안 '미래의 나'를 연구해온 할 허시필드Hal Hershfield의 말에 다르면, 유익한 결정을 내리는 첫 단계는 미래의 나와 연결하는 것이다. 그렇게 하려면 먼저 다른 사람에게 감정이입을 하는 것처럼 미래의 나에게 감정이입을 해야 한다.[39] 누군가에게 감정이입을 하려면 상대의 관점을 고려해야 한다. 그 사람이 어디에서 왔는지, 무엇을 중요하게 생각하는지 알려고 노력하는 것이다.

미래의 나와 연결하려면, 미래의 나를 현재의 나와는 '다른 사람'으로 보는 게 대단히 중요하다. 그래야 미래의 나에게 감정이입을 할 수 있다.

하지만 이는 쉬운 일이 아니다. 일반적으로 사람들은 대부분 미래의 내가 기본적으로 현재의 나와 같은 모습이라고 생각하기 때문이다. (진실 2 참조)

미래의 나를 다른 사람으로 볼 때, 그 사람이 현재의 당신과는 다른 방식으로 사물을 바라본다는 사실을 인식할 수 있다. 미래의 나는 현재의 나와는 다른 일들에 관심을 두며, 현재의 내가 하지 않을 행동을 한다.

감정이입 다음 단계는 어떤 일을 하거나, 하지 않았을 때 상대에게 어떤 영향을 미치는지 인식하는 것이다. 현재 행동이 미래의 당신에게 어떤 영향을 주는가? 지금 하는 모든 행동이 미래의 당신에게 어떤 영향을 주는지 깊이 인식할수록 행동은 더욱 신중해지고 나아질 것이다.

허시필드는 미래의 나와 연결된 수준이 지금 내리는 결정에 직접적인 영향을 미친다는 사실을 발견했다. 감정이입을 떠나서 어떤 사람과 깊은 관계를 맺는다는 건 그 사람을 진심으로 좋아한다는 뜻이다. 당신은 그 사람을 친구로 보고, 당신을 진심으로 아끼는 사람으로 본다.[40]

누군가에게 진정한 관심이 있으면, 망설이지 않고 그 사람을 위해 시간, 에너지, 자원을 기꺼이 희생한다. 마찬가지로 미래의 나와 긴밀한 관계를 맺으면, 나중에 미래의 내가 돈을 더 많이 쓸 수 있도록 지금은 소비의 즐거움을 희생할 것이다. 일시적인 만족을 희생하고 교육, 건강, 인간관계에 더 많이 투자할 것이다.

미래의 나를 좋아하다가 그 감정이 커져 사랑하게 되면 현재의 보상을 희생하는 데서 그치지 않고, 미래의 나를 위해 투자하게 된다. 무언가를 또는 누군가를 진심으로 좋아할 때, 나는 그 일이나 그 사람을 위해 기꺼이 투자한다.

피아노에 관심이 있다면, 피아노를 배우기 위해 더 많은 시간을 투자할 것이다.

누군가에게 관심이 있다면, 그 사람과 관계를 발전시키기 위해 시간과 에너지를 투자할 것이다.

자신을 소중하게 생각하는 사람은 사고력과 기술을 향상하고 기회를 늘리기 위해 자기 자신에게 투자한다. 마찬가지로 미래의 나를 소중하게 생각하면, 미래의 내가 행복과 자유를 누리고 좋은 성격을 지니며 훌륭한 환경에서 살도록 기꺼이 투자한다.

나는 그러한 투자를 기쁘게 한다. 미래의 나에게 투자하면 내 삶이 더 나아진다는 사실을 알기 때문에 마음에서 우러나와 투자한다.

미래의 나에게 투자할수록 미래의 나와 더 긴밀히 연결된다.

미래의 나와 연결되면 자신에게 무엇을 투자하든 행복하고 거기에 전념하게 된다.

시간이 흐르면서 자신에게 투자한 모든 것이 결과를 내고 그 결과들이 쌓여 큰 보상을 안겨준다.

미래의 나에게 투자하면 그 모습에 점점 더 가까워진다. 미래의 나를 사랑할수록 미래의 나는 폭발적으로 성장한다. 미래의 나에 대한 비전이 커지면, 현재의 나는 더 행복해지고 더 많은 동기를 얻는다. 댄 설리번은 "현재를 더 나아지게 하는 유일한 방법은 미래를 더 크게 설계하는 것이다"라고 말했다.

미래의 나를 위협하는 분명한 것은 미래의 나와 단절되는 일이다. 허시필드는 사람들 대부분이 미래의 나를 생각하는 데 많은 시간을 쓰지 않는다는 사실을 발견했다. 사람들은 생각 없이 소셜미디어로 시간을 보내거나 폭식, 과소비를 하는 등 지금 당장 도파민이 잠깐 생기고 마는 행동에서 벗어나지 못한다. 그렇게 단기적인 보상을 추구하면 장기적으로 대가를 치를 수밖에 없다. 장기적으로 부정적인 결과를 낳는 눈앞의 보상을 좇는 것은 미래의 나를 희생시키는 일이다.

유익이 미래까지 지속하는, 장기적인 보상을 주는 행동을 하라. 그것이 미래의 나에게 투자하는 것이다.

우리가 하는 모든 행동은 미래의 나에게 손실 또는 투자가 된다. 손실을 주는 행동을 하면 미래의 나는 빚더미에 앉게 되고, 반대로 투자가 되는 행동을 하면 미래의 나는 부유해진다.

미래의 내가 빈털터리가 되고 건강이 좋지 않기를 바라는가 아니면 부유하고 자유롭기를 바라는가?

단기적인 보상을 주는 행동을 할수록 장기적인 미래의 내 모습은 점점 흐릿해진다. 그러면 몇 달 후나 몇 주 후, 며칠 후의 모습도 그려볼 수 없다. 그야말로 내일이 없는 삶이다.

장기적인 보상을 주는 행동에 투자할 때 미래의 나는 더욱 명확해진다. 이때 허시필드가 말한 생생함이 생긴다. 즉 미래의 나와 연결이 극적으로 강화되는 것이다. 미래의 나를 생생하고 자세하게 그릴수록 한눈팔지 않고 목표한 길로 똑바로 갈 수 있다.

생생한 미래야말로 강력한 미래다. 미래의 나에게 투자하고 그 과정에서 소소한 성공을 하나씩 이루어나가면 미래의 내가 어떤 사람인지, 어떤 환경과 상황에 있는지, 어떤 일상을 사는지 자세하게 그릴 수 있을 것이다.

허시필드의 말에 따르면, 미래의 나를 향해 가는 것보다 미래의 나를 현재로 끌어오는 게 사실상 더 수월하다. 미래의 내가 현재의

나에게 보내는 편지를 써서 미래를 생생하고 자세하게 그려보라. 그 미래가 언제인지는 마음대로 선택하라.

예를 들어 지금부터 5년 후를 살아가는 미래의 너가 되어보라. 그 삶이 어떨지 상상한 다음 편지를 써라. 이때 미래의 나는 삶을 자세하게 설명해야 한다.

복잡하게 생각하지 마라.

오래 생각하지도 마라.

미래의 나를 5분 후든, 60분 후든 원하는 대로 설정하라. 편지를 쓰려면 유연함과 상상력이 있어야 한다.

미래의 나를 상상하는 연습을 하면 미래의 나와 더 가깝고 명확하게 연결된다. 처음에는 다소 어색하고 어렵게 느껴질 수 있다.

그런 경우라면 그냥 대략적으로 써도 좋다. 하지만 즐기며 써야 한다. 이 편지는 그저 미래의 나와 나누는 대화일 뿐이다. 여기에 다른 사람은 없다. 아무도 그 편지를 들여다보지 않을 테니 즐겨라.

이 연습을 통해 나는 미래의 내가 살 집을 똑똑히 볼 수 있었다. 미래의 내가 시간을 어떻게 사용하는지, 돈을 얼마나 많이 버는지, 얼마나 행복한지도 볼 수 있다. 미래의 나에게 더 많이 투자할수록 현재의 나는 힘을 모아 강력한 삶을 창조할 수 있다.

미래의 나와 연결하는 데 더 많은 도움을 받고 싶다면, 미래의 내가 현재의 나에게 전하는 편지를 써보라. 미래의 나를 더 생생하게 느낄 수 있을 것이다. (상상스퀘어 출판사 사이트, 도서목록에서 관련 자료를 다운받을 수 있다.)

미래의 나를 위협하는 네 번째 요인은 미래의 나와 단절되는 것이다. 미래의 나와 단절되면, 원하는 삶을 적극적으로 만들 수 없다.

미래를 내다보며 생각할 수도, 장기적인 전략을 세울 수도 없다.

끊임없이 주의를 빼앗는 일들에 빠져 하루하루를 보내며 근시안적인 결정을 내리게 된다.

미래의 나와 단절될 때 미래의 나는 큰 빚더미에 앉아 크나큰 대가를 치를 것이다.

위협

5

시급한 문제와 사소한 목표가 당신의 발목을 잡는다

"이성적이고 의식을 지닌 창조물인 인간의 본성상 미래를 생각하지 않을 수 없다. 하지만 사람들은 대부분 두려움 때문에 미래를 좁은 울타리 안에 가두고 만다. 내일과 몇 주 후에 대한 고민에 빠지기 일쑤며, 몇 달 후를 대비해 막연한 계획을 세운다. 대개 우리는 발등이 떨어진 문제들을 처리하느라 고군분투한다. 그래서 지금 순간 너머를 바라보기 어렵다. 하지만 더 먼 미래를 깊이 생각할수록 원하는 모습으로 만들 능력은 더욱 향상된다. 이것이 힘의 법칙이다."

_《50번째 법칙》, 피프티 센트와 로버트 그린 공저[41]

시급한 문제에 사로잡히면 다람쥐 쳇바퀴 돌듯 하게 된다

2011년에 개봉한 SF 영화 〈인 타임In Time〉에서 저스틴 팀버레이크 Justin Timberlake는 빈민가에 사는 윌 살라스 역을 맡아 연기했다. 이 영화에서는 돈 대신 '시간'이 유일한 화폐다. 모든 사람의 팔뚝에는 자신에게 남은 시간을 알려주는 '카운트 바디 시계'가 새겨져 있다. 영화에서 커피 한 잔의 가격은 4달러가 아니라 4분이다. 이 세계에는 신용카드 단말기와 비슷한 작은 기계가 있다. 거기에 시계를 대면 시간이 추가되거나 깎인다.

25세가 될 때까지 이 시계는 멈춰 있다. 25세 생일이 되면 시계에 1년이라는 시간이 제공된다. 그리고 즉시 카운트다운이 시작된다. 25세 이후에는 신체적 노화가 멈춘다. 28세나 49세, 심지어 302세가 되어도 시계가 똑딱거리기 시작했을 때의 그 모습 그대로다. 사람들은 나이에 상관없이 자신에게 남은 시간만큼 살 수 있다.

빈민가에 사는 사람들은 하루를 겨우 버틸 시간만으로 살아간다. 반면에 최상위 타임 존에 사는 부자들은 시계에 수십 년 또는 수백 년의 시간이 들어 있어 영생을 누리는 것도 가능하다. 빈민가에 사는 사람에게는 교대 근무를 마치고 받는 시간이 자신에게 남은 생명이다. 그들은 다음 날 교대 근무가 끝날 때까지 살 수 있을 정도의 시간만 받는다. 다음 날 교대 근무가 끝날 때 그다음 날 생존할 시간이 시계에 채워진다.

빈민가 사람들은 하루의 생명을 연장하려고 일자리에 얽매여 있다. 그들은 위험한 일도 마다하지 않고 필사적으로 하루의 시간을 더 얻으려 한다. 그들의 시계에 남은 시간은 대부분 24시간이 채 되지 않는다. 더 나은 미래를 만들기 위해 고민하거나 전략을 세울 충분한 시간이 없다.

이 영화에서는 시간을 다 써서 시계가 멈추면 죽는다. 거리 곳곳에는 길을 가다가 갑자기 쓰러져 죽은 빈민가 사람들의 시신이 널려 있다. 하루하루 생존을 위한 필사적인 질주가 펼쳐진다. 그런 삶에 번영은 없다.

영화에서 상위 타임 존 사람들은 높은 경제적 지위를 누린다. 그들은 좋은 직장에 다니며 여유 있는 생활을 한다.

- 빈민가에서 벗어나 하위 중산층 타임 존으로 진입하는 비용은 '1개월의 시간'이다.
- 하위 중산층에서 중산층 타임 존으로 진입하는 비용은 '2개월의 시간'이다.
- 중산층에서 상위 중산층 타임 존으로 진입하는 비용은 '6개월의 시간'이다.
- 상위 중산층 타임 존에서 벗어나 상위 0.0001퍼센트 부자들이 모여 사는 뉴 그리니치New Greenwich로 입성하려면 '1년이란 시간'을 지불해야 한다.

각 타임 존에서 생활하는 비용은 상위로 올라갈 때마다 급격하게 상승한다. 뉴 그리니치의 식당에서 한 끼 식사를 하려면 한 달

이상의 시간을 비용으로 내야 한다. 집값은 몇 년 또는 몇십 년이다. 상위 타임 존으로 이동하려면 더 높은 생활수준을 감당할 수입이 필요하다.

빈민가에 사는 사람이 한 달 정도의 시간을 모으는 일은 거의 불가능하다. 25세가 막 지난 사람들이 상위 타임 존으로 이동하는 일도 드물다. 그렇게 하려면 가족을 버려야 하기 때문이다. 윌의 가족은 빚이 너무 많아서 윌이 25세 생일에 받은 시간은 일주일 만에 바닥나버렸다.

흥미로운 점은 상위 타임 존에서는 모든 게 느리게 느껴진다는 것이다. 그곳의 사람들은 엄청난 양의 시간이 있기 때문에 서두르는 법이 없다. 반대로 하위 타임 존의 사람들은 시간이 너무 적어서 언제나 서두르고 분주하다. 이는 매우 스트레스를 받는 삶이다.

이 SF 영화에서처럼 대부분의 인간은 단기적인 목표를 추구한다. 음식을 먹고, 청구서를 결제하고, 직장에 가고, 아이들을 학교에 데려가고, 타이어를 교체하고, 양치질을 하는 등, 눈앞에 닥친 일을 처리하는 게 대부분의 행동이다. 하루살이 인생이 따로 없다. 기껏해야 한 달 정도를 미리 계획해 가끔 휴가를 가는 정도다.

1906년 저널리스트 알프레드 헨리 루이스Alfred Henry Lewis는 "인류와 무정부 상태 사이에는 단지 9끼니밖에 없다"라고 말했다. 많은 사람이 고작 9끼니 정도만 비축해놓는다. 대부분은 6개월 치의 식량이 없다. 또한 12개월 안에 생길 수 있는 위급 상황에 대처할 자금이 없다.

사람들이 하루하루 근근이 살아가는 이유는 목표가 하루를 보내는 데 맞춰져 있기 때문이다. 직장에 가고, 점심을 먹고, 하루를 마무리하고, 주말을 보내고, 청구서를 결제한다. 많은 사람이 추구하는 미래는 단 한 걸음 앞이다. 생존 모드에서 벗어나지 못하게 설계된 시스템에서 사는 것처럼 느낀다.

하루하루 살아가는 데 초점을 맞추면 늘 급할 수밖에 없다.

단기적인 목표를 추구하면 시간은 쏜살같이 지나가버린다. 쳇바퀴를 도는 다람쥐처럼 오랜 시간 많은 에너지를 소비하지만, 앞으로 나아가지 못한다.

쳇바퀴 같은 하루하루를 살아가는 사고방식에서 벗어나려면 초점을 바꿔야 한다. 더 원대한 미래와 연결하라. 미래의 나를 진지하게 바라보고 투자와 배움을 시작한다면, 5년 후 당신은 어떤 위치에 있을까?

미스터 비스트는 5년 만에 돈도 기술도 없는 17세 청소년에서 수천만 달러를 벌어들이는 세계에서 가장 유명한 사람 중 한 명이 됐다. (2024년 5월 기준, 세계 1위 유튜버이다.-편집자)

시간의 속도를 늦추고 진정한 발전을 하려면, 시각을 바꿔 훨씬 더 원대하고 먼 미래를 생각해야 한다. 미국의 제34대 대통령 드와이트 아이젠하워Dwight D. Eisenhower는 유명한 말을 남겼다. "내게 있는 문제는 시급한 것과 중요한 것 두 종류다. 시급한 문제는 중요하지 않고, 중요한 문제는 절대 시급하지 않다."

비즈니스 전략가 스티븐 코비는 시간을 어떻게 관리해야 하는지

가르치려고 돌멩이, 자갈, 양동이를 사용했다. 그는 작은 자갈을 양동이에 붓고, 그다음에 중간 크기와 큰 크기의 돌멩이를 부었다. 하지만 자갈이 양동이의 절반을 차지하고 있어 돌멩이들이 다 들어가지 않았다.

코비는 양동이를 비우고 다시 시작했다. 이번에는 중간 크기와 큰 크기의 돌멩이를 먼저 부었다. 그다음에 자갈을 쏟으니 자갈이 돌멩이 사이사이의 공간에 채워졌다. '중요한 걸 먼저 넣음'으로써 똑같은 공간에 마법처럼 모든 게 다 들어갔다. 자갈을 먼저 붓는 행동은 사소한 일들에 집중하는 것을 말한다.

코비는 양동이가 우리의 시간이라고 말했다. 중간 크기와 큰 크기의 돌멩이는 인간관계, 계획, 배움, 건강 등 중요한 일이다. 자갈은 이메일 확인이나 모임 참석 등 시급한 일이다.

중요한 일보다 시급한 일을 먼저 할 때 우리는 결코 중요한 일을 하지 못한다. 극작가 메러디스 윌슨Meredith Willson은 "내일 충분히 모으겠다고 생각하면, 아무것도 모아놓지 않은 어제밖에 남지 않을 것이다"라고 말했다.

다람쥐 쳇바퀴에서 탈출하는 유일한 방법은 중요한 일에 '우선순위'를 두는 것이다. 현재 상황 너머를 생각할 여유를 갖고, 자신에게 투자하기 시작하라. 시급한 일보다 중요한 일을 먼저 하라.

시각을 바꿔 장기적인 미래의 나와 연결하라.

5년 후의 목표를 세우고 중요한 목표들에 우선순위를 두어, 날마다 처리해야 하는 시급한 문제보다 '먼저' 하라.

미래의 나를 위협하는 다섯 번째 요인은 단기적이고 시급한 일들을 목표로 생각하고, 미래를 너무 작게 설정하는 것이다. 이는 극한의 노력을 쏟아부으며 열심히 달리지만, 항상 제자리에서 맴도는 공식이다.

비즈니스 거물 그랜트 카돈Grant Cardon은 50세까지 치열하게 살았다. 그러다가 자신이 매우 열심히 일했지만, 목표를 너무 작게 세웠다는 사실을 깨달았다. 일주일에 80시간을 일하면서 몇십만 달러의 수입을 목표로 하는 사람도 있고, 몇백만 또는 몇천만 달러의 수입을 목표로 하는 사람도 있다. 일한 시간의 양은 중요하지 않다. 중요한 건 일의 목표가 무엇인지다. 카돈은《10배의 법칙》에서 이렇게 말했다.

개인적으로 나의 최대 실수는 사적인 면이나 직업적인 면에서 목표를 크게 세우지 못한 점이다. 평범한 결혼 생활이든 행복한 결혼 생활이든 결혼 생활을 유지하는 데는 똑같은 양의 에너지가 들어간다. 마찬가지로 1만 달러를 벌든 1000만 달러를 벌든 돈을 벌려면 똑같은 양의 에너지와 노력이 필요하다.⁴²

카돈은 1958년 3월 21일, 루이지애나주 레이크찰스에서 태어났다. 그는 52세였던 2011년에《10배의 법칙》을 출간했다. 이 책의 출간이 카돈에게는 터닝포인트였다. 1980년대 후반부터 세일즈 및 부동산 회사를 운영한 카돈은 비교적 성공한 백만장자였다.

하지만 《10배의 법칙》을 출간하고 훨씬 더 높은 목표를 세워 거기에 전념하면서, 용기와 대범함은 점점 커졌다. 2012년 카돈은 플로리다에서 단일 사모펀드로는 가장 규모가 큰, 5개의 대규모 부동산으로 구성된 사모펀드를 인수했다. 2011~2021년까지 순자산을 약 2000만 달러에서 3억 달러 이상으로 10배 이상 늘리면서, 자산 가치가 수십억 달러에 달하는 포트폴리오를 만들었다. 카돈이 목표를 10배 더 크게 세우면서 만든 결과였다.

시급한 일들과 사소한 목표에 초점을 맞추느라 당신은 어떤 기회를 놓치고 있는가?[43, 44] '무주의 맹시'(대상이 시야 속에 들어 있지만, 주의를 기울이지 않기 때문에 사물을 간과해버리는 현상-옮긴이)를 겪고 있는 사람들은 청동 주화를 찾는 데 급급한 나머지 주변 곳곳에 널려 있는 금화를 보지 못한다.

우리는 얻으려고 하는 것을 얻게 된다. 그리고 당장 중요하다고 생각하는 것만 본다. 그렇지만 삶을 바꾸는 놀라운 기회들이 '바로 지금' 눈앞에서 기다리고 있다. 금화가 당신 앞에 있다.

문제는 그 기회를 보지 못한다는 것이다. 세상을 다르게 보려면 다르게 질문해야 한다.

"어떻게 하면 올해 10만 달러를 벌 수 있을까?"가 아니라 "어떻게 하면 올해 1000만 달러를 벌 수 있을까?"라고 질문해야 한다.

질문을 다르게 해야 혁신적인 생각에 불을 지피고, 새로운 각도로 세상을 보게 된다. 심리학자이자 영적 교사 웨인 다이어Wayne Dyer는 "세상을 보는 방식을 바꾸면 당신이 보는 세상도 달라진다"

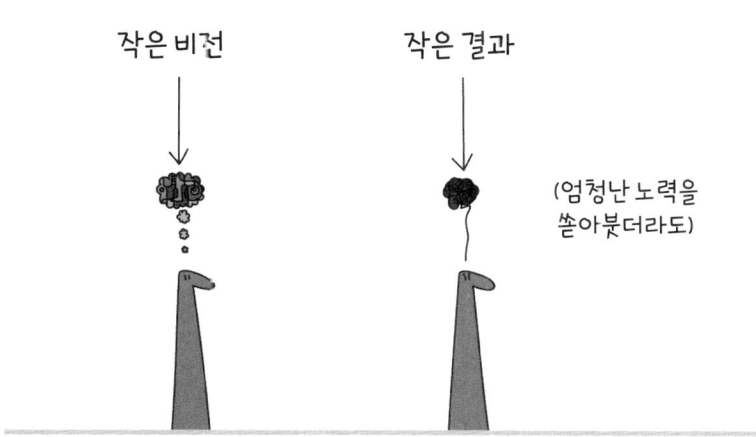

라고 말했다.[45] 추구하는 것을 바꿔보라. 그러면 보이는 것이 달라진다.

무주의 맹시를 선택적 주의로 바꿔라. 추구하는 것을 명확하게 설정하라. 그러면 어디서나 그것을 보게 될 것이다. 잘 보이는 곳에 있지만 눈에 보이지 않던 것이 이제는 뚜렷하게 보이고, 찾고 있는 것을 보게 될 것이다.

목표를 무모할 정도로 높게 설정하라. 그러면 그 목표를 이루는 방법이 즉시 보일 것이다. 댄 설리번은 "우리 눈과 귀는 뇌가 찾고 있는 것만 보고 듣는다"라고 말했다.

미래의 나를 위협하는 중대한 요인은 목표를 작게 설정하는 것이다. 당신의 목표를 10배, 아니 100배 더 크게 세워라. 그러면 필연적으로 그 수준에 맞는 원칙과 법칙, 전략을 찾게 된다. 더 열심히 일하는 것보다 목표를 더 높게 세우는 게 낫다. 광고계의 전설 고(故) 폴 아덴Paul Arden은 이렇게 말했다.

당신의 능력 이상을 목표로 세워야 한다. 능력이 어디까지인지는 철저하게 무시해야 한다. 자신의 분야에서 최고의 회사에 근무하는 게 능력 밖이라는 생각이 든다면, 그 회사를 목표로 삼아라. 〈타임〉 표지에 실리는 게 상상할 수 없는 목표라면 그것을 목표로 삼아라. 그리고 그 목표를 현실로 만들어라. 불가능은 없다. [46]

미래의 나를 수시로 위협하는 요인은 시급한 문제와 사소한 목표에서 벗어나지 못하는 것이다.

위협

6

경기장에 들어가지 않으면 당연히 패배다

"중요한 건 해설자가 아니다. 강자가 어떻게 비틀거리는지 분석하며 해설하는 사람은 중요하지 않다. 진짜 중요한 사람은 실제로 경기장에서 뛰는 투사다. 얼굴에 먼지를 뒤집어쓰고 피와 땀으로 범벅이 된 사람에게 공이 돌아간다. 그들은 용맹하게 싸우다가 실수를 하며 거듭 곤경에 빠진다. 모름지기 노력을 쏟다 보면 실수도 하게 되고 약점도 나오기 마련이다. 하지만 그들은 실제로 치열하게 행동하고 있다. 탁월한 열정과 불굴의 집념을 앓고 있다. 고귀한 사명에 투신한다. 최상의 경우 승리의 기쁨을 맛본다. 하지만 최악의 경우 패배하더라도 적어도 대담하게 싸우다 지는 것이다. 그래서 그들의 자리는 승리나 패배를 전혀 모르는 겁쟁이들의 자리와 다르다."

_시어도어 루스벨트 *Theodore Roosevelt*

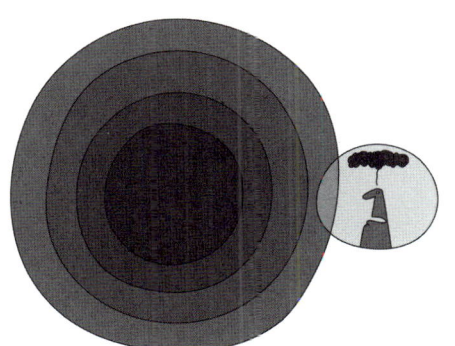

경기장 안으로 들어가지 않으면 발전이 없다

NFL 쿼터백 톰 브래디Tom Brady는 미식축구에서, 역사상 최고 선수를 뜻하는 고트GOAT, greatest of all time로 유명하다. 팀 스포츠에서 개인의 기량을 높이 인정받은 것이다. 브래디는 슈퍼볼에서 일곱 차례 우승을 차지했고, 많은 신기록을 세웠다. 하지만 그와 관련해 가장 놀라운 점은 그의 오랜 선수 생활이다. 그는 2023년 45세 나이에 선수 생활을 은퇴했다.

신체 조건을 볼 때 그는 최고의 기량을 뽐낼 수 있는 선수가 결코 아니었다. 사실 브래디는 다소 속도가 느리고 실수도 많았다. 그는 2000년 NFL 드래프트 6라운드에서 199번째 선수로 지명됐다. 브래디의 선수 생활 전반을 살펴보면 특별한 재능은 없는 것 같았다. 사람들은 그의 실력에 의문을 품었다.

"그는 쿼터백을 절대 잘 해내지 못할 거야."

"그는 운동선수가 아니야."

브래디는 우승을 통해 그러한 의문이 틀렸음을 증명했지만, 나이가 많아지면서 의문은 좀처럼 수그러들지 않았다. 사람들은 '경기를 뛰기에는 너무 나이가 들었어'라고 생각했다.

최근 ESPN 다큐멘터리 〈경기장의 투사Man in the Arena〉에서 브래디는 선수 생활 내내 자신에 대해 의심하고 회의적인 사람들이 실제로는 경기장 안에 있지 않다는 점을 이야기했다. 그들의 말이나 행동은 경기장에서 일어나는 일에 전혀 영향을 미치지 않는다.

NFL 선수 생활에서 은퇴한 보 이슨Bo Eason은 TV로 스포츠 중계를 볼 때, 해설가가 실제 선수 출신이 아니면 소리를 줄인다고 말했다. "TV 스포츠는 프로 선수가 아니라 팬을 위해 방영된다. 프로는 그런 방송을 보지 않는다. 스포츠 중계는 프로가 아닌 관중을 위한 것이다."

흥미롭게도 미국의 스포츠 해설가는 스포츠만큼 인기를 얻는다. 해설가는 관중석에 앉아 경기장에서 뛰는 선수들을 평가하고 비평한다. 스포츠 비평은 인기가 높아졌고 즐거운 일이 됐다. 그들은 경기장 옆에서 양복을 차려입고 번드르르한 말만 중얼거린다.

당신이 무슨 일을 하든 경기장 밖에서 비평하는 구경꾼들은 늘 있다. 그들은 당신이 하는 일에 의문을 품는다. 또는 경기장에서 혹독한 시련을 겪지 않게 하려고 당신을 보호하려고 할 수도 있다.

〈석세스〉의 전 발행인 대런 하디Darren Hardy는 "당신과 자리를 바꾸지 않는 사람의 조언은 절대 듣지 마라"라고 말했다.[47] 멘토를 찾고 싶다면, 반드시 경기장 안에 있는 사람을 찾아야 한다. 당신이 직면한 전투의 경험자에게 조언을 받아라.

경기장 밖에 있는 사람들의 의견은 오히려 정신을 혼란스럽게 한다. 하지만 미래의 나를 위협하는 더 심각한 요인이 있다. 그것은 당신이 경기장을 나가버리는 일, 거기에 더해 경기장 밖에서 오래 머무는 일이다.

경기장 밖에 머문다는 게 무슨 말일까? 지나치게 오래 생각한다는 뜻이다. 어떻게 해야 할지 분석만 하다가 사고가 마비되는 지경에 이를 수 있다. 그러면 공포에 승리의 깃발을 안겨주는 꼴이다. 수많은 사람이 사업을 하겠다거나 책을 쓰겠다거나 새로운 언어를 배우겠다는 등 무언가 꿈만 꾸다가 아무것도 하지 못하는 경우를 생각해보라.

로마의 철학자 카토Cato는 "머뭇거리는 사람은 길을 잃는다"라고 말했다. 경기장에 진입하기를 머뭇거릴수록 필요한 기술을 익히는 시간만 지연될 뿐이다. 경기장 옆에서는 의도적인 연습을 할 수 없다. 경기장 안으로 들어가지 않는다면, 상대는 부전승으로 승리를 가져간다.

경기장 밖에 있으면 안전하다는 느낌이 들지 모른다. 하지만 그곳이야말로 가장 위험한 장소다. 경기장 밖에 있으면 자신이 무엇을 모르는지 알 수 없다. 관심 있는 주제에 대해 뒷짐 지고 비평이나 할 줄 알지, 진정한 프로는 되지 못한다. 경기장 옆에 머물면 후회하는 인생을 살 게 뻔하다.

심리학에서 '용기'란 숭고하고 가치 있는 목표를 적극적으로 추구하기 위해 위험을 감수하는 태도를 말한다.[48,49] 데이비드 호킨스의 말에 따르면, 용기는 긍정적인 변화로 들어가는 관문이다.[50] 경기장에 들어가면 패배할 수도 있기에 들어가는 일 자체에 용기가 필요하다. 경기장에 들어가자마자 당신의 행동과 무지가 낳은 결과를 정면으로 마주하게 될 것이다. 고통스러운 순간일 수 있지만, 그렇게 해야 배우고 성장한다.

경기장 밖에 있으면 졌다는 느낌이 들지 않겠지만, 당신은 날마다 패배하는 것이다. 나는 온라인 글쓰기를 시작해야겠다는 결심을 하는 데 5년이 걸렸다. 2010년 선교 활동을 마치고 집으로 돌아와 내가 되고 싶은 게 작가라는 걸 깨달았다. 하지만 2015년이 되어서야 비로소 경기장에 들어가 배우고 성장하기 시작했다.

글을 써서 블로그에 올리기 시작하니 반응이 좋았다. 반면 부정적인 피드백과 신랄한 비난도 받았다. 글이 인기를 얻을수록 비난의 강도는 더 세졌다. 하지만 경기장 밖에 있는 사람들의 비난을 듣는 것보다 불안한 감정을 마주하는 게 더 어려웠다. 나의 아이디어와 생각, 감정을 사람들에게 전달할 수 있을까? 그것을 글로 잘 표현하는 방법을 배울 수 있을까? 마감 기한 내에 효과적으로 글을 쓰는 방법을 배울 수 있을까?

힘들었지만 나는 경기장 안에 있었고 빠르게 배웠다. 경기장 안으로 한 걸음 한 걸음 깊숙이 들어갈수록 이전에는 전혀 보지 못했던 것을 보게 됐다. 사업을 성장시키고, 훌륭한 멘토나 인플루언서와 관계 맺는 방법을 배웠다. 또한 다른 사람들과 도움을 주고받으면서 출판 계약을 따냈고, 그 밖에도 놀라운 기회를 얻었다.

마일 마커mile marker(간선도로에서 응급상황이 발생했을 때, 현 위치를 알릴 수 있는 마일 표시-옮긴이) E 지점에서 응급 상황이 발생하면 어떤 조치와 행동을 취해야 하는지 마일 마커 C 지점에서는 알 수 없는 노릇이다. 마찬가지로 나는 경기장 안으로 들어가야만 상황을 이해할 수 있었다. 이때 실패가 최고의 친구였다. 경기장에는 나보다 한 발 앞선 사람들이 있었고, 그들에게서 많은 걸 배울 수 있었다.

세 명의 아이를 입양했을 때도 로렌과 나는 직접 부딪히며 배웠다. 특정 주제를 다루는 책들은 차고 넘친다. 하지만 그런 책에 있는 조언을 실제 경험에서 어떻게 써먹어야 할지 모호할 때가 있다. 경기장 안에 있으면 지금 당장 제대로 된 해법이 절실하기 때문에 책에서 얻은 정보를 유용하게 활용할 수 있다. 경기장 안에서 실패를 경험하면 제대로 배운다.

경기장 밖에 있으면 현실은 모른 채 이론만 따지며 비평을 일삼게 된다. 그곳에는 진짜 위험이나 패배가 없으니 무언가를 배우려고도, 배운 걸 응용하려고도 하지 않는다. 하지만 일단 경기장 안으로 들어가서 현실에 맞서면 실패하며 배우고, 배운 걸 응용한다. 당장 사용할 수 있는 정보를 상황에 맞게 적절히 활용하게 된다. 아이를 입양한 지 얼마 되지 않았을 때, 수시로 울고 보채는 아이를 달래느라 밤새 한잠도 못 잔 적이 한두 번이 아니었다. 하지만 부모에게서 떨어져 낯선 사람들과 사는 아이를 어떻게 탓하겠는가? 날마다 나는 실패한다는 느낌을 받았다. 7년이 지난 지금도 여전히 아빠로서 하는 일들이 하나같이 다 실패라는 생각이 든다.

하지만 나는 경기장 안에 있으며 배우고 있다.

7년 전보다, 아니 7일 전보다 육아에 대해 더 많이 알고 있다. 실패하고 배우는 일이 불편하지 않다. 실수해도 괜찮다. 현재의 실수는 몇 년 전의 실수보다 훨씬 더 중요한 교훈을 주기 때문이다. 나는 몇 년 전보다 더 큰 경기를 뛰고 있다. 이 경기에 걸린 상금은 더 많다. 사랑은 더 깊어지고, 승리할 때마다 큰 보람을 느낀다.

경기장 밖에 있으면 꿈꾸는 것 같은 환상적인 경기를 즐길 수 있다. 하지만 진정한 보상은 얻을 수 없다. 그리고 실제 경기를 안다고 생각하지만, 사실은 제대로 모른다.

관중은 앉아서 분석만 하다가 두려움과 결정 피로(결정을 내리기 위해 너무 오래 고민한 후에 최선의 결정을 내리지 못하게 되는 상태-옮긴이)를 느껴 옴짝달싹하지 못한다. 그렇게 경기장 안으로 들어가기를 주저할수록 미래의 나에 대한 제약은 점점 커진다.

경기장 안에 있다는 것은 '현실'을 직면하고 받아들인다는 뜻이다. 경기장 안에 들어가면 나는 현실이 두렵지 않다. 현실이 곧 교사이기 때문이다. 경기장 안에 있다 보면 마침내 미래의 내가 되어 현실을 원하는 대로 만들 수 있다.

위협

7
성공이 실패의 기폭제가 될 때가 있다

"미국에서 두 번째 부자인 워런 버핏*Warren Buffett*은 자신의 최대 도전 중 하나가 세계 최고 부자들이 성공에 계속 관심을 두도록 돕는 일이라고 말한다. 그들이 가난했던 시절에는 열정에 불타 무엇이든 시작했지만, 더는 그런 열정이 없다. 버핏은 그런 부자들이 아침에 이불을 박차고 일어나 열정적으로 일하게 하는 것이 매우 어렵다고 말한다…. 성공 병에 걸리면 더 높은 차원의 노력을 하지 않는다. 성공해 부자가 된 사람은 관심을 다른 데로 옮긴다. 더는 훈련을 하지 않고, 가르치고 배우는 일을 하지 않으며, 팀워크를 중요하게 생각하지 않고, 문제를 자세하게 들여다보지 않는다. 그들에게 '통달'을 안겨줘 성공을 낳게 해준 행동들을 더는 하지 않는다."

_빌 월시*Bill Walsh*[51]

성공은 종종 미래의 나를 파괴한다

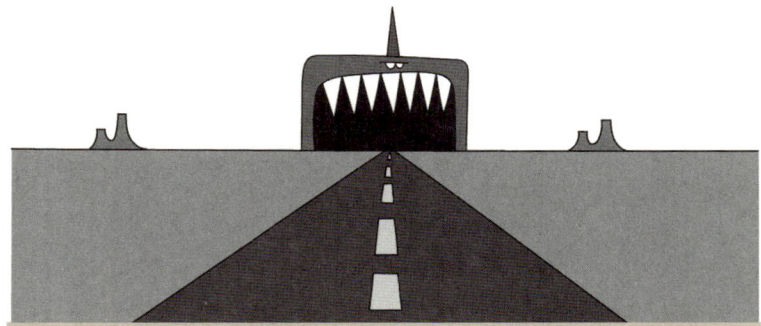

비틀스The Beatles는 1963년 〈플리즈 플리즈 미Please Please Me〉로 등장해, 1969년 마지막 앨범인 〈렛 잇 비Let It Be〉와 〈애비 로드Abbey Road〉를 녹음하면서, 비교적 짧은 기간에 음악 세계를 바꿔 놓았다.

20세기 세계 최고의 밴드가 첫 앨범을 발표한 후 7년 만에 해체된 이유는 무엇일까? 비틀스는 경이로운 성공을 거두며 세계적인 우상이 됐고, 수백만 달러를 벌어들였다.

성공은 복잡한 문제들을 수반한다.

비틀스가 데뷔했을 때만 해도 멤버들은 작곡하고 연주하는 친구들이었다. 그들은 한 가지에 초점을 맞추며 같은 목표를 추구했다. 하지만 성공을 거두면서 그들의 위치나 목표는 하나로 통일되지 않고 복잡해졌다. 밴드 내에서 분열이 생겼다.

비틀스가 성공하자 밴드에 외부 관계자들이 늘어났다. 외부 관계자들은 비틀스에 이런저런 요구를 하기 시작했다. 레논Lennon과 매카트니McCartney는 밴드를 어떻게 꾸려나가야 할지 의견을 모으지 못했다. 특히 밴드의 매니저였던 브라이언 엡스타인Brian Epstein이 1967년 사망한 후에는 더욱 갈팡질팡했다. 비틀스는 누가 뭐래도 역대 최고 밴드였지만, 그들의 성공과 그로 인한 복잡한 문제들이 결국에는 밴드 해체를 불러왔다.

미래의 나를 위협하는 일곱 번째 요인은 흥미롭게도 성공이다.

비틀스의 해체는 '성공이 성공을 잡아먹는', '성공 병'에 걸린 수많은 사례 중 하나다.

성공은 잘 관리하기 어렵다. 사람들은 대부분 상황이 좋아지기 시작하면 자멸의 길로 간다. 게이 헨드릭스Gay Hendricks는 성공이 어떻게 역효과를 낳는지 설명하기 위해 '상한선 문제the upper limit problem'라는 개념을 만들었다. 헨드릭스의 설명에 따르면, 우리는 모두 편안함을 느끼는 잠재적인 기준선을 가지고 있다. 그 기준선을 넘어가는 성공을 거두면 무의식적으로 기준선으로 되돌아가려고 자기 파괴적인 행위를 한다. 헨드릭스는 이렇게 말한다.

우리는 어느 정도의 사랑과 성공, 창의성을 허용할지 설정해놓은 내적인 조절 장치를 지니고 있다. 자신이 설정해놓은 기준을 넘어가면 자기 파괴적인 행동을 해 스스로 안전하다고 느끼는 해묵은 안전지대로 돌아간다. [52]

많은 돈을 지녀본 적이 없는 사람이 큰돈을 벌기 시작하면, 새로 번 돈을 자기도 모르게 모조리 배수관으로 흘려보내는 어리석은 행동을 하는 것도 이 때문이다.

당신이 선택한 경기장이 무엇이든 거기서 성공하려면, 미래의 나를 명확하게 보고 거기에 초점을 맞춰 장기적으로 전념해야 한다. 미래의 나에게 지속적으로 투자하며 의도적인 연습을 할 때 탁월한 성공을 거둔다. 그러려면 처음에 설정한 기준을 넘어서는 꿈을 꾸어야 한다.

하지만 성공을 거두면서 복잡성도 증가한다. 처음에는 열정을 키우고 기술을 발전시키는 데 전념했다면, 성공을 거둔 후에는 상황이 달라진다. 그때부터는 과거의 삶에서 경험하지 못한 수많은 문제가 생긴다. 돈이나 시간 관리, 인간관계가 중요한 문제로 불거진다. 그런 문제를 분석만 하다가는 사고가 마비되는 지경에 이르니 신속한 결정을 내릴 필요가 있다.

단기적 성공을 추구하다 보면 장기적 목표를 뒤로 미루게 되고 초점을 잃을 수 있다. 그러면 처음 목표가 무엇이었는지 헷갈리고 혼란스러워진다. 복잡성을 걸러내 관리하지 못하면 몰입과 집중력이 무너진다. 그러면 정말로 중요한 일이 무엇인지 알아차리기 어려워지며, 아무리 열심히 일한다 한들 예전처럼 큰 성공을 이루지 못한다. 시간과 주의가 분산되면서 명확성과 초점을 잃게 되어 필연적으로 몰락의 길을 가고 만다.

작가인 그렉 맥커운Greg McKeown은 이렇게 말한다.

성공한 사람이나 조직이 그 이후에 큰 성공을 다시 거두지 못하는 이유는 무엇일까? 한 가지 중요한 요인은 '명확성의 역설the clarity paradox'이라는 현상 때문이다. 이 현상은 예측 가능한 네 단계로 설명할 수 있다.

- 1단계: 명확한 목적이 분명하게 있을 때 성공에 이른다.
- 2단계: 성공을 거두면 더 많은 선택지와 기회가 생긴다.
- 3단계: 선택지와 기회가 늘어날 때 노력이 분산된다.

- 4단계: 노력이 분산되면 처음에 성공을 이끌었던 명확성이 줄어든다. 좀 과장해서 표현하자면 성공은 실패의 기폭제다.⁵³

작가이자 철학가인 로버트 브롤트Robert Brault는 "장애물을 만나 목표에서 멀어지는 게 아니다. 눈앞에 보이는 덜 중요한 목표를 추구하다가 진정한 목표에서 멀어진다"라고 말했다.⁵⁴ 성공을 거둘수록 덜 중요한 목표들이 모습을 드러낸다. 기회가 많아지고 작은 성공들을 손쉽게 이루는가? 그렇다면 지속적으로 목표를 더 크게 세워야 한다. 그렇게 해서 에너지와 집중력을 해치는 쓸데없는 일 99퍼센트를 걸러내야 한다.

성공하는 것보다 그 성공을 유지하고 확장하는 게 더 어렵다. 스포츠 분야를 생각해보자. 한번 정상에 선 팀이 다시 우승을 차지하는 일은 더욱 힘들다. 목표를 달성했기 때문에 현실에 안주하여 초점을 다른 데로 돌린다. 성공은 기회를 안겨주는 동시에 주의를 다른 데로 돌리기 때문이다. 그래서 정상에 머무는 데 필요한 집중적인 노력과 의도적인 연습을 더는 하지 않게 만든다.

일이 잘되고 있을 때는 안이한 생각을 하며 금방 나태해지기도 한다. 그래서 지금의 위치에 있게 해준 훈련을 멈출지도 모른다. 마이클 호프G. Micheal Hopf는 소설 《남아 있는 사람들: 종말 후 이야기 Those Who Remain: A Postapocalyptic Novel》에서 다음과 같이 말했다.

고난은 강한 사람을 만든다. 강한 사람은 좋은 시절을 만든다. 좋은

시절은 약한 사람을 만든다. 그리고 약한 사람은 고난을 만든다.[55]

좋은 시절에는 집중력과 집념이 약해진다. 미래의 나를 더 원대한 모습으로 꿈꾸기를 멈춘다. 그리고 잠깐의 도파민을 얻는 쾌락을 추구하는 일에 빠진다. 그런 행동과 생활 태도는 불필요한 고난의 시기를 초래한다. 수확의 법칙에 따라 뿌린 대로 거둔다.

세계 역사를 살펴봐도 한때 거대했던 국가나 위대했던 제국은 결국 몰락했다. 성공이 실패를 낳았다. 저명한 역사가 윌 듀런트Will Durant와 아내 아리엘 듀런트Ariel Durant는《윌 듀런트의 역사의 교훈》이라는 책에서 국가의 흥망성쇠를 잘 정리했다.[56] 인간의 문명은 다음 세 단계를 거쳤다.

1. 사냥
2. 농업
3. 산업

사냥 단계에는 초점이 개인에게 있었다. 잔인하고 야만적이며 극도로 경쟁적인 개인들은 생존에만 집중했다.

농업 단계에는 가족이 중심에 있었다. 아이들은 농장의 일꾼으로 자랐다. 사람들은 서둘러 결혼해서 필요한 노동력을 확보하고자 자녀를 일찍 낳았다. 이혼은 드물었다. 여전히 경쟁이 존재하는 사회였지만, 농부들은 다른 농부들과 거래하고 물물교환을 하면서 서로 협력했다.

산업 단계의 초점은 집단에 있다. 기술이 발전하고 사회가 형성되면서 사람들은 농장을 떠나 도시로 몰려왔다. 결혼은 전만큼 중요하지 않다. 자녀도 많이 낳지 않는다. 정부, 교육, 기술이 종교를 대체한다.

듀런트 부부는 이런 현상이 몰락의 시작이라고 말한다. 설명에 따르면, 사회 집단이 번영하려면 각 개인은 자신의 이익보다 집단의 이익을 우선하는 도덕규범에 복종해야 한다. 하지만 이는 개인적인 발전을 중요하게 생각하는 사람들에게는 어려울 수 있다.

듀런트 부부는 "공산주의는 결국 몰락한다"라고 말한다. 자연과 사회에는 근본적으로 불평등이 존재할 수밖에 없기 때문이다. 공산주의는 어떻게 해서든 평등한 사회를 만들려고 하지만, 그런 노력은 자유와 자율성을 말살한다.

자유가 사라지고 사회의 구성원들이 더 나은 사회를 만들기 위한 자유의지를 발휘할 수 없을 때 그 사회는 무너지고 만다.

듀런트 부부는 이렇게 설명한다.

천국과 유토피아는 우물 안에 있는 양동이들이다. 하나가 밑으로 내려가면 다른 하나는 위로 올라온다.

듀런트 부부는 세계 최대 강국인 미국도 결국에는 다른 제국이 몰락한 것과 같은 이유로 무너질 거라고 생각한다.

미국의 억만장자이자 헤지펀드 매니저인 레이 달리오Ray Dalio
는 조금 더 미묘한 관점을 가지고 있다. 그는 《변화하는 세계질서》
에서 사회가 쇠퇴하는 주요 이유를 설명한다.[57] 기업과 마찬가지로
국가가 극심한 빚을 지고, 생산성이 떨어지고, 내부 분열로 균열이
발생하면 몰락의 조짐이라고 말한다.

미국은 여전히 강력한 국가다. 하지만 달리오는 미국이 많은 잘
못된 선택지를 만지작거리고 있다고 생각한다.

개인과 팀, 조직, 국가는 성공을 잘 관리하지 못한다. 성공하는
것과 그 성공을 확장하는 것은 완전히 다른 차원의 문제다. 일이 잘
되기 시작하면 해이해질 수도 있다.

이 문제를 왜 중요하게 생각해야 할까?

미래의 나를 명확하게 보고 그 모습을 이루기 위해 구체적으로
계획해 투자한다면, 분명히 놀라운 성공을 거둘 것이다. 그리고 지
식, 기술, 돈, 인간관계가 쌓이고 쌓여서 엄청난 힘을 발휘하는 모
습을 보게 될 것이다. 하지만 성공을 하면서 예상치 못한 복잡성에
직면한다.

한 번의 성공만 갓보고 주저앉는 것을 피하려면 성공할 때마다
미래의 나를 명확하게 그려야 한다. 성공하면 전에는 신경 쓰지 않
았던 문제들이 여기저기서 생기고 덜 중요한 목표를 이루는 데 급
급하게 된다. 정말로 중요한 것이 무엇인지 명확하게 보지 못하면
정신이 분열될 수 있다. 성경에도 이런 말이 있다.

두 마음을 품은 자는 자기의 모든 길에서 안정이 없느니라.[58]

성공은 미래의 나를 위협하는 심각한 요인이다.

KEY POINT

미래의 나에 대한 위협

미래의 나는 고정불변의 모습이 아니다.

삶이 나아갈 방향은 무궁무진하다.

현재의 나는 미래의 나를 필연적으로 만나게 된다.

2년 후, 5년 후, 10년 후 죽지만 않는다면 누군가가 되어 있을 것이다. 따라서 스스로 이런 질문을 해봐야 한다. '미래의 나는 어떤 모습일까?' 이 질문은 아마도 인간이 스스로에게 묻는 가장 중요한 질문일 것이다.

PART 1에서 미래의 나를 위협하는 핵심 요인 7가지를 살펴보았다. 그 요인들을 잘 점검하지 않는다면, 미래의 나는 잠재력을 온전히 펼치지 못할 것이다.

7가지 위협 요인 티스트를 활용해 현재 어떤 요인이 가장 위협적인지 검토하라. (상상스퀘어 출판사 사이트, 도서목록에서 관련 자료를 다운받을 수 있다.)

PART 2에서는 미래의 나에 대한 진실 7가지를 탐구할 것이다. 미래의 나에 대한 진실을 온전히 이해하면, 미래의 내가 어떤 모습이 될지 잘 계획할 수 있다. 그리고 현재 상상하는 것 이상의 삶을 창조할 힘을 얻을 것이다.

진실 1	당신의 미래가 현재를 이끈다
진실 2	미래의 나는 예상과 다르다
진실 3	미래의 나는 피리 부는 사람이다
진실 4	미래의 나를 생생하고 자세하게 그릴수록 더 빠르게 발전한다
진실 5	미래의 나로서 실패하는 게 현재의 성공보다 낫다
진실 6	성공하려면 미래의 나에 진실해져야 한다
진실 7	신에 대한 견해가 미래의 나에게 영향을 미친다

미래의 나에 대한 진실 7가지

PART 2

"인간에게 정말로 필요한 것은 아무런 긴장 없는 삶을 살아가는 게 아니라 가치 있는 목표를 이루기 위해 고군분투하는 것이다. 어떻게든 긴장을 없애는 게 필요한 것이 아니다. 인간에게는 자신이 이루어낼 의미 있는 사명이 필요하다."

_빅터 프랭클

페르디난드 마르코스Ferdinand Marcos는 타고난 거짓말쟁이였다.

1965년 12월 30일, 그는 '필리핀 역사상 최고의 훈장을 받은 전쟁 영웅'임을 주장하면서, 필리핀의 제10대 대통령이 됐다.

마르코스 대통령은 필리핀 전역에 기반 시설을 구축하는 정책을 공격적으로 단행했다. 외국 자본을 빌려 새로운 도로를 건설하고 학교와 복합 시설을 지었다. 대통령 첫 임기 동안, 파격적인 재정지출을 감행하며 인기를 얻었다.

마르코스 대통령의 두 번째 임기 동안 이 재정지출이 쌓여 국가부채는 눈덩이처럼 불어나 인플레이션 위기가 닥쳤다. 필리핀의 경기는 급격하게 침체했고, 사회의 안정을 위협하는 불안 요소가 곳곳에서 터져나왔다.

마르코스는 국민의 고통에는 관심이 없었다. 대통령 재임 시절, 그와 그의 가족은 필리핀 중앙은행에서 도둑질한 돈으로 호화로운 생활을 즐겼다. 마르코스 가족은 50억에서 100억 달러로 추정되는 역대 최대 규모의 정부 자금 절도 사건으로 기네스북 세계기록에도 등재됐다.[2]

마르코스 대통령은 군대에 천문학적인 돈을 투자했는데, 이는 외국 침략 세력으로부터 자국민을 보호하기 위해서가 아니라 자신의 철권통치를 따르지 않는 사람을 통제하고 처벌하기 위해서였다.

마르코스가 집권하는 동안 필리핀은 빚의 수렁에 깊이 빠졌다. 사회적, 도덕적으로 부패가 만연하면서 나라에 내부 분열이 생기고 갈등이 폭발했다.

많은 사람이 정권 교체를 원했다. 그 가운데는 베니그노 '니노이' 아키노 2세Benigno Ninoy Aquino Jr.라는 젊은 신진 정치인이 있었다. 정치인 집안에서 태어난 니노이는 1954년, 22세에 불과한 나이에 시장에 당선됐다. 5년 후인 27세에는 필리핀 정부의 초연소 부지사가 됐다.

니노이는 1954년에 코리Cory라 불리는 코라손 스물롱 코후앙코Corazon Sumulong Cojuangco와 결혼했다. 코리는 부유한 필리핀 가톨릭 집안 출신의 엘리트 여성이었다. 니노이가 정치 경력을 쌓아가는 동안, 코리는 다섯 자녀를 양육하는 데 전념하며 남편의 정치 활동을 도왔다. 코리는 남편이 무언가 결정을 내릴 때 매우 지혜로운 조언을 해주는 든든한 지원군이었다.

니노이는 1965년에 상원의원으로 당선됐고, 그해에 마르코스를 부패 혐의로 기소했다. 군대 예산을 늘려 군국주의 국가를 설립하려 한다는 혐의도 추가했다. 그리고 대통령과 그의 부인 이멜다Imelda의 사치스러운 생활과 사기 행각을 용기 있게 비판했다.

니노이의 추종 세력은 점점 늘어났다. 니노이는 1971년 대통령 선거에서 마르코스를 이길 유력한 후보가 됐다. 니노이의 대의명분에는 힘이 있었다. 그는 민주주의, 자유, 도덕규범, 훌륭한 지도력, 국민 통합, 풍요로운 필리핀을 꿈꿨다.

1971년 8월 21일, 자유당의 전당대회가 열렸다. 군중의 환호성과 밴드의 신나는 연주가 뒤섞였다. 그런데 갑자기 폭탄 두 개가 터졌다. 폭탄 테러로 8명이 사망하고, 120명이 중상을 입었다. 현장에 자유당 후보였던 니노이는 없었다. 그래서 마르코스는 니노이가 여론을 자신에게 유리하게 만들려고 자작극을 벌인 거라고 주장했다.

이 사건 때문에 그다음 해에 정치적·사회적 소요가 잇달아 일어났다. 마르코스는 혼란이 가중된 틈을 타서 자신의 목적을 이루려고 했다. 1935년 제정된 헌법에 따르면, 마르코스가 대통령을 세 번 연임하는 것은 불가능했다. 하지만 마르코스는 1972년 9월 21일, 계엄령을 선포했다. 얼마 후 기존 헌법을 폐지하고, 장기 집권을 위한 토대를 마련했다.

계엄령에 따라 마르코스는 즉각 니노이를 체포해 사형을 선고했다. 니노이는 재판을 기다리며 감옥에서 8년을 보냈다. 코리는 고립된 상태에서 다섯 명의 자녀를 홀로 키웠다.

감옥에 갇힌 지 거의 6년이 흘렀는데도 조국의 민주주의를 향한 니노이의 집념은 약해지지 않았다. 니노이는 목숨을 걸고 단식투쟁을 벌였고 1978년에는 수감된 상태에서 대통령 선거에 출마하기도 했다.

1980년 3월 중순, 감옥에 있던 니노이는 심장마비를 일으켜 필리핀 심장 센터로 이송됐다. 병원에서 그는 또다시 심장마비를 일으켰다. 심전도 검사 결과 동맥이 막혀 있었지만, 필리핀 의사들은 관상동맥우회술을 하기를 꺼렸다. 니노이를 살려냈다고 마르코스에게 보복당할까 봐 두려웠기 때문이다.

니노이는 마르코스가 의사를 매수해 자신을 해칠까 봐 필리핀

의사에게 치료받는 걸 거부했다. 그는 가족과 함께 미국으로 가 수술을 받게 해달라고 요청했다. 니노이의 요청은 조건부로 받아들여졌다. 해외에 있는 동안 마르코스에 대해 부정적인 말을 전혀 하지 않고, 치료가 끝나는 즉시 귀국해야 한다는 조건이었다.

니노이는 빠르게 회복했고, "악마와의 약속은 약속이 아니다"라며 마르코스가 내건 조건을 지키지 않았다. 1980~1983년까지 3년 동안 니노이와 코리는 자녀들을 데리고 보스턴에서 망명 생활을 했다. 니노이는 가족의 생계를 위해 두 권의 책을 썼고, 강연을 다녔다. 그리고 하버드대학교에서 주는 연구 장학금을 받으며 생계를 이어갔다.

1983년 초 니노이는 필리핀의 정치적 상황이 갈수록 불안해지며 마르코스의 건강이 악화되고 있다는 소식을 들었다. 그는 귀국할 시기가 임박했다고 느꼈다. 극단주의자들이 쿠데타를 일으키기 전에 필리핀으로 돌아가 마르코스에게 민주주의를 회복시키라고 말할 생각이었다. 니노이는 필리핀으로 돌아가면 목숨을 잃을 수도 있음을 알았다.

마틴 루서 킹Martin Luther King Jr.은 "사람이 목숨을 걸 일을 찾지 못하면 살 자격이 없다"라고 말한 바 있다.

필리핀 정부는 국제 항공사들에 니노이를 필리핀행 비행기에 탑승시키면 착륙 허가를 하지 않고, 강제로 회항시키겠다고 경고했다. 필리핀 입국을 금지당한 니노이는 마르코스를 반대하는 쿠리주의 단체에서 위조 여권을 받았다. 입국 심사를 아슬아슬하게 통과하며 비행기를 여러 번 갈아탄 끝에 1983년 8월 21일, 필리핀에 착륙했다.

자신의 운명을 감지한 그는 방탄조끼를 입고 있었다. 그리고 자신과 동행한 기자들에게 이렇게 말했다.

일이 순식간에 일어날 겁니다. 그러니 카메라로 바로 촬영할 준비를 해두십시오. 3~4분 만에 모든 게 끝날 수 있어요. (웃으면서) 그러면 나는 여러분에게 다시는 말을 할 수 없을지도 모릅니다.

비행기가 마닐라 국제공항에 착륙한 후, 니노이는 활주로로 이어진 계단으로 나오자마자 머리에 총을 맞고 숨졌다. 니노이를 암살한 사건이 마르코스 정부에 대한 불신에 불을 지피며, 정권을 반대하는 시위가 급증했다.

니노이가 사망한 후 10일이 지난 1983년 8월 31일, 장례 미사가 케손시티의 산타 메사 헤이츠에 있는 산토 도밍고 교회에서 거행됐다. 니노이의 어머니 오로라Aurora는 장례식장 측에 "정부가 내 아들에게 한 짓"을 모두가 똑똑히 볼 수 있도록 아들의 시신을 그대로 두라고 말했다. 시민 200만 명 이상이 거리에 줄지어 서서 장례 행렬을 지켜봤다.

재판부는 니노이를 암살한 사건에 가담한 피고 26명 모두에게 무죄를 선고했다. 암살 사건을 덮어버리는 필리핀 정부의 만행에 세상의 이목이 쏠리지는 않았다. 하지만 그 순간 코리는 중대 결심을 하기에 이르렀다. 역사가 윌 듀런트는 "상황이 요구한다면 보통 사람의 능력은 두 배로 증가할 수 있다"라고 말했다.[3]

코리는 마르코스 정권을 무너뜨리고 필리핀의 민주주의를 회복하는 데 온몸을 던지기로 결심했다. 스스로 전업주부라고 말한 코리는 반마르코스 운동의 상징적인 인물로 부상했다.

1986년 대통령 선거를 앞두고 반대 세력이 늘어나는 것을 알게 된 마르코스는 갑자기 선거를 예정보다 일찍 치르겠다고 발표했다. 그러자 코리가 대선에 출마해야 한다는 청원도 빠르게 늘어났다. 수백만 명의 청원에 대한 답변으로 코리는 1985년 12월 3일, 대선 출마를 선언했다.

선거 운동에 뛰어든 마르코스는 코리가 정치 경험이 전혀 없는 '평범한 여성'이라고 주장하며 악랄하게 공격했다.

그러나 코리는 침착하게 대응했다.

> 나는 대중을 속이고, 국민에게 사기 치고, 정부의 돈을 훔치고, 정적을 살해한 경험은 없습니다. 그래서 당신이 말하는 종류의 정치적 경험이 없다는 건 인정합니다.

1986년 2월 7일에 치러진 선거는 마르코스에게 유리하게 조작됐다. 2월 15일, 마르코스는 승리를 주장하며 코리의 지지자들을 폭력과 협박으로 위협했다.

코리는 200만 명이 넘는 사람들과 함께 평화적인 시민 불복종 시위를 했다.

 미국을 포함한 세계 지도자들이 코리를 지지했다.

 2월 22일에는 필리핀 장성 여러 명이 지지 선언을 하며 마르코스 정권에 대항했다. 그들은 필리핀 국군 본부에서 작전을 세웠다. 수백만 명의 필리핀 사람이 힘을 모아 반군 세력을 지원했으며, 코리는 정권 인수 준비를 위해 마닐라로 향했다.

 '피플 파워 혁명'으로 불리는 대규모 평화시위가 사흘간 이어진 다음, 코리는 1986년 2월 25일, 필리핀 제11대 대통령으로 취임했다. 그리고 아시아 최초 여성 대통령이 됐다.

 같은 날 마르코스와 그의 아내는 필리핀을 떠나 괌을 경유해 하와이로 달아났다. 해외로 도피하며, 다음과 같은 엄청난 자산을 빼돌렸다.

- 7억 1700만 달러(9392억 7000만 원)에 달하는 현금 상자 22개
- 다양한 고급 보석이 담긴 상자 300개
- 팸퍼스 기저귀 상자들에 급하게 담은 400만 달러(52억 4000만 원) 가치의 미가공 보석
- 세이코, 까르띠에 시계 65점
- 진주를 가득 담은 가로 약 4미터, 세로 약 1미터의 상자
- 다이아몬드와 다양한 보석들로 장식된 약 1미터 높이의 순금 조각상
- 20만 달러 가치의 금괴와 약 100만 달러의 페소

- 미국과 스위스, 케이맨제도 은행에 은닉해둔 1억 2400만 달러 (1624억 4000만 원)에 달하는 예금 전표

하와이에서 3년간 도피 생활을 한 마르코스는 72세 생일을 맞은 지 17일 만에 신장, 심장 및 폐 질환으로 사망했다.

하와이에서 머무는 동안 마르코스와 이멜다는 호놀룰루의 마키키 하이츠에 있는 호화 저택에 살았다. 필리핀에서는 자신들이 집권하면서 쌓아놓은 나랏빚으로 국민이 고통받고 있는데도 마르코스 가족은 사치스러운 파티를 즐긴 것으로 알려졌다.

코리 아키노는 1986~1992년 동안 대통령으로 재임하면서, 1987년 헌법 개정을 감독해 대통령의 권한을 제한하고, 상하 양원제 의회를 부활시켜, 과거의 독재적인 정부 구조를 성공적으로 제거했다. 그리고 인기 없는 정책이긴 했지만, 외국의 신뢰를 회복하고 관계를 개선하기 위해 마르코스가 진 빚 상당액을 상환했다.

대통령 임기를 마친 후 크리는 조용히 시민의 한 사람으로 돌아갔다. 2009년 8월 1일, 코리는 숨을 거두었고 그를 기리기 위한 기념물들이 필리핀 전역에 지정됐다. 필리핀에서 '민주주의의 어머니'였던 코리 아키노는 자신이 꿈꿨던 미래의 내가 됐다. 코리는 목적을 달성했다.

이제 미래의 나에 대한 진실 7가지를 살펴보자.

우리 모두에게는 미래가 있다. 10년 후 또는 20년 후, 아니면 그

보다 더 먼 미래에 우리는 미래의 내가 돼 있을 것이다. 따라서 다음 질문을 해봐야 한다.

미래의 나는 어떤 모습일까?

어떤 삶을 살아갈 것인가?

무슨 일에 전념할 것인가?

코리의 경우처럼 미래의 당신도 예상과 상당히 다른 모습이 될 수 있다. 코리는 마르코스를 밀어내고 최초의 여성 대통령이 될 거란 생각은 하지 못했을 것이다.

우리는 모두 변한다. 삶의 사건들이 우리를 변화시킨다.

노화가 우리를 변화시킨다.

배움, 관계, 경험, 성공, 실패가 우리를 변화시킨다.

미래의 나에 대한 진실 7가지를 알게 되면, 살면서 경험할 변화에 잘 대처할 수 있을 것이다. 그리고 자신과 다른 사람들을 위해 혁신적인 변화를 선택하고 만들어낼 능력을 얻을 것이다.

진실

1

당신의 미래가
현재를 이끈다

"행위자가 고심하는 모습을 보지 못했다고 해서
목적이 없다고 가정하는 것은 어리석다."

_아리스토텔레스 *Aristotle*[4]

현재를 이끄는 것은
미래다

철학자 아리스토텔레스는 세상을 성공적으로 탐구하려면 사물의 본질적인 원인을 이해하는 것이 필수라고 믿었다. 《파이돈Phaedo》 또는 《영혼론On the Soul》이라는 플라톤의 가장 잘 알려진 대화편에서, 플라톤은 "자연에 관한 탐구"는 "각 사물의 원인, 즉 왜 존재하게 됐으며 왜 사라지는지 그 존재의 이유"를 찾는 것이라고 했다.[5]

아리스토텔레스는 오늘날 4대 원인론으로 알려진 이론을 구축했다. 그 원인을 활용해 세상이 움직이는 방식을 설명했다. 아리스토텔레스가 말하는 4원인 가운데 네 번째로 알려진, '목적 원인final cause'은 인간의 행동을 설명한다. 그는 목적 원인을 "어떤 일이 이루어지기 위한 목적"이라고 했다.[6, 7, 8, 9]

모든 행동은 목적을 이루기 위한 것이다.

목적 원인은 목적론을 근거로 한다. 목적론을 의미하는 텔레올로지teleology의 어근인 '텔로스télos'는 "사물의 목적 또는 원인"을 뜻한다.[10] 목적론에 따르면, 인간의 모든 행동은 목표나 미래 지향적인 어떤 목적을 이루는 수단이다. 즉, 목표나 목적이 행동의 원인이라는 뜻이다. 예를 들어 걷기, 체중 감량, 병원 진료, 좋은 식습관은 건강이라는 목표를 위한 행동이다.

아리스토텔레스는 목적 원인을 사용해, 인간과 다른 생명체의 차이를 설명했다. 동물은 반사적이고 본능적으로 행동한다. 그런 행동은 환경과 자극의 직접적인 결과다. 이와 대조적으로 인간은 원하는 목적과 결과에 따라 의식적으로 선택한 행동을 하기 때문에 지능적이다.

아리스토텔레스의 관점에서 인간의 지능적인 행동은 모두 '의도적'이며, 행동 기저에는 원인이나 목적의 추구가 있다. 우리는 목표를 상상하며 선택할 수 있고, 목표를 달성하기 위한 행동을 할 수 있다. 실제로 목표가 행동의 원인인 것이다.

모든 지능적인 행동은 목표를 추구한다. 예를 들어 집은 우연히 건축되는가 아니면 건축되는 목적이 있는가? 나아가 설계도가 없다면 집을 건축하는 데 필요한 공정이나 재료를 어떻게 알 수 있는가? 이 집의 목적은 무엇인가? 대가족을 위한 집인가, 핵가족을 위한 집인가? 그룹 홈을 위한 것인가, 홈 오피스를 위한 것인가?

망치로 나무를 아무렇게나 두들겨서 집이 생기길 바라는가 아니면 계획적인 설계에 근거해 집을 짓겠는가? 롤렉스 시계는 우연히 만든 것인가, 독창적으로 창작한 것인가? 대학을 졸업하거나, 사업체를 만들거나, 책을 쓰거나, 자전거를 타는 사람은 그 일을 어떻게 하는가? 그 일은 계획에 따른 행동인가 아니면 우연히 일어나는 일인가?

그 과정을 결정하는 것이 목표가 아니던가?

코비의 말을 빌리면 정신적 창조가 물리적 창조보다 먼저다.

누군가의 열망이 없었다면 로켓을 제작해 달까지 가는 일이 가능이나 했겠는가?

주변에 있는 인간의 모든 창조품은 지능적인 설계의 결과다. 무언가 만들고 싶다는 아이디어를 떠올리고 그 아이디어를 물리적 형태로 바꾼 것이다. 그 과정에서 시행착오도 있었지만, 목표가 동력을 제공했다.

주위를 둘러보라. 눈에 보이는 모든 게 지능적인 설계의 결과다.

우리가 입고 있는 옷도 그렇다. 심지어 이 책도 하나의 아이디어로 쓰기 시작했다. 그 과정에서 구성을 생각하고 글을 썼다. 이 책은 내가 머릿속으로 구상한 모습과 일치한다. 어느 한 과정도 우연히 이루어지지 않았다. 아침에 눈을 떠보니 책 한 권이 그냥 쓰여 있던 게 아니라는 말이다. 이 책의 아이디어와 구조는 체계적이지 않았던 생각, 인용문, 연구 결과, 사례 들을 의식적으로 정리해서 구성한 결과다.

정리되지 않고 다듬어지지 않은 생각을 체계화하고 분류할 때 창의성이 생긴다. 예를 들어 식탁은 무에서 생기지 않는다. 아무렇게나 있던 원자재를 조직적으로 설계해서 식탁이 만들어진다. 나무, 돌, 못, 접착제를 조합해 식탁을 만드는 것이다. 식탁 제작에 사용하는 나무를 생각해보면, 그 재료는 처음에 숲속의 나무로 시작해 목재라는 새로운 형태로 다시 만들어진 것이다. 그리고 사고와 계획이 결합한 결과, 목재가 가구로 다시 탄생한다.

창의성은 지능적인 설계를 통해 다듬어지지 않은 재료를 구체적인 형태로 만드는 것이다. 창의성 또는 지능적인 설계는 구체적인 목표나 목적 없이는 존재하지 않는다. 랠프 월도 에머슨은 "약한 사람은 운을 믿고 강한 사람은 원인과 결과를 믿는다"라고 말했다.

여기서 스스로에게 물어야 할 본질적인 질문이 생긴다. 삶이 우연이라고 믿는가 아니면 삶을 계획할 수 있다고 믿는가? 행동과 상황이 우연의 결과라고 믿는가 아니면 자신이 영향력을 행사해 행동과 상황을 바꿀 수 있다고 믿는가?

최근에 나는 이 질문을 아내에게 해보았다. 아내가 쓴 야구 모자를 가리키면서, "그 모자를 쓴 건 의도적인 결정이야 아니면 우연히 쓴 거야?"라고 물었다.

아내는 "아무 생각 없이 쓴 건데. 집 청소를 하다가 모자를 발견했고, 그래서 머리카락이 흘러내리지 않게 하려고 쓴 거야"라고 말했다.

"그런데 모자가 당신 머리 위로 그냥 올라오지는 않았을 거 아니야. 당신이 쓴 거지. 아주 짧은 순간이라도 모자를 집어서 머리에 써야겠다는 생각은 하지 않았어?"

"응, 내가 집어 썼지. 그런데 생각하고 한 행동이라기보다는 거의 자동적인 행동이었어."

"그래, 하지만 모자를 쓰기 싫었는데도 모자를 썼을까?"

사소하고 무의식적일지라도 모든 행동에는 목적이 있다. 억만장자 피터 틸Peter Thiel은 "삶이 대부분 우연히 이루어진다고 믿는다면 이 책을 왜 읽는가?"라고 물었다. 그리고 틸은 이렇게 말했다.

당신은 명확한 미래를 기대할 수도 있고 아니면 미래는 불확실한 것이라고 생각할 수도 있다. 명확한 미래를 예상한다면, 당연히 그 미래를 미리 조사해보고, 원하는 미래를 만들기 위해 노력할 것이다. 하지만 우연에 의해 좌우되는 불확실한 미래를 예상하면, 미래를 정복하기 위한 노력을 포기할 것이다."

틸은 미래를 대하는 불명확한 태도와 명확한 태도가 있다고 말한다.

미래에 대한 불명확한 태도 때문에 오늘날 세상에서 역기능이 일어난다. 불명확한 태도를 지닌 사람은 본질보다 절차를 중요하게 생각한다. 미래가 불명확하니 구체적인 계획을 세우지 않고, 천편일률적인 방법을 사용해 다양한 선택지를 짜맞춘다…. 하지만 이와 대조적으로 명확한 태도를 지닌 사람은 확고한 신념을 중시한다. 그저 그런 일들을 다양하게 추구하며 그것을 '다재다능함'이라고 부르는 대신, 가장 좋은 것 하나를 결정해 집중한다.

요즘 유행하는 자기계발 서적을 보면 미래에 대한 불명확한 태도를 부추기고 있다. 이런 분위기와 맞물려 철저한 계획이나 목표 설정을 피하는 경향이 생긴다. 삶의 결과를 아무것도 통제할 수 없으니 목표를 없애거나 생각하지 말아야 한다는 주장이 만연하다.

의도가 좋고 흥미를 자극하는 주장이기는 하지만, 목표를 생각하지 말라는 조언은 궁극적으로 솔직하지 못하다. 이런 관점을 제시하는 작가들도 자신들은 그렇게 행동하지 않는다. 목표를 이루어 그 성과를 맛보는 삶을 저버리고, 순전히 절차만 따라 시스템 속에서 살아가는 건 불가능하다.

제임스 클리어James Clear의 주장을 생각해보자. 그는 《아주 작은 습관의 힘》에서 '목표를 세우는 일을 잊어야 한다"라고 주장한다. 그리고 "진정으로 장기적인 사고는 목표가 없는 생각이다"라고 말한다.[12] 하지만 개인적으로 질문하면, 그는 목표가 동력임을 결국에는 인정하고 만다. 〈위대함의 학교School of Greatness〉라는 팟캐스트 인터뷰에서 루이스 하우스Lewis Howes는 클리어에게 "일상생활에서 타협할 수 없는 습관 다섯 가지는 무엇입니까?"라고 질문했다. 이 질문에 클리어는 "그야 당연히 목표에 따라 달라지겠죠"라고 답했다. 그러면서 자신의 습관 몇 가지를 말했다.[13] 그리고 나중에 그는 "목표에 진정한 관심이 있다면, 시스템에 초점을 맞추게 될 것이다"라고 썼다.[14]

목표 달성을 위한 행동을 의도적으로 계획할 때 더 지능적인 행동을 할 수 있다.

아인슈타인Einstein은 "같은 행동을 반복하면서 다른 결과를 기대하는 것은 미친 짓이다"라고 말했다. 결과를 전혀 신경 쓰지 않고 기존의 절차만 반복해서 수행한다면, 그 절차가 효과적이라는 사실을 어떻게 알 수 있겠는가? 절대 알 수 없다.

몰입은 누가 봐도 절차에 완벽하게 몰두하는 현상이다. 그런 몰입도 명확한 목표가 필요하다.[15] 몰입을 연구하는 대표적인 학자 미하이 칙센트미하이Mihaly Csikszentmihalyi는 이렇게 말했다.

몰입은 명확한 목표를 수반한 행동을 할 때 생기는 경향이 있다. 명확한 목표는 행동에 방향과 목적을 제시해주는 역할을 한다.[16]

구체적인 목표 없이 몰입한다는 건 극도로 어렵다. 목표가 초점을 맞출 수 있는 틀을 만들기 때문이다. 하루의 목표가 전혀 없다면 어디에 집중해야 할지 어떻게 알 수 있겠는가?

구체적인 목표는 몰입의 방아쇠를 당기는 필수적 요소다. 몰입을 연구하는 대표적인 학자인 스티븐 코틀러 Steven Kotler는 "중요한 것은 지금 무엇을 하고 있는지 그리고 다음에 무엇을 할지 아는 것이다. 그래야 현재 주의를 계속 집중할 수 있다"라고 말했다.[17]

목표는 우리가 집중해야 할 틀을 만들어 거기서 벗어나지 않게 해준다. 큰 목표를 작은 과정으로 나눌 때 몰입이 가장 잘된다. 축구 선수라면 우승에 지나치게 초점을 맞추기보다 단순하게 공격 기회와 구체적인 플레이어 집중하는 게 낫다. 우승에만 매달리기보다 코너킥이나 다음 공격 기회를 얻으려고 노력해야 한다. 그것이 승패를 가른다.

지금 당신 앞에 있는 공을 차는 데 집중하라. 반복적으로 기회를 포착하라. 이러한 행동이 우승이라는 최종 목표에 도달해 승자가 되는 중요한 과정이다.

작가라면 책 한 권을 완성하는 데 초점을 맞추기보다 챕터 한 장, 삽화 하나, 한 페이지, 한 문단을 목표로 삼아라.

몰입 상태에 있으려면 한 번에 한 가지 목표에 집중해야 한다. 동시에 여러 일을 하면 몰입에 방해를 받는다. 예를 들어 이메일을 확인하면서 대화를 해보라. 그때는 목표가 두 개여서 몰입하기가 힘들다.

인간에 대한 중요한 진리는 모든 행동이 목표 지향적이라는 사실이다. 이는 프랭클에게 궁극적이고 영원한 진리였다. 프랭클은 영원의 관점에서 미래를 기대해야만 살 수 있는 것이 인간의 특징이다. 이는 극심한 시련의 시기에는 구원을 의미한다"라고 말했다.[18]

인간의 모든 행동에는 목표가 있다. 하다못해 아내가 아무 생각 없이 모자를 쓰는 행동에도 목표가 있다. 다는 아니어도 많은 목표는 환경이나 상황에 좌우된다. 따라서 행동과 목표, 생각에 더 적극적이고 능동적인 태도를 지녀야 한다. 그러면 더욱 지능적으로 행동하게 되며 자유로워질 것이다.

미래의 나에 대한 첫 번째 진실은 미래가 현재를 이끈다는 사실이다.

인간은 지능적이어서 자신이 추구하는 목표에 의도와 의식을 가지고 솔직하게 행동한다.

진실

2

미래의 나는 예상과 다르다

"인간은 자신의 모습이 완성됐다고 착각하지만,
누구나 미완성의 존재다.
지금까지 경험한 대로 현재의 모습은
일시적이고 순간적이며 금방 바뀐다."

_대니얼 길버트 [19]

미래의 나는
지금 생각하는 모습과
많이 다를 것이다

대니얼 길버트는 거의 20년 동안 '미래의 나'라는 개념을 연구해온 하버드대학교의 심리학자다. 그는 2006년에 출간된《행복에 걸려 비틀거리다》에서, 사람들은 미래를 잘 상상하지 못한다는 연구 결과를 설명한다. 특히 어떻게 해야 행복해지는지 사람들은 잘 모른다고 말한다.[20] 2014년 길버트는 "미래의 나에 대한 심리학"이라는 주제로 테드 강연을 했다.[21]

길버트는 미래의 나와 관련해 사람들의 잘못된 생각을 보여주려고 독특한 방식을 사용한다. 그는 "10년 전을 생각해보라. 현재 당신은 10년 전의 모습 그대로인가?"라는 질문으로 시작한다.

자신이 누구였는지, 삶이 어땠는지, 무엇에 집중했는지를 생각하면 사람들은 10년 전과 많이 달라졌다는 사실을 금방 깨닫는다.

관심사가 다르다.

관점, 가치관, 환경이 바뀌었다.

집중하는 일과 목표가 바뀌었다.

10년 전에는 중요했던 일이 지금은 더는 중요하지 않다.

길버트는 사람들에게 현재의 나와 과거의 나 사이의 차이점을 검토해보게 한 후, 미래의 나를 생각해보라고 했다. "지금부터 10년 후 당신은 현재의 모습과 많이 다를 거라고 생각하는가?"

10년 전과 많이 달라졌다는 걸 알게 됐으면서도 사람들은 앞으로 10년 동안 자신이 조금만 달라질 거라고 생각했다. 이에 대해 길버트는 이렇게 설명한다.

모든 연령대에서 사람들은 앞으로 10년 동안 자신의 성격이 얼마나 변하게 될지 과소평가한다. 가치관이나 개성이 잘 변하지 않는 것처럼 성격도 쉽게 변하는 게 아니라고 생각한다. 사람들에게 좋아하는 것과 싫어하는 것, 기본적인 선호도를 물어보라. 예를 들어 가장 친한 친구의 이름, 좋아하는 휴가지, 자주 하는 취미, 즐겨 듣는 음악 등과 관련해 물어보라…. 변화를 얼마나 과소평가하는지 알 수 있을 것이다. 18세의 청소년도 자신이 크게 변하지 않을 거라고 예상한다. 50세의 중년이 그렇게 생각하는 것처럼 말이다.[22]

우리는 지금 모습이 대부분 완성된 모습이라고 생각하는 경향이 있다. 지금 모습이 진정한 나고, 앞으로도 비슷할 거라고 생각한다. 조금은 변할지 모르지만, 크게 달라지지 않을 거라고 생각한다. 현재의 내가 진짜 나라고 믿는다.

심리학자들은 이러한 현상을 '경력의 막다른 길 환상end-of-history illusion'이라고 말한다.[23, 24] 과거와는 많이 변했지만, 미래에는 크게 달라지지 않을 거라는 믿음이다. 사람들은 흔히 미래의 내가 현재의 모습과 거의 같을 거라고 생각한다. 길버트는 이런 현상의 주요 원인을 "기억은 쉽고 상상은 어렵기 때문"일 수 있다고 설명한다. 이어서 그는 말한다.

사람들 대부분은 10년 전 모습을 기억할 수 있다. 하지만 미래에 어떤 모습이 될지는 잘 상상하지 못한다. 그리고 상상하기 어렵기에 일어나지 않을 거라고 착각한다. 미안하지만 "상상이 안 된다"라고 말하는 것은 상상력 부족만 자인하는 꼴이다. 어떤 일을 상상할 수 없다고 해서 그 일이 일어날 가능성이 없다는 말은 아니다.

저명한 심리학자 캐럴 드웩은 현재의 나와 미래의 내가 본질적으로 같은 사람이라는 믿음을 '고정 마인드셋'이라는 용어로 설명한다.[25] 드웩은 이렇게 말한다.

> 고정 마인드셋을 지닌 사람은 지능이나 재능 같은 기본적 능력이 단순히 고정된 특성이라고 믿는다. 그들은 지능이나 재능을 계발하는 일이 아니라 그런 특성을 기록하는 일에 시간을 보낸다.

고정 마인드셋을 지닌 사람은 미래 모습을 전혀 상상하지 못한다. 그들은 자신감이 부족해서 언제든 정체성이 무너질 수 있다. 그리고 어떤 형태의 실패라도 무조건 피하려고 한다. 고정 마인드셋을 지닌 사람이 실패하면, 그 실패가 무엇을 의미하는지 뻔하기 때문이다.

고정 마인드셋을 지닌 사람은 지금의 모습이 진짜라고 믿는다. 그들에게는 현재의 내가 가장 중요하다. 현재 모습을 변하지 않는 모습으로 규정해버리고, '이게 나야. 이 모습이 영원한 나의 모습이야'라는 내적 대화를 한다.

길버트의 연구는 사람들 대부분이 자신의 모습에 대해 고정 마

인드셋을 지니고 있음을 강조한다. 많은 사람이 미래의 내가 현재의 나와 크게 달라지지 않을 거라고 생각한다. 한 낯선 사람이 10년 전의 당신, 현재의 당신과 각각 대화를 나눈다고 해보자. 그러면 그 사람은 완전히 다른 두 사람과 대화를 나누는 것이다. 미래의 당신도 마찬가지로 달라질 것이다.

미래의 나에 대한 네 번째 위협에서 살펴본 것처럼 미래의 나와 연결하는 데 중요한 점은 미래의 나를 '다른 사람'으로 보는 것이다. 길버트의 연구대로 10년 전의 자신을 생각해보면 미래의 내가 예상과는 상당히 다를 것이라는 점을 의식적으로 노력하지 않아도 깨달을 수 있다.

미래의 나는 오늘 모습과 완전히 다르다.

미래의 나는 세상을 다르게 본다.

미래의 나는 현재의 나와 다른 목표, 관심사를 가진다.

미래의 내가 처한 상황은 다르다.

미래의 나는 새로운 취미를 가진다.

미래의 나는 세상을 바라보는 관점마저 다르다.

미래의 나는 현재의 내가 이해할 수 없는 일을 배웠고 경험했다.

미래의 나를 다른 사람으로 보는 게 맞다. 그런 관점이 효과적으로 사는 데도 중요하다.

미래의 나를 다른 사람으로 볼 때 현재의 사고 틀에 갇혀 독단적인 생각을 하는 것을 피할 수 있다. 그리고 현재의 나를 사랑하며 지금의 관점과 태도, 상황은 일시적이라는 점을 인식할 수 있다.

당신은 변화하고 발전할 것이다. 얼마나 설레고 자유를 주는 말인가? 미래에 당신이 달라질 수 있고 달라질 거라는 사실을 안다면, 현재 모습을 사랑할 수 있다. 그럴 때 자신에 대한 엄격함을 버리고 지금 당장 모든 답을 찾아야 한다는 생각을 피하게 된다. 현재 능력이나 가치를 꼭 증명해 보여야 할 필요도 없다.

현재의 나는 일시적이다. 이 진실을 알면 용기를 얻어 성장 마인드셋을 기를 수 있다. 성장 마인드셋을 지닌 사람은 자신을 증명하려고 노력하기보다 배우고 성장하는 일에 더 관심을 둔다. 성장 마인드셋은 정체성을 유연하게 만든다. 그래서 성장 마인드셋을 지닌 사람은 적극적으로 통찰력을 키우고 관점을 바꾼다. 사고방식과 판단, 가치관을 지속적으로 향상한다.

미래의 내가 달라질 거라는 전망이 있으면 현재의 나를 품위 있게 만들 힘이 생긴다. 실수도 할 수 있고 답을 다 몰라도 괜찮다. 다소 체계적이지 않고 혼란스러운 상황에 있어도 괜찮다. 상황은 바뀔 것이다. 특정한 변화나 결과를 얻는 데 전념하면 그것을 얻을 것이다.

이 진실을 통해 나는 삶에 도움을 받았다. 나는 여러 면에서 혼란스러운 상황에 빠져 있었다. 심지어 이 책을 쓰는 일도 상당히 오랜 시간 동안 재앙처럼 느껴졌다. 완성된 책을 상상할 수는 있지만, 책을 만들어내는 현실은 어렵고 때로는 고통스러웠다. 아버지의 역할과 건강, 재정 설계 등 삶의 많은 영역에서 여전히 혼란스럽다.

하지만 그거 알고 있는가? 나는 이런 상태가 매우 만족스럽다!

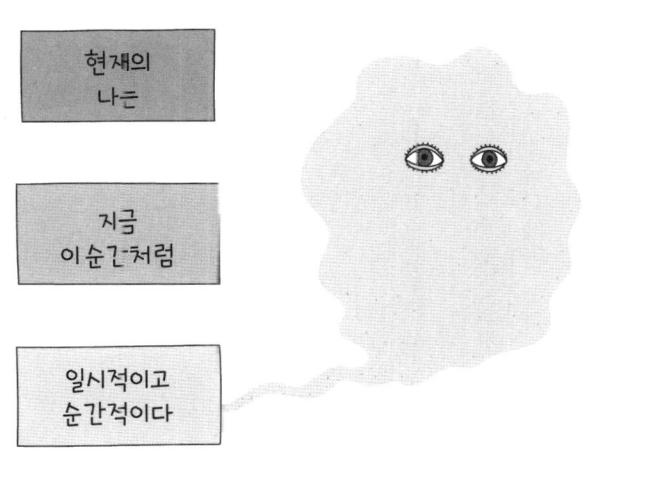

현재의 나와 지금의 상황이 일시적임을 알고 있기 때문이다. 지금부터 일주일 후 나는 상황을 다르게 볼 것이고, 다른 지점에 있을 것이다.

나는 현재에 갇히지 않았다. 당신도 그렇다.

당신이 그릴 궤도는 현재 위치보다 훨씬 더 멀리 뻗어나갈 것이다.

미래의 나에 대한 두 번째 진실은 미래의 내가 예상하는 모습과 매우 다르다는 사실이다. '미래의 나 상상 도구' 자료를 활용해보라. (상상스퀘어 출판사 사이트, 도서목록에서 관련 자료를 다운받을 수 있다.) 이 도구를 통해 현재의 내가 과거의 나와 얼마나 다른지 이해할 수 있을 것이다. 나아가 미래의 내가 10년 후에 얼마나 다를지도 예측할 수 있다.

아인슈타인은 "상상력이 지식보다 더 중요하다"라고 분명히 말했다.[26] 미래의 내가 현재의 모습과 완전히 다를 거라고 상상하라. 그러면 지금 당장 완성된 존재가 돼야 한다거나 완벽해져야 한다는 부담감에서 벗어날 수 있다.

현재의 나는 일시적이고 순간적이다.

하루만 지나도 달라진다.

이 진실이 당신을 자유롭게 한다. 현재의 나에 대한 연민과 공감, 사랑을 키워라. 과거의 나와 미래의 나에 대해서도 그렇게 하라.

진실

3

미래의 나는
피리 부는 사람이다

"시간은 당신의 친구 또는 적이다.
시간은 당신을 성장시키거나 당신의 결점을 폭로한다."

_제프 올슨 Jeff Olson[27]

피리 부는 사람은
항상 대가를
치르게 만든다

'응보의 대가Paying the piper'라는 표현은 방종한 행위의 결과로 고통을 받는다는 의미다. 이 말의 가장 유력한 기원은 중세 시대 하멜른의 '피리 부는 사나이'라는 전설이다. 하멜른에는 쥐 떼가 들끓어 전염병이 퍼졌다. 피리 부는 사나이는 돈을 주면 쥐 떼를 없애주겠다고 제안했다. 시민들은 그의 제안을 받아들였다.

사나이는 피리를 불어 쥐 떼를 도시에서 몰아냈지만, 시민들은 돈을 주지 않았다. 사나이는 벌을 주려고 피리를 불어 시민들의 어린 자녀들을 유인했다. 그리고 아이들을 언덕에 영원히 가두었다.

이 우화의 요점은 무엇일까? 자신이 하는 모든 행동은 좋게든 나쁘게든 결과가 생긴다는 것이다. 어떤 행동을 하든 그 행동에 다양한 요소가 결부되어 결과가 생긴다. 미래의 나는 현재의 결정이 쌓이고 쌓여 생긴 결과다.

피리 부는 사람은 미래의 나다. 그리고 피리 부는 사람은 반드시 대가를 '치르게' 한다.

미래의 나에게서 벗어날 수 있는 사람은 없다. 따라서 대가를 치르는 일을 피할 수 있는 사람도 없다. 우리에게 있는 유일한 선택지는 대가를 '언제 얼마나' 치르느냐다.

작가 짐 론은 "훈련의 무게는 얼마 안 되지만, 후회의 무게는 수 톤에 이른다"라고 말했다.

훈련의 비용이 몇 달러라면 후회의 비용은 수백만 달러다. 이 원칙을 통해 미래의 나에게 훈련의 비용을 지불할지 후회의 비용을 지불할지 생각해볼 수 있다.

날마다 미래의 나에게 훈련의 비용을 지불하면, 조금씩이라도 일관된 투자를 함으로써 엄청난 혜택을 얻는다. 즉 미래의 나에게 단지 훈련의 비용만 지불한 게 아니라 그럴 때마다 투자를 한 것이다. 그렇게 투자함으로써 미래의 나는 지속적으로 더욱 탁월하고 훌륭해진다.

반대로 미래의 나에게서 계속 무언가를 빌려오면 어느 시점에 그것을 갚아야 한다. 미래의 내가 갚아야 할 것은 좋은 것보다 나쁜 것이 더 많다. 미래의 나에게서 빌려오는 것은 대개 단기적인 보상이나 방종의 행위다. 이런 것은 장기적으로 긍정적인 효과가 없고 종종 부정적인 결과를 초래한다.

순간적인 기분에 좌우되는 행위는 큰 대가를 치르게 마련이다.

미래의 나에게서 건강, 배움, 재정, 시간을 계속 빌려다 써서 빚의 수렁으로 빠뜨릴수록 최종적으로 지불해야 하는 대가는 더 고통스럽고 클 것이다. 빚이 계속 쌓이면 지불해야 하는 이자가 점점 늘어난다.

모든 행동은 두 가지로 나뉜다. 즉, 당신이 어떤 행동을 하든 그것은 미래의 당신이 갚아야 할 비용 아니면 미래의 당신에 대한 투자다.

미래의 나에게서 빌려온다는 것은 장기적인 결과보다 당장 또는 단기적인 보상에 더 초점을 갖춘다는 뜻이다. 돈이든 시간이든 현재 자신이 창출하고 있는 수준으로만 써야지 그 이상 쓰려고 하면 미래의 나를 빚더미에 앉히는 것이다.

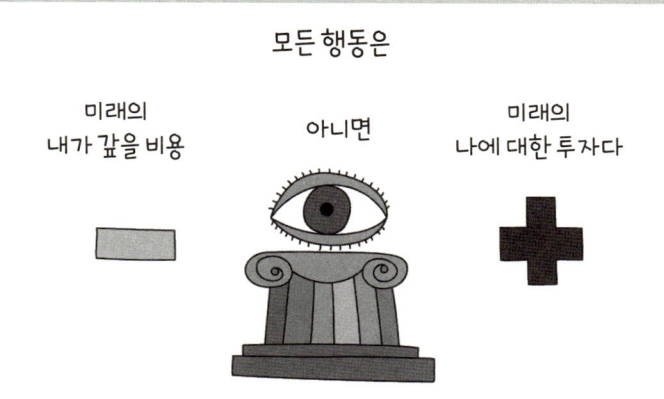

소소한 행동 하나하나가 쌓여 미래의 나를 빚더미로 몬다. 그러면 어떤 식으로든 대가를 치를 수밖에 없다. 정신적으로나 감정적, 영적, 신체적으로도 건강이 약해질 수 있고 인간관계가 흔들릴 수 있다. 그런 일이 반복되면 비만, 게으름, 혼란, 단절이라는 대가를 치르게 된다. 이 대가가 당신을 지배하게 될 것이다. 당신이 그것을 지배할 수는 없다.

1990년대 감자칩 회사 프링글스는 광고에서 뚜껑이 '뽕' 열리는 장면과 함께 다음 카피를 내세웠다. "한 번 열면 멈출 수 없어!"

그러면 중독성이 매우 강한 대가를 치르게 한다. 프링글스 감자칩을 딱 한 개만 먹어본 적이 있는가? 한 개만 먹는 것은 사실상 고문이다. 그래서 대부분의 사람들은 일단 통을 열어 한 입 먹고 나면, 이를 멈추지 못한다.

아무 생각 없이 했지만 값비싼 대가를 치르는 행동이 모두 그렇다. 일단 한 번 하면 멈출 수 없다. 예를 들어 메시지를 확인하려고 무의식적으로 스마트폰을 보면, 하루 종일 스마트폰만 만지작거리는 중독 증상이 나타날 수 있다. 한 번 하면 멈출 수 없다. 그리고 대가를 치른다.

아침에 일어나서 무의식적으로 스마트폰을 보는 것은 감자칩 하나를 집는 것과 비슷하다. 무언가를 보고 들으려고 스마트폰을 들여다볼 수는 있다. 하지만 그 행동으로는 충분한 정보를 얻을 수 없다. 스마트폰으로 얻는 정보는 수명이 매우 짧기 때문이다.

상황을 다르게 보고 싶은가? 그렇다면 스마트폰을 미래의 나를 비만으로 만드는 감자칩이라고 생각하라. 값비싼 대가를 치르는 근시안적인 결정을 내릴 때마다 감자칩을 먹고 있다고 생각하라. 한 번 뚜껑을 열면 즐거움은 멈추지 않는다. 그리고 장기적으로는 건강을 해친다.

단기적인 보상을 추구하며 미래의 나에게 빌려 쓰는 행위를 피해야 한다. 그런 행동과 반대로 행동하라. 그것이 미래의 나에게 투자하는 것이다. 미래의 나를 빚더미에 앉게 하지 말고, 부유하게 만들어야 한다. 미래의 나를 시간, 돈, 인간관계에서 자유롭게 만들어라. 막연한 목적의식에서 벗어나게 하라.

미래의 나에 대한 투자는 목표를 이루게 하는 의식적인 행동이다. 배움, 건강, 인간관계, 경험 등 구체적인 일에 의식적으로 투자할 때마다 미래의 나는 점점 성숙해지고 유능해지며 더 많은 자유를 얻는다.

투자한 모든 것은 시간이 흐르면서 쌓이고 쌓여 복리를 안겨주어 미래의 나를 더 부유하게 만든다. 투자를 빨리 시작할수록 미래의 나는 더 높은 복리를 받는다.

아인슈타인은 이렇게 말했다.

복리는 세계 8대 불가사의다. 복리를 이해하는 사람은 복리로 돈을 번다…. 복리를 이해하지 못한 사람은 대가를 치른다.

복리효과는 작은 변화가 모여 극적인 결과를 낳을 수 있다는 점을 보여준다. 이는 선택이 가져오는 파급효과다. 인생에서 뿌린 것만 거두는 것이 아니라 뿌린 것보다 더 많이 거둔다.

모든 것은 시간이 흐르면서 복리효과를 만든다. 작은 행동이 모여서 좋게든 나쁘게든 중요한 결과를 낳는다. 좋은 책 한 권을 읽는다고 해서 인생이 바뀌지는 않지만, 이후 또 한 권을 읽게 되고, 그 다음 또 한 권을 읽게 된다. 그러면 지식과 통찰력이 점점 쌓여 예측하지 못한 변화와 결과를 만든다. 시간이 흐르면서 다른 사람이 되는 것이다. 이 모든 것의 시작은 책 한 권이다.

미래의 나는 현재 행동의 복리효과로 만들어진다.

미래의 나는 지금 생각하는 모습보다 더욱 확장된다. 그 크기와 잠재력은 상상할 수 있는 수준을 훨씬 넘어설 것이다. 미래의 내가 지닌 잠재력을 깨달아야 한다. 그러면 현재의 나에 대한 가치를 즉시 높일 수 있다.

지금 1달러는 미래의 나에게 20달러, 50달러, 그 이상의 가치가 될 수 있다. 미래의 나는 그 돈을 투자해 500달러, 1000달러, 그 이상을 벌어들일 수 있다. 지금 당신 주머니에 있는 돈의 가치가 갑자기 어마어마해 보이지 않는가?

지금 나의 손에 있는 씨앗이 미래의 나에게는 거대한 떡갈나무가 될 수 있다. 지금 머릿속에 떠오른 아이디어 하나가 미래에 세상을 바꾸는 회사나 움직임이 될 수 있다.

하지만 복리효과에는 빠른 성장만 있는 게 아니다.

오늘 씨앗을 심으면 미래의 나는 나무 한 그루 이상의 것을 얻는다. 나무를 한 그루 심으면 현재의 내가 결코 예상하지 못하는 추가 혜택과 부산물을 얻는다. 다만 나무를 처음 한 그루 심고 나면 나무들이 지구를 살린다는 점을 깨닫게 될 것이다. 그러건 나무를 수천 그루 심게 되고 나무들이 자라서 과수원이 되고 숲이 된다. 과수원이 확장하는 동안, 미래의 나는 토지와 농업에 대해 배우고 농장은 해마다 수백만 명의 식량을 생산한다.

이 모든 게 처음에 씨앗 하나를 심었기 때문이다.

한 달에 50달러씩 주식에 투자했다면 처음에는 얼마 안 되는 돈 같지만, 6개월 후에는 총 300달러가 된다. 이 액수가 어쩌면 지금까지 인생에서 가장 많이 모은 돈일지도 모른다.

이런 행동은 정체성에 영향을 미친다. 당신은 투자하고 수익을 올리는 사람이라는 정체성을 갖게 된다. 메타분석에 따르면, 자신감은 앞선 성공을 통해 얻는 부산물이다.[28] 작은 성공을 여러 번 경험하면 자신감이 상승한다. 그러면 미래에 무엇을 할 수 있을지 더 폭넓게 상상할 수 있다.

'300달러를 벌 수 있으니 나는 3000달러도 벌 수 있을 거야. 3000달러를 벌 수 있으니 나는 30만 달러도 벌 수 있을 거야'라는 생각이 든다.

자신감이 커지면서 동기도 커진다. 성공할 수 있다는 것을 믿고 시야가 점점 확장되기 때문이다. 그러면 가슴 뛰는 결과를 만들어내겠다는 동기에 불이 붙는다.

대부분의 사람이 직면하는 주요 문제는 투자를 전혀 하지 않거나 너무 늦게 시작하는 것이다.

문제는 또 있다. 사람들은 작게 시작하는 것을 꺼린다는 점이다. 목표를 세워보라고 하면, 대부분 거창한 비전을 세우고 싶어 한다. 만약 큰 목표를 세웠다면, 행동을 취할 때는 큰 목표를 최대한 작은 단위로 나눠야 한다.

스탠퍼드대학교 행동과학자이자 《습관의 디테일》의 저자 BJ 포그BJ Fogg는 사소한 행동이 어떻게 습관을 만드는지 발견했다.[29] 성공하려면 결국에는 크게 투자해야 한다. 하지만 그 지점까지 가려면 먼저 작은 것부터 시작해야 한다.

많은 사람은 풋내기나 초보자로 보이고 싶지 않기 때문에 작게 시작하는 걸 꺼린다.

무엇이 됐든, 미래의 나를 위한 작은 투자를 시작하라. 11달러를 주고 책을 사라. 체육관에서 30분 몸을 단련하라. 복리효과를 내고 싶은 모든 영역에서 일단 투자를 시작하라.

2015년 박사과정 첫해에 나는 전문 작가가 되는 길에 뛰어들었다. 출판 에이전트와 전문 작가들과 대화를 나눈 후, 책을 출판하려면 먼저 독자를 늘려야 한다는 점을 깨달았다. 그래서 블로그를 시작했다. 존 모로우John Morrow라는 사람이 만든 198달러짜리 온라인 강좌도 찾았다. 과거의 나에게는 이 정도로 비싼 투자를 한 적이 없어서 먼저 아내에게 허락을 받고 강좌를 구매했다. 그리고 눈에 띄는 제목을 정하는 방법과 글의 구조를 배웠다. 〈포브스〉나 〈사이콜로지 투데이〉 같은 플랫폼에 내 글을 올리는 방법도 알게 됐다.

이 투자는 정신 나간 짓이 아니었다. 강좌에 돈, 시간, 노력을 투자한 결과 나는 블로그 글쓰기에 전념하게 됐다. 글을 잘 쓸 수 있다는 자신감을 얻었고 그럴 능력도 생겼다. 글쓰기에 몰두해 처음 몇 달 만에 50개의 글을 썼다. 대부분 형편없는 글이었고, 조회 수도 많지 않았다. 하지만 배운 것을 꾸준하게 적용하고 의도적인 연습을 했다. 그 후 몇 달 지나지 않아 글이 입소문이 나기 시작해, 2000만 건이 넘는 조회 수를 기록했다.

작은 투자가 더 큰 투자로 이어진다.

투자하면 할수록 그러한 투자가 더 높은 복리를 가져다준다.

투자하면 전념하게 되고, 전념하면 결과를 얻는다.

투자야말로 비전과 목표를 적극적으로 더 크게 세우는 방법이다. 자신에게 투자할 때 더 큰 비전에 더욱 전념할 수 있다. 그러면 정체성도 동시에 변한다. 가장 전념하는 곳에 자신의 정체성이 있

기 때문이다.³⁰

산업 및 조직 심리학에서 박사과정을 밟는 동안 나는 초보 사업가와 성공한 사업가 사이에 어떤 차이점이 있는지 조사했다. 무슨 차이가 있었을까? 성공한 사업가들은 초보 사업가에서 전념하는 사업가로 궤도가 바뀌는 전환점을 경험했을까?

그들에게 과거로 돌이킬 수 없는 어떤 지점이 있었을까? 만약 그렇다면 그 지점 이후에는 무슨 일이 일어났을까?

내가 〈사업을 시작하는 데 용기가 필요한가?〉라는 주제의 논문에서 다룬 게 이런 질문들이었다.³¹

연구 결과, 성공한 사업가에게는 돌이킬 수 없는 지점이 있었음을 증명했다. 초보 사업가조차도 미래 어느 시점에 자신이 그 지점을 지날 거라고 믿고 있었다. 하지만 월급 받는 신분에 안주하고 있

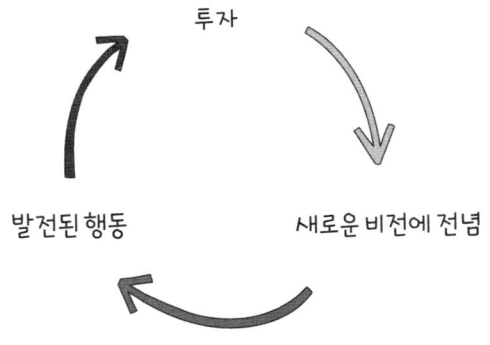

으면, 그 지점에 도달하지 않았다.

돌이킬 수 없는 지점은 사업가가 되겠다는 목표에 100퍼센트 전념하는 순간 나타났다. 그것은 정체성의 전환이었다. 그 결정적인 순간은 대개 사업에 재정적 '투자'를 할 때 시작됐다.

돌이킬 수 없는 지점을 말할 때 내가 가장 즐겨 사용하는 사례는 고등학생 사업가에 관한 이야기다. 그는 친구와 함께 신발 유통 사업을 시작했다. 평생 모은 돈 약 1만 달러(약 1000만 원)를 투자한 사업이었다. 그들은 성공할 수 있을지 두려웠다.

화물 트럭이 그의 집에 산더미 같은 신발을 내려놓자 이제 돌이킬 수 없다는 사실을 깨달았다. 그러자 그의 정체성이 즉시 바뀌었다. 그는 사업가로 성공하겠다는 목표에 집중했고, 이렇게 말했다.

맞아요. 우리는 모든 돈을 신발에 쏟아부었어요. 성공이냐 실패냐 둘 중 하나였죠. 죽을 각오로 해야 한다는 것을 알았기 때문에 몹시 두려웠습니다. 신발을 팔아야 했어요. 돌이킬 수 없었죠. 신발을 그냥 치워버리고 돈을 받을 수는 없는 노릇이었으니까요. 나는 앞으로 나아가야 했습니다.

나는 그에게 "그 순간 이후에 달라진 게 있나요?"라고 물었다.

그 이후 우리가 정말로 물건을 팔고 있다는 사실을 깨달았습니다. 그때부터 무엇이든 할 수 있게 됐어요. 그 순간 실제로 사업을 시작했고, 투자했고, 이제는 그 사업을 운영해야 했습니다. 그때 실제로 회사를 운영하고 있다는 사실을 깨달은 것 같아요. 동료들을 대하는 나의 리더십이 완전히 달라졌죠.

그는 투자함으로써 전념하게 됐다. 그다음 정체성이 바뀌었다. 그 순간부터 훨씬 더 적극적이고 대담한 행동으로 리더십을 발휘했다. 그리고 성공했다.

투자하기 전에는 사업적 성공에 100퍼센트 전념하지 못했다. 물론 신발 유통 사업이라는 아이디어를 가지고 있었고, 그 사업에 점점 더 많은 관심을 두기는 했지만, 돈을 투자하기 전에는 당시 하고 있던 다른 일들에 전념했다. 하지만 일단 투자한 다음부터는 하나의 목표에 온전히 전념했다. 새로운 일에 전념하면서 그의 정체성은 그 일에 맞게 달라졌다. 그리고 새로운 정체성에 맞게 행동도 달라졌다.

이것이 적극적으로 변화하고 비전을 크게 세우는 방법이다. 큰 비전을 세울 때 정체성과 행동이 변한다.

투자를 많이 할수록 더욱 전념하게 된다.

투자를 많이 할수록 더욱 비전이 커진다.

시간, 돈, 재능을 투자하라.

현재 잠재력의 한계를 무너뜨리는 방법이 투자다. 투자를 통해 자신이 어떤 존재가 될 수 있으며, 무엇을 할 수 있는지에 대한 의식을 갖게 된다. 투자라는 이 심오한 행위는 잠재의식에 당신이 현재보다 훨씬 탁월한 존재가 될 수 있다는 신호를 보낸다.[32] 데이비드 호킨스는 "무의식은 우리가 마땅히 받아야 한다고 믿는 것만 갖게 한다"라고 말했다.[33]

미래의 나에 대한 세 번째 진실은 미래의 내가 피리 부는 사람이라는 사실이다. 따라서 지금 자신에게 투자해야 한다. 그러지 않으면 미래의 나는 빚더미에 올라앉는다.

피리 부는 사람은 어떤 식으로든 대가를 치르게 한다.

지금 투자를 시작하라. 그다음 투자를 점점 더 크게 늘려라.

미래의 내가 고맙게 생각할 것이다.

진실

4

미래의 나를 생생하고 자세하게 그릴수록 더 빠르게 발전한다

"성공을 정의하는 방식에 따라 우리는 그 굴레에 갇힌다."
_아리아나 허핑턴 *Arianna Huffington*[34]

"무엇을 보든 당신이 측정하는 대로 보게 된다."
_세스 고딘[35]

미래의 나는

현재의 내가 무엇을 열심히 측정하고 있는지에 따라 달라진다

14세 된 아들 칼렙Kaleb은 테니스를 열심히 친다. 일주일에 3~5회 레슨을 받고 거기에 더해 매달 많은 시합을 치른다. 하지만 거의 1년 동안 칼렙은 시합에서 대부분 졌다. 연습을 엄청나게 했고, 상대보다 기술이 더 좋을 때가 많았는데도 결과가 그랬다.

최근 칼렙의 코치는 아들을 한쪽으로 데리고 가서 "너에게는 잠재력이 있어. 테니스로 대학에 가고 싶니?"라고 물었다.

코치는 칼렙에게 테니스로 대학에 갈 수 있는 수준의 실력을 키워줄 아카데미를 알려주었다. 아카데미에 가려면 칼렙은 자신의 UTRUniversal Tennis Ranking을 3점으로 올려야 했다. UTR은 최하 0점에서 최대 16.5점까지 있다.

칼렙과 나는 UTR 제도에 대해 알게 된 후, 정상에 있는 프로 선수들과 칼렙이 가고 싶어 하는 대학의 테니스 선수들을 조사했다. 2022년 1월 4일, 세계 랭킹 1위의 테니스 선수는 노바크 조코비치Novak Djokovic고, 그의 UTR은 16.26점이었다. 미국 랭킹 2위의 여자 선수는 세리나 윌리엄스Serena Williams고, 그의 UTR은 12.93점이었다.

두 달 후 칼렙은 UTR을 1.4점에서 2.8점으로 올려 놓았다.

원하는 대학에 들어가려면 UTR이 9점이 돼야 했고, 아카데미에 등록하려면 UTR을 3점으로 올려야 한다는 사실을 알고 다음 목표를 명확하게 세웠다.

칼렙이 명확한 목표를 세우고 과정을 측정한 다음부터는 9번의 시합에서 연속으로 이겼다. 칼렙은 이겨야 할 이유가 있었다. 시합

하나하나가 UTR 점수에 영향을 주었기 때문이다. 과정을 명확하게 측정하고 단계마다 이뤄야 할 목표가 있었기에 연습에 더욱 열심히 매진하고, 시합에 전략적으로 임해야겠다는 동기를 얻었다.

이전에 칼렙은 측정 과정을 시합은 물론 장기적인 미래의 모습과도 연결하지 못했다. 이제는 UTR 10점 이상을 얻어 대학교에서 선수 생활을 하는 미래의 나를 생생하게 그린다. 그리고 미래의 나로 가는 과정을 측정할 수 있다.

UTR 3점이라는 명확한 목표, 발전 과정을 측정할 수 있는 시스템, 시합에 진지하게 임해야 하는 이유, 이 세 가지가 생기니 마치 스위치를 켠 것 같았다.

칼렙은 승리를 원했다.

미래의 나에 대한 네 번째 진실은 미래의 나로 가는 과정을 자세하게 측정할수록 목표를 향해 더 빠르게 발전한다는 사실이다. 측정 가능한 지표와 미래의 나에 대한 생생한 비전, 명확한 단기 목표들이 결합될 때 효과적으로 발전할 수 있다. 이런 요소들이 없으면 방황하게 된다.

책이나 영화를 보면 길을 잃은 사람들이 원을 그리며 방황하는 모습이 자주 나온다. 그래서 연구자들은 그 현상을 테스트했다. '명확한 방향이 없을 때 사람들은 원을 그리며 방황하는가?'

막스 플랑크 생물학적 인공두뇌학 연구소Max Planck Institute for Biological Cybernetics의 과학자들은 실험 참가자들을 울창한 숲으로 데리고 가 "직선으로 걸어가라"라는 간단한 지시를 했다.

숲속에는 실험 참가자들을 안내하는 표지판이 없었다. 그래서 그들은 방향 감각과 똑바로 걸을 수 있는 능력에만 의존해야 했다.

실험이 끝난 뒤 질문을 받은 몇몇 참가자들은 자신이 직선 경로를 벗어나지 않았다고 확신했다. 하지만 GPS 분석을 관찰하니, 그들은 지름 20미터 이내의 원을 그리며 걸었다.[36] 실험 결과 "사람들은 자신이 걷는 방향에 대한 믿을 만한 단서가 없으면, 실제로 원을 그리며 걷는다"라는 사실이 밝혀졌다.[37]

원을 그리며 걷는 이유에 대한 초기 이론 중 한 가지는, 사람들의 다리는 한쪽이 다른 쪽보다 길어서 걷다 보면 직선을 약간 벗어난다는 주장이다. 하지만 똑같은 사람을 여러 번 테스트했을 때, 원을 그리며 걷는 방향이 오른쪽일 때도 있고 왼쪽일 때도 있어서, 이 이론은 틀렸음이 증명됐다.

원을 그리며 걷는 것은 다리 길이 때문이 아니었다. 연구자들의 설명대로 "어느 쪽이 직선인지에 대한 불확실성이 커졌기 때문에" 원을 그리며 걸었다.[38]

연구자들은 어디가 직선인지 명확하게 모르면, 직선으로 걷고 있다고 생각해도 원을 그리며 방황하게 된다는 결론을 내렸다. 인생도 그렇다. 명확한 목표와 목표를 이루는 과정을 측정할 방법이 없다면, 원을 그리며 방황하게 될 것이다.

미래의 나를 더 생생하고 자세하게 그리며 측정 가능할수록 미래의 내가 되기 더 쉬워진다.

일본의 스케이트보드 선수 호리고메 유토Horigome Yuto는 미래의

명확한
이정표가 앞에 없으면

인간은 말 그대로
원을 그리며 걷는다

나를 자세하게 그리며 측정 가능한 단계를 밟아 성공한 대표적인 사례다. 2017~2021년에 유토는 평범한 프로 스케이트보드 선수에서 세계 최고의 스케이트보드 선수가 됐다.

  유토는 2010년 11세 때 스케이트보드를 본격적으로 시작했다. 2013년 그는 일본의 정상급 스케이트보드 선수로 명성을 얻었다. 하지만 유토는 일본의 스케이트보드 수준이 미국에 뒤처져 있음을 알고 있었다. 그래서 2014년 15세 때 미국 스케이트보드 대회에 출전했다. 17세에는 스케이트보드의 세계적인 메카인 캘리포니아로 이사했다. 그는 프로 스케이트보드 선수가 되겠다는 꿈을 이루기 위해 가족을 떠났다. 큰 대회에 여러 번 출전했지만, 1년이 지나도록 우승 근처에도 가지 못했다.

유토는 성적이 왜 지지부진한지 생각했다. 그리고 자신이 사용하는 기술이 미국 선수들과 별 차이가 없다는 점을 깨달았다. 자신만의 독특한 기술이 없었던 것이다. 유토는 스케이트보드의 기본 기술을 완벽하게 마스터해서 정확도와 일관성을 과거 어느 선수도 도달하지 못한 수준으로 끌어올리겠다고 결심했다. 유토는 자신만의 스타일을 만들었고, 시합에서 누구도 선보이지 않은 기술을 개발했다.

파블로 피카소Pablo Picasso는 "프로처럼 기술을 배워라. 그래야 예술가처럼 그것을 깨부술 수 있다"라고 말했다.

2016~2019년까지 유토는 목표를 정비해, 덜 중요한 목표를 제거하고 중요한 목표 한 곳에 초점을 맞췄다. 인터뷰에서 그는 말했다. "솔직하게 말하면 매일 연습하는 게 큰 도움이 됐어요."[39]

유토는 초등학교 졸업앨범에 적었던 "세계 최고의 스케이트보드 선수가 되기 위해"라는 미래의 나에 대한 비전을 회상했다.[40] 목표를 이루려면 스케이트보드 선수로서 장인이 돼야 했다.

많은 시간을 훈련에 투자했고, 획기적인 기술을 선보이는 자신의 모습을 상상하며 탁월한 스타일을 연마해나갔다. 유토의 스케이트보드를 지켜보는 일은 연습과 정확성, 지능적 설계를 관람하는 축제다. 그의 기술은 세련되고 치밀하며 매끄럽다.

몇 년 동안 극도의 집중력을 쏟아부으며 계획적으로 연습하면서, 유토는 시합에도 계속 출전했다. 그는 우승을 하기 시작했고, 무명의 스케이트보드 선수에서 세계적인 유명인이 되었다. 평범한 기술을 쓰던 유토는 최고의 기량을 뽐내며 독특한 기술을 발휘했다.

유토는 2019년 미네소타에서 열린 엑스(X) 게임에서 금메달을 따고, 세계 2위의 스케이트보드 선수가 됐다. 이어서 그는 2020년 도쿄 올림픽으로 초점을 옮겼다.

2020년, 올림픽에서 처음으로 스케이트보드가 올림픽 종목에 포함됐다. 하지만 코로나 팬데믹 때문에 올림픽이 2021년으로 연기됐다. 유토는 늘어난 시간을 활용해 훈련하고 새로운 기술을 개발했다.

2021년 7월, 올림픽이 시작되자 유토는 전 세계 스케이트보드 팬의 이목을 끌었다. 유토는 미국 스케이트보드 선수 나이자 휴스턴Nyjah Huston에 이어 랭킹 2위였는데도 경기가 시작됐을 때 휴스턴을 능가하는 경기를 펼쳤다.

유토의 활주는 조금도 흔들리지 않고 일관성을 유지했다.

그의 기술은 다른 선수들보다 10년은 앞선 것처럼 보였고, 스타일은 정확했다.

유토는 우승했고 조국에 금메달을 안겨준 영웅이 됐다. 그의 메달을 더욱 특별하게 만든 것은 유토가 올림픽 경기가 열리는 아리아케 어반 스포츠 파크 근처에서 자랐다는 점이다.

유토는 어린 시절의 꿈을 이루었다.

미래의 모습을 매우 자세하게 상상하며 장인 정신을 가지고 접근했기 때문에 성공할 수 있었다. 세계 최고의 선수가 됐을 뿐 아니라 스케이트보드 역사상 최고의 기술과 도전, 아름다운 연기를 보여주었다.

그는 목표가 있었기 때문에 목표를 이루는 과정을 계획했다. 그리고 올림픽 금메달을 딸 때까지 그 과정에 전념했다.

미래의 나에 대한 네 번째 진실은 미래의 나를 자세하고 생생하게 그리는 능력이 그 모습을 이룰 능력을 결정한다는 사실이다. 미래의 나를 자세하게 그릴수록 미래의 나는 더 훌륭해진다. 목표와 이를 이루는 과정을 구체적이고 측정할 수 있게 만들어라. 그러면 그 과정을 더욱 효율적으로 달성해 더 빨리 발전할 것이다.

진실

5

미래의 나로서 실패하는 게 현재의 성공보다 낫다

수년간 창의적인 훈련을 하면서 실패에 투자하고
적에게 연타를 당하며 삶의 기반이 무너지는 걸 감내한다면,
그때부터 게임의 속도는 느려지기 시작한다.
공격이 슬로 모션으로 다가오고
눈 깜짝할 사이에 반격하게 될 것이다."

_조시 웨이츠킨 *Josh Waitzkin* [41]

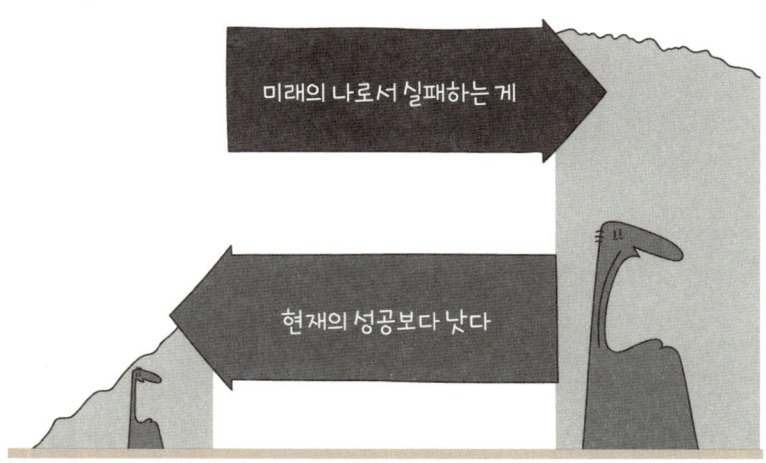

어느 날 조시 웨이츠킨은 어머니와 함께 뉴욕시에 있는 워싱턴 스퀘어 공원을 걷다가 사람들이 체스를 두는 모습을 보게 됐다. 6세 아이에 불과했던 조시는 그 장면을 보자마자 체스에 빠져들었다.

조시는 공원에서 지나는 사람들과 체스를 두었다. 7세에는 체스계의 거물 부르스 판돌피니Bruce Pandolfini에게 정식으로 체스를 배우기 시작했다. 10세 때, 조시는 정상급 체스 선수를 상대로 첫 승리를 거두었다.

조시는 15세에 내셔널 마스터 타이틀을 획득했고, 16세에 인터내셔널 마스터가 됐다.

1988년 조시가 12세였을 때, 아버지 프레드 웨이츠킨Fred Waitzkin은 조시에 관한 이야기를 담은 책 《바비 피셔를 찾아서Searching for Bobby Fischer》를 출간했다. 이 이야기는 조시가 17세에 체스계 정상에 올랐을 때 영화로 만들어졌다. 체스는 관중이 많이 찾는 경기가 아니었는데도 많은 사람이 조시의 경기를 보려고 몰려들었다.

수많은 팬은 조시의 정신을 혼란스럽게 만들었고, 명성이 높아지면서 우승에 대한 압박도 커졌다. 결국 조시는 미국과 체스를 떠났다. 그러고는 명상과 철학, 태극권을 배웠다. 조시는《배움의 기술: 내 실력을 200퍼센트 끌어올리는 힘》에서, '실패에 투자하라'라는 원칙을 설명한다. 이 원칙을 적용해 상대와 무술을 겨루는 형태의 태극권인 타이지 푸시 핸드Taiji Push Hands에서, 2004년 월드 챔피언이 됐다.[42]

조시가 본격적으로 푸시 핸드를 시작했을 때, 자신보다 기술이 좋은 선수들과 훈련했다. 조시가 말하는 '실패에 투자하라'라는 원칙은 '자기 자신을 배움의 과정으로 몰아넣는 것'이다. 어려운 상황에 자신을 몰아넣으면 거기서 살아남기 위해 적응할 수밖에 없다. 그런 상황에서는 자신의 약점을 마주하며 수도 없이 실패한다. 조시의 말을 빌리면, 때로는 문자 그대로 '내팽개쳐지기도' 한다.

조시에게 '실패에 투자하는 것'은 극도의 의도적인 연습이었다. 의도적인 연습과 전문적인 실행을 연구하는 대표적인 학자 안데르스 에릭슨Anders Ericsson은 의도적인 연습이 '습관'이나 '자동성'에 반하는 개념이라고 말한다. 인간은 의식적인 노력 없이 일을 수행하는 능력인 자동성을 개발하려는 성향이 있다. 그런데 의도적인 연습은 그런 성향과 상반된다는 것이다.[43]

신발 끈을 묶는다거나 운전하는 것과 같은 작업에서 자동성이 나타나는 건 더할 나위 없이 좋은 일이다. 정신이 자유로워져 다른 일도 할 수 있기 때문이다. 하지만 기술이나 배움 등에서 자동성이 나타나면, 그동안 익힌 것들이 그 수준에 머물러 있게 되고, 시간이 지나면서 서서히 퇴보한다.[44]

한 예로, 20년 동안 진료를 본 의사들이 의대를 갓 졸업했을 때에 비해 기술이 퇴보하는 경우가 종종 생긴다는 사실을 여러 연구에서 보여준다. 이런 의사들은 습관적인 사고와 행동방식에 갇혀 있으며, 오랜 시간 동안 진료 방식을 향상하지 않았다. 그들은 경력을 20년간 쌓아온 게 아니라 1년의 경력을 20번 반복한 경우가 많다.[45] 에릭슨은 이렇게 말한다.

> 스키, 테니스, 운전 같은 레크리에이션 활동은 50시간도 채 안 되는 훈련과 경험만 쌓아도 일반적인 건 다 할 수 있다. 그리고 그 수행 능력이 점차 자동화된다. 그러면 행동에 대한 의식적인 통제력을 잃는다. 그리고 더는 구체적이고 의도적인 개선을 할 수 없다. 예를 들어 사람들은 신발 끈을 묶거나 의자에 앉았다가 일어나는 일을 자동적으로 수행한다. 수행 능력이 자동화 수준에 도달해 노력 없이 실행하게 되면, 경험이 추가로 쌓여도 행동의 정확성이 향상되지 않고, 사고 메커니즘도 개선되지 않는다. 결론적으로 말하면, 자동화된 행동은 얼마나 많은 양의 경험이 축적되든 수행 능력이 향상되지 않는다. 이와 대조적으로 장차 전문가가 될 사람들은 의도적인 연습을 하며 경험을 더 많이 쌓음으로써 수행 능력을 지속적으로 향상한다. 그들에게는 자동성이 생겨 능력 향상이 저지되는 상황이 큰 도전이다. 그들은 그런 상황을 피하려고 노력하며, 자동성에 열심히 대항한다. 새로운 목표를 설정하고 수행 능력 기준을 높임으로써 그렇게 한다. 여기에는 속도와 정확성을 높이고 행동을 통제하는 게 요구된다. 전문가는 현재의 수행 능력 수준에 안도하지 않고, 그 수준을 뛰어넘는 목표를 달성하려고 훈련 상황을 의도적으로 만들고 찾는다.[46]

의도적인 연습은 '습관'이나 '자동성'과 반대되는 말이다. 습관은 자동 조절 장치로 작동한다. 반대로 의도적인 연습에는 구체적이고 도전적인 목표를 향한 의식적인 노력과 주의가 요구된다. 습관대로 살아가면 현재의 나에서 벗어나지 못한다. 하지만 의도적인 연습을 하면 자신이 바라는 미래의 나를 만들기 위해 노력하는 데 집중하게 된다. 습관이나 안전지대로 되돌아가는 것은 발전하는 방법이 아니다.

조시가 '실패에 투자한' 행위는 궁극적으로 의도적인 연습이었다. 조시가 푸시 핸드를 배우며 상대했던 이반Evan은 '190센티미터 가까운 키에 90킬로그램이 넘고, 가라테 검은 띠를 보유했으며, 합기도를 8년, 태극권을 8년 수련한' 몹시 공격적인 남자였다.

그와 겨룰 때, 조시는 어떻게 실패에 투자했는지 설명한다.

그가 나에게 다가올 때 나는 온몸으로 충격을 받아들였다. 화물열차가 하룻밤 사이에 나를 50번 들이받는 상황에서 몸을 어떻게 이완시켜야 하는지 몰랐다. 나는 샌드백이 된 기분이었다. 나에게는 그저 두 개의 선택지만 있었다. 이반을 피하든 매번 두들겨 맞든 둘 중 하나였다. 나는 수개월 동안 이반을 상대하면서 박살 났다. 솔직히 벽에 부딪혔을 때 실패에 투자한다는 건 쉽지 않았다. 연습이 끝나면 절뚝거리며 집으로 돌아갔다.

이렇게 일반적이지 않은 방법을 사용해 조시는 현재의 내가 성공하는 것보다 미래의 내가 되고자 노력하다가 실패하는 쪽을 택했다. 마스터 첸Master Chen의 수련생들은 자유롭게 연습할 기회가 생기면 기술 수준이 비슷하거나 더 낮은 상대를 골라 겨루었다. 그들은 조시처럼 고통스러운 실패가 반복적으로 일어나는 상황에 일부러 자신을 몰아넣지 않은 것이다. 그래서 조시는 다른 수련생보다 훨씬 더 빠르게 발전했다. 그는 상대의 기술을 모조리 습득했다.

다른 수련생들은 조시가 한 만큼 실패에 투자하려 하지 않았다. 그들은 미래의 내가 되고자 노력하다가 실패하는 것보다 현재의 내가 성공할 때 편안함을 느꼈다. 그럴 만하다. 의도적인 연습을 제대로 하면 몹시 고통스럽기 때문이다.

의도적인 연습에 완전히 몰두하면, 자신이 바라는 미래의 나를 점점 명확하게 그리기 시작한다. 미래의 나와 비전을 연구하는 대표적인 학자 토마스 수덴도르프Thomas Suddendorf, 멜리사 브리넘스Melissa Brinums, 카나 이무타Kana Imuta는 이렇게 말한다.

> 향상된 기술을 지닌 미래의 나를 상상할 때만 의도적인 연습을 통해 기술을 연마할 동기를 얻고, 그것을 계획하고 실행할 수 있다. [47]

조시는 원하는 것을 명확하게 그리는 것이 중요하다고 믿는다. 많은 사람이 조시를 배움과 높은 성과를 다루는 세계적인 전문가로 여긴다. 조시는 "내가 가장 잘하는 건 태극권도 체스도 아님을 깨달았다. 내가 가진 최고의 기술은 배움의 기술이다"라고 말했

다.⁴⁸

체스 신동이었던 조시는 세계 챔피언이 됐다. 태극권과 브라질 주짓수에서도 세계 챔피언이 됐다. 이후 조시는 각 분야에서 세계 정상에 있는 사람들을 최상위 1퍼센트 안에 들도록 훈련시켰다. 그가 사용하는 방법은 모두 미래의 나를 실현하기 위한 접근 방식이었다.

2020년과 2021년에 조시는 팀 페리스Tim Ferriss와 두 차례 인터뷰를 하면서 미래의 나와 적극적으로 연결하고, 미래의 나에게서 조언을 얻었다는 점을 자세하게 말했다.⁴⁹, ⁵⁰ 2020년 인터뷰에서 그는 이렇게 말했다.

20년 후의 나보다 나를 더 잘 아는 사람은 없을 것이다. 만약 나의 목표가 어떤 기술로 나를 자유롭게 표현하고, 그 분야에서 자아실현을 하는 것이라면, 나를 가장 깊이 아는 사람이 가르쳐야 한다. 그 사람이 바로 20년 후의 나다.⁵¹

미래의 나와 연결된 삶을 살았기 때문에 조시는 지속적으로 실패에 투자할 수 있었다. 그는 현재보다 훨씬 더 발전되어 있는 자신의 모습과 연결되어 있었다. 그리고 현재의 편안함을 뒤로 미루고 미래의 나에게 전념했다. 조시는 미래의 내가 되는 과정에 공격적으로 뛰어들었다.

이 책 전반에서 미래의 나를 실현하기 위한 의도적인 행동을 설명하면서 투자라는 단어를 사용했다. 조시가 의도적인 연습을 이야기할 때 '투자'라는 단어를 사용한 것도 우연은 아니다. 조시에게 '실패에 투자'하는 행위는 미래의 나를 향한 의도적인 배움의 속도를 높이는 것이었다. 그것은 미래의 나에 대한 전념이었다.

미래의 나에 전념하면 더욱 속도를 높여 발전하고 싶어서 현재의 손실이나 실패에 투자하게 된다. 목표를 향해 가면서 일시적인 실패와 고통에 기꺼이 투자한다면, 자신이 원하는 미래의 나를 향해 더욱 빠르게 달려갈 수 있다.

미래의 나에 대한 다섯 번째 진실은 미래의 나로서 실패하는 게 현재의 성공보다 더 낫다는 사실이다. 이 진실은 미래의 나에 대한 여섯 번째 위협, 즉 경기장 밖에 머물면 배움과 발전이 가로막힌다는 개념과 동일 선상에 있다.

경기장 안으로 얼마나 깊숙이 들어갈 것인지는 당신 선택에 달렸다.

실패와 배움에 대한 투자를 얼마나 할지도 당신 선택에 달렸다.

조시는 실패에 지속적으로 투자한 결과를 설명하며 이반과의 이야기를 마무리한다.

하지만 그때 흥미로운 일이 일어나기 시작했다. 우선 이반에게 맞는 게 익숙해지니 그에게 가격당하는 게 더는 두렵지 않았다…. 맹렬한 공격을 받으면서도 몸을 이완할 수 있게 되자 머릿속에서 이반의 동작 속도가 느려지는 것 같았다…. 나와 이반의 우위가 명확하게 바뀌는 순간이 왔다. 나는 매우 집중적으로 훈련하고 있었다…. 나의 기술이 발전하자 이반은 나와 겨루는 것을 피했다. 그래서 한동안 그와 대결하지 못했다. 하지만 그날 밤 마스터 첸이 이반과 나를 대결시켰다. 이반이 마치 황소처럼 달려들었다. 나는 본능적으로 그의 공격을 피하고, 그를 바닥에 내동댕이쳤다. 그가 일어나 다시 달려들었고, 나는 그를 다시 던졌다. 그 일이 너무 쉬워서 나도 놀랐다. 몇 분 지나서 이반은 발에 문제가 생겼다며 시합을 중단했다. 우리는 악수하며 대결을 끝냈고, 이반은 두 번 다시 나와 겨루지 않았다.

자신이 바라는 미래의 내가 되려면 최대한 신속하게 그 수준에서 행동해야 한다. 미래의 내가 달성할 수준에 전념하라. 그 수준에 맞춰라. 물론 현재의 나는 아직 그 정도의 수준이 아니다. 따라서 진지한 훈련과 겸손, 피드백이 필요하다.

사람들은 대부분 실패에 투자하려 하지 않는다. 지금 이길 수 있는 일을 하는 게 편하기 때문이다. 승리는 기분 좋다. 하지만 미래의 내가 확실하게 되고 싶다면, 실패에 투자하는 게 그 방법이다.

진실

6

성공하려면
미래의 나에 진실해져야 한다

"미래를 좇아라. 내일의 세상에서 살아가라…. 이것이 가장 가슴 뛰는 삶의 방식이다. 이렇게 살면 새로운 기회에 놀라며, 날마다 어린 시절의 생일 같은 날을 살게 될 것이다. 뇌는 건강하고 젊고 활동적으로 유지될 것이다. 모든 것이 늘 새롭기에 가정이나 습관에 의존하지도 않는다. 내일의 세상에서 살아갈 때 모든 주의를 기울여 날마다 계속 배우게 될 것이다."

_더릭 시버스 Derek Sivers[52]

"무엇보다 진실한 자아를 가져라."
_윌리엄 셰익스피어[53]

'진정한' 성공은
미래의 나에게
'진실할' 때만 존재한다

PART 2 미래의 나에 대한 진실 7가지

2차 세계대전이 일어나기 전 아돌프 히틀러Adolf Hitler는 화가였다. 심지어 전쟁 중에도 그는 그림을 그렸다.

1925년에 출간한 자서전 《나의 투쟁》에서 히틀러는 어린 시절 꿈이 전문적인 예술가였다고 말했다.[54] 1907년 18세였을 때, 히틀러는 상속받은 돈을 들고 예술가가 되기 위한 공부를 하려고 빈으로 갔다. 수년 동안 갈고닦은 솜씨에도 불구하고 빈 미술 아카데미Academy of Fine Arts Vienna 입학시험에 떨어지면서 그의 꿈이 꺾였다.

1908년에 그리고 1909년에 아카데미에 다시 도전했지만 계속 떨어졌다. 처음 지원했을 때 사전 심사에는 통과했다. 이 심사에서 히틀러는 3시간씩 두 번에 걸쳐 상징적 장면이나 성경적 장면을 지정받아 그림 두 점을 그렸다. 하지만 두 번째 심사에서 심사위원은 히틀러의 포트폴리오를 검토했고, 그를 탈락시켰다. 심사위원 측은 히틀러가 그림보다 건축에 더 재능이 있다고 판단했다.

히틀러는 탈락 소식을 듣고 심한 충격을 받았다. 그리고 어쩔 수 없이 삶의 방향을 바꿨다. 《최고의 나를 꺼내라!》에서 저자 스티븐 프레스필드Steven Pressfield는 이렇게 말한다.

히틀러는 예술가가 되기를 원했다…. 그의 그림을 한 점이라도 본 적이 있는가? 나는 보지 못했다. 그는 저항에 부딪혀서 지고 말았다. 과장이라고 할 수 있지만 나는 이렇게 말하겠다. "히틀러에게는 빈 도화지를 바라보는 것보다 2차 세계대전을 일으키는

게 더 쉬운 일이었다."⁵⁵

만약 히틀러가 다른 길을 찾아 훌륭한 예술가가 됐다면 어땠을까? 그가 자신이 바라던 미래의 나를 포기하지 않았다면?

히틀러는 거절과 실패를 감당하지 못했다.

그는 희망을 잃고 다른 길을 찾겠다는 생각을 하지 못해 다른 방법을 발견하지 못했다.

히틀러는 경직되어 있었다. 그림을 평생 그렸지만 한때 꿈꿨던 성공을 이루려는 목적이 아니었다. 그저 기분전환을 하려고 그림을 그린 셈이다.

'그림자 경력Shadow Career'이라는 용어는 진정한 꿈을 버리고 현실과 타협해 다른 길로 가는 사람을 설명하는 데 사용된다. 로버트 브롤트는 "우리는 장애물을 만나서가 아니라 덜 중요한 목표가 뚜렷하게 보여서 진정한 목표에서 벗어난다"라고 말했다.

히틀러에 대해 우리는 역사상 가장 극악한 미치광이로 말하지만, 사실 그의 삶은 많은 사람의 삶이 극단적인 형태로 나타난 것일 뿐이다. 물론 대부분의 사람은 그렇게 살지 않지만 말이다.

철학자이자 기업가, 세계 여행가, 그리고 작가인 데릭 시버스는 '성공'의 의미에 대한 강한 신념을 전파한다. 그는 아무리 많은 성취를 이루었다 해도 진정으로 원하거나 믿는 것에 진실하지 않으면, '성공'이라고 할 수 없다고 말한다. 2015년 팀 페리스는 인터뷰 도중 데릭에게 "성공이라는 단어를 떠올릴 때 가장 먼저 생각나는 사람은 누

구이며, 그 이유는 무엇인가요?"라고 물었다.[56]

데릭은 이렇게 답했다.

어떤 질문이든 처음에 나오는 대답은 썩 재미없습니다. 자동으로 나오는 말이기 때문이죠. 가장 먼저 떠오르는 그림은? 모나리자. 천재는? 아인슈타인. 작곡가는? 모차르트. 즉각적이고 무의식적이며 자동으로 나오는 생각이 있고, 반대로 느리고, 의식적이고 이성적이며 신중한 사고가 있습니다. 나는 정말로 느린 사고를 합니다. 내 삶에서 자동으로 나오는 반응을 없애고, 그 대신 더욱 신중하게 반응하며 천천히 생각하죠.

데릭은 팀의 질문을 수정했다.

만약 질문을 "성공이라는 단어를 떠올릴 때 세 번째로 생각나는 사람은 누구인가요? 그 사람이 첫 번째로 생각난 사람보다 실제로 더 성공했다고 말할 수 있는 이유는 있습니까?"라고 했다면 어땠을까요? 그랬다면 처음으로 떠오르는 사람은 리처드 브랜슨Richard Branson일 것입니다. 그에 대한 고정관념 때문이죠. 그는 성공에 관한 한 나에게 모나리자나 마찬가지입니다. 그리고 솔직하게 말해서, 팀 당신이 두 번째로 생각나는 사람입니다. 이 이야기는 다른 시간에 더 하면 좋겠어요. 신중히 생각한 다음에 내린 제 세 번째이자 진짜 대답은 '누군가의 목표를 모르면 그 사람이 성공했는지 알 수 없다'입니다. 만약 리처드 브랜슨이 조용한 삶을 살려고 했지만, 강박적인 도박꾼처럼 회사 설립을 멈출 수 없다면 어떨까요? 그러면 모든 것이 달라지죠. 더는 그를 성공한 사람이라고 부를 수 없습니다.

미래의 나에 대한 여섯 번째 진실은 자신이 바라는 미래에 진실할 때만 성공할 수 있다는 사실이다.

미래의 나에 진실하지 못한 건 실패다. 점점 성장하면서 미래의 나에 대한 시각도 발전한다. 그러면 기존의 길에 머물 것인지 새로운 길로 갈 것인지 선택해야 한다.

많은 사람이 성공한 것처럼 보이지만, 실제로 그들 중 대부분이 자신이 원했던 삶이 아닌 껍데기만 있는 삶을 살고 있다. 아무리 리처드 브랜슨이라고 해도 진정으로 원했던 일을 하는 게 아니라면 성공했다고 볼 수 없다.

이는 조용하고 단순한 삶을 사는 사람에게도 똑같이 적용할 수 있다. 성공의 기준으로 여겨지는 명성이나 돈, 지위 등이 없어도 자신이 진정으로 원하는 삶을 살고 있다면, 그 사람은 완벽한 성공을 거둔 것이다.

성공이냐 아니냐를 결정하는 건 외부 요소가 절대 아니다. 목적에 맞는 삶을 살아가느냐만이 성공의 유일한 척도다.

진실

7

신에 대한 견해가 미래의 나에게 영향을 미친다

"우리가 느끼는 가장 큰 두려움은 무능함이 아니다. 오히려 우리가 측량할 수 없을 정도로 강력하다는 사실이 가장 큰 두려움이다. 우리를 위협하는 것은 어둠이 아니라 빛이다. 우리는 스스로에게 '내가 누구기에 눈부시고 멋지고 재능 있고 훌륭하고 강력한가?'라고 질문한다. 그렇지 않은 그대는 누구인가? 그대는 신의 자녀. 그대의 소심한 행동은 세상을 이롭게 하지 못한다. 주변 사람들에게 불안감을 주지 않으려고 잠자코 가만히 있으면 세상을 밝게 비추지 못한다."

_마리안 윌리엄슨 *Marianne Williamson*

신에 대한 견해는 운명을
어떻게 인지하는지에 영향을 미친다

처음부터 짚고 넘어가야겠다. 이번 주제를 다루면서 나는 당신이 신을 '믿어야 하는지' 그렇지 않은지, 설득할 생각이 전혀 없다. 그 선택은 전적으로 당신에게 달려 있다.

여기서 내가 강조하고자 하는 것은 신을 믿든 그렇지 않든, 신에 대한 견해가 미래의 나를 어떻게 바라보는지에 직접적인 영향을 준다는 사실이다.

신에 대해 어떤 견해를 가지고 있든, 그 생각은 본성, 잠재력, 삶의 궤도를 바라보는 관점에 영향을 미친다. 또한 단기적인 미래나 장기적인 미래에, 그리고 지금의 삶이나 사후의 삶에 모두 영향을 준다.

예를 들어 신이 있고 현세에서의 행동에 따라 천국이나 지옥에 간다고 믿으면, 사후의 삶을 기대하며 올바르게 살려고 노력할 것이다. 만약 신이 없다고 믿고 죽으면 끝이라고 생각하면, 그런 견해도 현재의 행동에 영향을 미칠 것이다.

일부 신에 대한 견해 때문에 목적의식이 불분명해지고, 운명을 제한된 시각으로 보기도 한다. 하지만 미래의 나를 제한하는 관점이라면, 그것이 무엇이든 의문을 품어보아야 한다는 게 나의 생각이다. 특히 신과 관련해서라면 더더욱 그렇다.

한편 신에 대한 견해 중에는 미래의 나를 적극적으로 해방시키는 것도 있다. 신에 대한 내 견해를 구체적으로 설명할 생각이다. 그리고 그 견해가 미래의 나뿐 아니라 인간의 잠재성에 대해 얼마나 놀라운 시각을 갖게 해주는지도 알려주려 한다.

신에 대한 견해와 신과 인간의 관계에 대한 견해는 무수히 많다. 이제 신에 대한 대표적인 견해 몇 가지를 자세하게 살펴보겠다. 몇 가지 견해에만 초점을 맞추는 것을 양해하길 바란다. 여기서 나는 다양한 신앙을 포괄적으로 다룰 생각이 없다. 그보다 미래의 나에 대한 믿음에 영향을 미치는 요소를 강조해보려고 한다. 이를 통해 자신의 믿음을 성찰해보고 그 믿음이 삶의 궤도에 미치는 영향을 이해할 수 있기를 바란다.

신에 대한 일반적인 견해는 신이 인간의 행동과 그로 인한 결과를 비롯해 모든 일을 통제하고 결정한다는 생각이다. 이런 견해에 따르면, 내가 누구인지 현세에서 무슨 행동을 하는지는 전혀 중요하지 않다. 신이 이미 천국에 갈 사람과 지옥에 갈 사람을 예정해놓았기 때문이다.

이런 견해 때문에 심리학에서 말하는 '외적 통제 소재'가 생겼다. 이는 인간이 삶에서 일어나는 일들에 권한이나 영향력이 없다고 믿는 현상이다.[57] 이 견해를 지닌 사람은 자신의 행동과 태도에 대한 주인 의식을 갖지 못한다. 나아가 자기 삶에서 일어난 나쁜 일의 책임을 다른 사람, 심지어 신에게 돌린다.[58]

외적 통제 소재는 우울증과 직접적인 관련이 있다.[59]

내 생각에 이는 신을 광적인 독재자로 가정하기 때문에 건강한 견해가 아니다. 합리적으로 생각해볼 때, 한쪽이 다른 쪽에서 일어나는 모든 일을 지배하고 통제한다면, 건강한 관계를 구축하는 게 불가능할 것이다. 이 견해는 인간을 신의 꼭두각시로 만든다. 신이 인간의 최종 운명을 결정짓기 때문이다. 따라서 이 견해가 미래의 나에게 미치는 영향은 매우 파괴적이다. 미래의 내가 어떤 모습이 될지 결정할 수 있는 권한이 자신에게 전혀 없다.

미래의 나에 대한 권한을 제거하는 견해는 모두 한계가 있을 수밖에 없다.

신에 대한 또 다른 견해는 신이 창조주이고, 인간은 신의 창조물이라는 생각이다. 이 신앙의 바탕에는 신이 아무것도 없는 무에서 지구와 인간을 포함해 모든 것을 창조했다는 사상이 깔려 있다. 이 견해에서 신은 우리 인간과는 완전히 다른 존재다. 신은 인간이 알 수도, 이해할 수도 없다. 널리 알려진 대로 신에 대한 이런 견해는 그리스 철학에서 비롯됐다.[60]

이 견해에서 신은 도공이고 인간은 도자기로 비유될 수 있다. 도자기와 도공은 완전히 다르고 관련성이 없어 보인다. 도자기는 결코 도공을 이해할 수 없다. 도자기는 도공과 비슷해지기는커녕 도공과의 진정한 관계를 결코 갈망할 수 없다.

이 견해는 신과 인간을 영원히 분리한다는 한계를 지닌다. 이 견해를 지닌 사람은 신을 온전히 이해하지 못하며, 신과 진정한 관계를 맺지 못한다. 신을 숭배하고, 신의 창조물에 대해 경탄할 수는 있지만, 신이 왜 인간을 창조했는지, 신은 누구이며 우리는 누구인지 알 수 없다. 이런 견해를 지니면, 정체성의 혼란이 야기되고 삶의 궤도를 명확하게 자각하지 못한다.

마지막으로 언급할 견해는 개인적으로 내가 가장 공감하는 것이다. 나는 이 견해가 가장 진실하고 인간의 영혼에 힘을 준다고 믿는다. 신은 인류의 부모이며, 모든 인간은 문자 그대로 신의 자녀이자 후손이라는 믿음이다. [61, 62]

이 견해에 따르면, 모든 인간은 지구에서 태어나기 전에 신 안에 존재했다. 그리고 이 행성에 태어난 인간은 각자 자유의지를 사용해 지구에서의 유한한 삶을 직접 선택했다. 유한한 삶의 경험은 인류가 한 단계 한 단계 진보하게 해준다. 인생은 학교이자 인큐베이터이며 시뮬레이션이다. 인간은 인생에서 경험을 축적하며 발전한다.[63] 모든 인간은 어떤 삶을 경험할지 어떤 교훈을 배울지 각자가 직접 선택한다.

《인생이 게임이라면, 규칙이 있다 If Life Is a Game, These Are the Rules》라는 책에서 저자 셰리 카터 스콧 Cherie Carter-Scott은 인생의 10가지 규칙을 제시한다.[64]

1. 육체를 받을 것이다.
2. 교훈을 얻을 것이다. 당신은 '인생'이라는 비공식적인 학교의 전 과정에 등록된다.
3. 이 학교에서 실수란 없다. 교훈만 있을 뿐이다.
4. 교훈은 그것을 다 배울 때까지 반복된다.
5. 교훈을 얻는 일은 끝나지 않는다. 당신이 살아 있다면 아직도 배워야 할 교훈이 남았다는 뜻이다.
6. '여기'보다 더 좋은 '다른 곳'은 없다.

7. 다른 사람은 당신을 비추는 거울이다. 당신이 다른 사람의 어떤 특성을 좋아하거나 싫어한다면, 스스로에 대해 좋아하거나 싫어하는 특성을 반영하기 때문이다.
8. 인생을 어떻게 만들지는 당신에게 달렸다. 당신은 필요한 도구와 재료를 다 가지고 있다. 따라서 그 도구와 재료를 어떻게 사용할지는 오직 당신에게 달렸다.
9. 인생이 던지는 질문에 대한 답은 당신 안에 있다. 따라서 당신이 해야 할 일은 보고 듣고 믿는 것이다.
10. 당신은 태어나는 순간 이 모든 규칙을 잊게 될 것이다.

이 10가지 규칙은 18세기 영국 낭만파 시인 윌리엄 워즈워스 William Wordsworth의 시를 떠올리게 한다. 그는 이렇게 썼다.

우리의 탄생에는 오직 잠과 망각만 있으니
우리에게 떠오르는 영혼이요,
우리 삶의 별이 다른 곳에서 머무르는구나
아득히 먼 곳에서 오나니, 완전한 망각도 아니요
완전한 벌거벗음도 아니구나
영광의 구름자락을 끌고
우리는 신에게서 오는구나. 신이 우리의 고향이니라
어린 시절에는 사방이 천국이니.

워즈워스는 우리가 신에게서 온다고 말한다.

신이 우리의 고향이다.

현세의 삶은 우리가 어디서 왔는지, 왜 여기에 있는지, 어디로 가는지 망각한 삶이다.

하지만 답은 우리 안에 있다.

문자 그대로 신의 자녀가 된다는 것은 지금 여기 있을 이유가 있다는 뜻이다. 인생은 아무렇게나 나타나는 게 아니다. 우리는 신에게서 왔고, 배우고 경험하며 발전하기 위해 이 행성에 오기로 선택되었다. 나아가 신의 자녀가 된다는 것에는 우리가 모든 면에서 신을 닮을 수 있는 타고난 역량이 있음을 의미한다. 병아리가 자라서 소가 되는 일은 없는 것처럼, 우리가 신의 자녀라면 점점 발전하며 자연스럽게 신을 닮아가게 된다.

이 견해가 위험하다며 우려하는 사람도 있다. 신을 인간의 수준으로 끌어내렸다는 생각에서다. 우리가 신의 자녀라면 신은 무엇인가? 19세기 종교 지도자 로렌조 스노우 Lorenzo Snow는 "지금 인간처럼 신도 한때는 인간이었다. 지금 신처럼 인간도 언젠가 신이 될지 모른다"라고 말했다.

자녀가 자라서 부모의 모습이 되고, 떡갈나무가 도토리를 열매로 맺는 것처럼 신은 우리의 발전된 모습이다. 우리가 신을 보았다면 발전한 인간을 본 것이다. 우리는 '신의 형상대로 창조된' 존재이기 때문이다.[65] 앞서 살펴본 다른 견해와 달리, 이렇게 신을 부모로 보는 견해는 인류의 가치를 높이고 인간과 신을 연합시킨다. 신에게서 온 우리는 거룩한 신의 자녀이며, 무한한 잠재력을 지니고 있다. 19세기 시인이자 조가인 엘리자 스노우Eliza Snow는 이렇게 썼다.

천국의 부모는 홀몸인가?
아니다, 똑바로 이성을 보라!
진실이 이성이다. 진실은 영원하다
내게 천국에 어머니도 계심을 말하는구나.
내가 이 연약한 존재에서 벗어날 때
삶의 끝에 놓일 때
아버지, 어머니, 나는 당신들을 만나리라
저 높은 곳에 있는 영광스러운 왕궁에서[66]

모든 면에서 신을 닮을 수 있는 타고난 역량을 지녔다는 말은 미래의 나에 대해 무엇을 알려주는가? 신의 모습이 어떻든 당신은 그 모습이 될 수 있다. 또한 신의 모든 특성을 지닐 수 있다.

워즈워스나 스노우의 견해는 새롭거나 독특한 게 아니다. 신에 대한 이런 견해를 철학적 용어로는 '테오시스theosis', 즉 '인간의 신격화'라고 한다. 이는 인간을 신성한 존재로 만든다는 의미다.[67, 68, 69] 이러한 테오시스 견해는 2세기부터 나타났다. 서기 115~202년에 살았던 그리스 주교 이레나이우스Irenaeus는 이렇게 말했다.

우리가 처음부터 신으로 만들어진 것은 아니다. 처음에는 단순히 인간이었다가 시간이 흐른 뒤 신이 되었다…. 인간은 천사를 초월하여 신의 형상과 모양을 닮게 된다. [70, 71]

20세기의 유명한 작가이자 신학자인 C. S. 루이스_{C. S. Lewis}는 테오시스를 옹호한 독실한 신자였다. 그는 이렇게 말했다.

남자나 여자나 신이 될 수 있는 세상에서 산다는 건 엄숙한 일이다. 당신이 지금 말하고 있는 상대가 아무리 어리석고 재미없는 사람이라 해도 그가 언젠가는 몹시 숭배하고 싶은 존재가 될 수도 있다는 사실을 기억하라…. 이 세상에 평범한 사람은 없다. [72]

나는 이 글을 보고 신과 인간의 관계를 직관적으로 이해할 수 있었다. 이 글이 가장 설득력 있고 강력하게 신과 인간을 설명해주는 것 같다.

"이 세상에 평범한 사람은 없다"라는 루이스의 말이 무척 인상적이다. 신에 대한 이런 견해 덕분에 모든 인간을 경외심과 경탄의 눈으로 바라볼 수 있게 됐다.

모든 인간은 신처럼 될 타고난 역량을 지녔다. 지금의 삶은 우리가 발전하는 하나의 작은 발걸음이다. 우리 앞뒤로 무한성이 끝없이 펼쳐져 있다. 한 사람이 그리는 삶의 궤도는 현재의 모습보다 훨씬 강력하고 실제적이다.

이런 견해의 바탕에는 우리가 이 땅에서의 경험을 직접 선택해 발전에 중요한 단계로 삼았다는 믿음이 있다. 그렇기에 우리는 미래의 나를 볼 수 있다. 그리고 계속 발전한다면 스스로 선택한 모습이 되어 있을 것이다. 우리가 신의 자녀이기는 하지만, 신은 우리에게 어떤 존재가 될지 스스로 결정할 자유를 주었다. 어떠한 강압이나 강요도 없다. 원저자는 알려지지 않았지만, 1805년에 엘리아스 스미스Elias Smith와 애브너 존스Abner Jones가 발표한 찬송가를 보자.

기억하리, 모든 영혼은 자유롭다네
삶과 미래를 스스로 선택하네
이 영원한 진리
신은 인간에게 천국을 강요하지 않으시니
신은 인간을 부르고 설득하고 옳은 길을 알려주시어
지혜와 사랑, 빛으로 축복하시네
이름 모를 방법으로 선함과 친절을 나타내시지만
결코 인간의 마음을 강요하지는 않으시네.[73]

신은 우리가 어떤 선택을 하든 우리를 사랑하고 존중한다.
미래의 나에 대한 일곱 번째 진실은 신에 대한 견해가 미래의 나에게 영향을 미친다는 사실이다. 운명을 어떻게 예상하는지에 따라 정체성이 달라지기 때문이다.
신에 대해 어떤 견해를 가지고 있든, 인생과 자기 자신에 대해 어떤 믿음이 있든, 그 모든 생각은 전적으로 존중받아야 한다. 현재 관점에서 보면 우리는 한계를 지닌 지극히 무지한 존재지만, 미래의 나는 더욱 발전된 상태에서 세상을 볼 것이기 때문이다.

KEY POINT

미래의 나에 대한 진실

미래의 나는 삶의 동력이다.

미래의 나는 지금 예상과는 다른 존재다.

미래의 나는 필연적인 존재이지만, 어떤 모습이 될지는 자신의 선택에 달렸다.

미래의 나는 현재의 내가 목표를 이루는 과정을 어떻게 측정하고 있느냐에 따라 달라진다.

미래의 내가 되고자 노력하다가 실패하는 게 성공하는 방법이다.

미래의 나에 진실해야만 성공할 수 있다.

신에 대한 견해는 미래의 나에 대한 견해에 영향을 미친다.

지금까지 미래의 나에 대한 중요한 진실 7가지를 살펴보았다. 이 진실들을 잘 이해한다면, 더욱 대담하고 강력한 미래의 나를 실현할 수 있을 것이다. 그리고 현재의 나를 제약하는 고정 마인드셋에서 벗어날 수 있을 것이다.

7가지 진실 목록을 활용해 지금 당장 시행할 수 있는 항목을 정하라. (상상스퀘어 출판사 사이트, 도서목록에서 관련 자료를 다운받을 수 있다.)

이제부터는 지금 미래의 너가 되는 7단계를 다룬다. 이 단계를 잘 적용하면 미래의 나를 명확하게 보고, 미래의 나로 가는 과정에 우선순위를 두며, 그 과정에서 방해가 되는 요소를 모두 제거할 수 있을 것이다.

PART 3
미래의 내가
되는 단계

1단계	현실에 맞는 목표를 명확하게 세워라
2단계	덜 중요한 목표들을 제거하라
3단계	필요에서 열망으로, 열망에서 앎으로 나아가라
4단계	원하는 것을 정확하게 요구하라
5단계	미래의 나를 자동화하고 시스템화하라
6단계	미래의 나의 일정을 관리하라
7단계	완벽하지 않더라도 공격적으로 완수하라

PART 3
미래의 내가 되는 7단계

"단순함이 복잡함보다 더 어려울 수 있다. 생각을 명료하게 다듬어 단순하게 만들기 위해 열심히 노력해야 한다. 노력 끝에는 보람이 있다. 단순한 생각에 도달하던 산도 옮길 수 있기 때문이다."

_스티브 잡스 Steve Jobs [1]

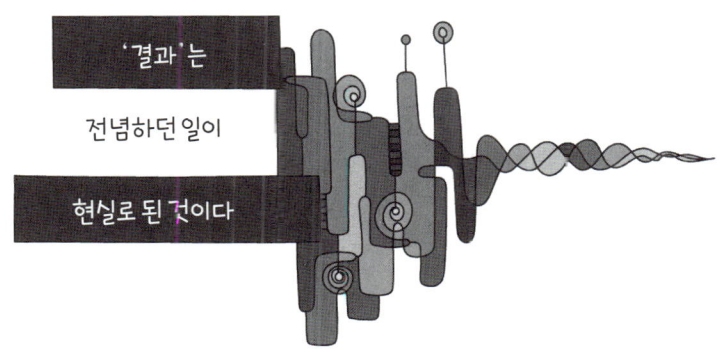

'결과'는 전념하던 일이 현실로 된 것이다

1997년 스티브 잡스가 애플에 복귀했을 때 회사는 파산 위기에 몰려 있었다.

1996년 4분기 애플의 매출은 30퍼센트 폭락했다. 마이크로소프트가 컴퓨터 시장에서 선두 회사로 부상한 데 반해, 애플의 주가는 12년 만에 최악으로 하락했다. 당시 애플은 똑같은 제품을 십여 가지 버전으로 생산하고 있었고, 잡스는 헷갈리는 제품이 너무 많은 게 문제라고 생각했다.

그는 "친구에게 어떤 것을 사라고 권할까?"라는 질문에 답을 찾고 싶었다. 경영진이 명쾌한 대답을 내놓지 못하자 잡스는 즉시 제품의 항목을 70퍼센트 줄이고, 직원 수를 약 8000명에서 5000명으로 줄였다.

"하지 말아야 할 일을 결정하는 일이 해야 할 일을 결정하는 것만큼 중요하다. 이는 회사에도 적용되고 제품에도 적용된다"라고 잡스는 말했다.[2]

애플은 회사의 역량을 키워나가며 단 4개의 제품을 생산했다.

전문가용으로 파워 매킨토시 G3와 파워북 G3를, 일반 소비자용으로 아이맥과 아이북을 만들었다.

잡스의 전략은 단순했다. 몇몇 제품에 집중해 품질을 극적으로 개선하고 혁신적인 제품을 만드는 것이었다. 그가 경영을 맡은 첫해 애플 4분기 실적은 10억 달러가 넘는 적자로 파산 위기에 몰렸다. 하지만 소비자에게 혼란을 주는 제품들을 정리하고 몇 가지 핵심 제품에 집중한 전략이 적중했다. 애플은 다음 해에 3억 900만 달러의 흑자로 돌아섰다.

잡스의 마스터플랜은 언제나 '세상'에 영향을 미쳤다. 세상에 대한 영향력, 이것이 잡스가 1983년 펩시콜라의 CEO 존 스컬리John Sculley를 영입하면서 내건 조건이었다. 잡스가 스컬리의 마음을 움직이게 한 질문은 다음과 같다. "남은 인생을 설탕물이나 팔며 보내고 싶습니까? 아니면 나와 함께 세상을 바꿔보겠습니까?"

잡스는 팀원들의 협력을 끌어내 세상을 바꾸는 몇 가지 제품을 엄선해 만들도록 지원했다. 그렇게 해서 애플의 지속적인 혁신을 위한 토대를 만들었다. 애플은 2001년에는 아이팟, 2003년에는 아이튠즈 스토어, 2007년에는 아이폰, 2010년에는 아이패드 등을 내놓으면서 혁신적인 제품을 계속 출시했다.

잡스는 단순한 사람이 아니었다. 그의 괴짜 같은 천재성은 전기 작가나 심리학자가 아무리 이해하려 해도 이해할 수 없었다. 하지만 그의 성공 전략은 단순했다. 잡스는 미래를 어떤 모습으로 만들어야 하는지 명확한 태도를 지녔고, 신념을 위해 용기 있게 싸웠다. 또한 본질에 집중했다. '더 적게, 하지만 더 좋게'라는 슬로건을 내세우고 양보다 질에 초점을 맞췄다.[3]

제품 개발에 뛰어들었던 초기에 잡스는 매사에 신경질적이고 거칠었다. 그에게 리더십이라고는 찾아볼 수 없었다. 그런 성격 탓에 잡스는 자신이 세운 회사에서 쫓겨났다. 애플을 떠나 있는 11년 동안 그는 겸손과 리더십을 배웠고, 세상을 혁신하고 바꿀 수 있는 기술을 연마했다.

애플에서 쫓겨난 잡스는 픽사 스튜디오Pixar Studios에 투자해, 픽사의 최초 메이저 영화 〈토이 스토리〉의 제작을 도왔다. 그 영화 덕분에 잡스는 애플로 복귀하기 전부터 억만장자가 되어 있었다.

애플에 복귀한 잡스는 예전의 그가 아니었다. 물론 그의 천재성과 열정, 소중한 비전은 사라지지 않았다.

건방졌던 그는 다양한 경험을 통해 지혜를 얻으면서 부드러워졌다. 난관에 부딪히며 실패하고 좌절했지만, 잡스는 세상을 바꿀 미래의 나에 전념했다. 그 결과 파산 위기에 몰린 회사를 이 행성에서 가장 가치 있는 회사로 탈바꿈할 수 있었다.

잡스의 이야기를 보면, 미래의 내가 되는 7단계를 더욱 확실하게 믿고 따라갈 수 있다. 배움의 단계가 모두 그렇듯이 그 과정은 골치 아플 수 있고, 어두운 터널처럼 느껴지는 순간도 있다.

하지만 미래의 내가 든든한 안내자가 될 것이다. 그 길을 가는 과정에서 현재의 내가 실수를 하더라도, 미래의 나는 동정심을 느끼며 괜찮다고 할 것이다. 확실히 미래의 나는 현재의 나보다 훨씬 더 지혜롭고 현명한 관점을 지닌다.

앞에서 미래의 나에 대한 위협 요인과 진실을 배웠다. 지금 당장 미래의 내가 되는 구체적인 단계에 돌입할 준비가 되었다.

더는 머뭇거릴 시간이 없다.

미래의 당신이 지금, 당신을 기다리고 있다.

단계 1

현실에 맞는 목표를
명확하게 세워라

"세렌디의 절정은 단순함이다."
_클레어 부스 루스 *Clare Boothe Luce*[4]

당신이 목표에 대한
이미지를 명확하게
그릴 때 목표는
과정을 스스로 만든다

강제 수용소에 수용된 빅터 프랭클은 동료 수용자들에게 기대할 수 있는 목표를 제시해, 그들이 내적 힘을 얻도록 도왔다.[5] 그렇게 해서 그들이 온전한 정신을 유지하고 희망을 잃지 않게 하려던 것이다.

프랭클은 수용자들이 삶의 숭고한 목적을 찾도록 도운 게 아니었다. 그보다는 눈앞의 현실에서 기대할 수 있는 구체적인 목표나 목적을 명확하게 정하도록 도왔다. 수용자들에게는 강제 수용소라는 현실에 맞는 목적이 필요했다.

프랭클에게 수용소에서 살아남는다는 건 《의사와 정신》을 다시 쓸 수 있다는 의미였다. 그것이 그의 목적이었다. 이렇게 매우 구체적인 목적이 삶에 의미를 주었고, 고통을 견디게 해주었다. 프랭클은 미래의 나에게 생존할 힘을 준 것이다.

수용소에서 해방된 후 《의사와 정신》이 출간되면서 프랭클의 목적은 새로운 삶의 의미를 주는 다른 것으로 바뀌었다.

미래를 구체적으로 상상하는 게 쉽지 않지만, 그래도 많은 사람이 평생을 살아가며 인생의 중요한 목적을 찾으려고 시도한다. 마침내 그 목적을 찾을 때 진정한 자신의 모습으로 살게 된다. 그러면 삶은 평온해지고 의미를 지닌다.

당신이 궁극적으로 바라는 모습과 삶을 명확하게 정해야 한다. 하지만 가치관과 관점, 상황이 변한다는 사실에 열린 마음을 갖는 것도 중요하다. 미래의 나는 세상을 지금과는 다르게 볼 것이다. 몇 년 후 미래의 나는 지금과는 다른 관점을 갖게 될 것이고, 다른 목표를 추구할 가능성이 있다.

따라서 삶의 목적을 하나로 규정하지 말고, 프랭클의 지혜를 본받아야 한다. 현실에 맞는 목표를 정하라. '지금 당장' 할 수 있는 가장 중요한 일을 목표로 정해야 한다.

이 목표는 10년 이내 성취할 수 있는 일이어야 한다.

어쩌면 5년이라는 시간도 길지 모르니 그보다 더 빨리 성취할 수 있는 목표를 세우는 게 좋다.

잡스의 중요한 목표는 세상을 바꾸는 것이었다. 하지만 당장 눈앞에 있는 현실적인 목표는 아이팟을 제대로 만들어 출시하는 일이었다. 그 목표에 집중해 과업을 완수하면 그다음 목표에 초점을 맞췄다.

현재 상황을 고려해볼 때, 지금 당장 달성할 수 있는 가장 중요한 일은 무엇인가?

그다음 단계에 어떤 일을 달성하면 놀랍고 짜릿하겠는가?

미래의 내가 되는 1단계, 즉 현실에 맞는 목표를 명확하게 세우는 일에는 다음 세 가지가 포함된다.

1. 장기적인 미래의 나와 연결하라.
2. 우선순위 세 가지를 정해 현실에 맞는 목표를 명확하게 세워라.
3. 세 가지 우선순위를 토대로 12개월 목표를 세워라.

장기적인 미래의 나와 연결하는 것이 현재 올바른 결정을 내리는 데 필수적이다. 미래의 나를 더 크게 상상하고 그 모습과 더 밀접하게 연결되어야 한다. 그래야 더 많은 정보를 활용해 전략적으로 행동할 수 있다. 물론 미래의 나는 상황에 적응하며 변화하겠지만, 그런 변화가 현재의 나와 미래의 나의 단절은 아니다.

장기적인 미래의 나와 연결했다면, 그다음 단계는 지금 달성할 수 있는 가장 중요한 목표를 명확히 세우는 것이다. 이것이 현실에 맞는 목표다.

일련의 목표를 검토한 다음, 지금 현실에 맞는 목표를 정하라. 이 목표는 현재의 나와 미래의 나에게 가장 중요하다고 생각되는 우선순위여야 한다. 하지만 사람들은 대부분 명확한 우선순위가 없다는 게 문제다.

대표적인 경영서 《좋은 기업을 넘어 위대한 기업으로》에서 저자 짐 콜린스Jim Collins는 다수의 좋은 기업과 특별한 성공을 거둔 소수의 기업 사이의 차이점을 설명했다. 콜린스는 다수의 기업과 개인이 너무 많은 목표를 가지고 있다는 점에 주목했다. 그들은 하나에 집중하지 못하고 동시에 여러 일을 벌인다.

가장 탁월한 수준으로 성공하는 기업은 3개를 초과하는 목표를 추구하지 않는다. 콜린스는 이렇게 말했다.

3개를 초과하는 목표를 추구하면 아무것도 얻지 못한다.[6]

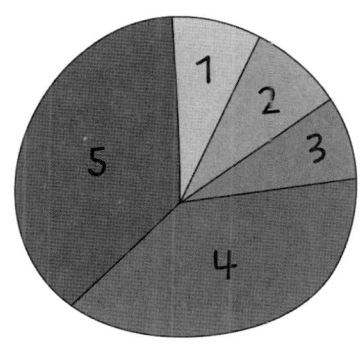

"3개를 초과하는
목표를 추구하면
아무것도 얻지 못한다."
-짐 콜린스

비슷비슷한 목표들을 한꺼번에 너무 많이 추구하는 게 모두가 직면한 주요 문제다.

콜린스와 마찬가지로, 지노 위크먼Gino Wickman도 기업 고객이 너무 많은 목표를 추구한다는 사실을 깨달았다. 위크먼은 전 세계 수만 명의 성공한 기업가가 활용하고 있는 기업 운영 시스템 Entrepreneurial Operating System, EOS을 개발했다. 그는 기업가들이 현재 무엇을 하고 있는지 명확하게 보고, 프로세스와 목표를 단순하게 하여 엄청난 견인력을 얻도록 도왔다.

위크먼은 《트릭션》에서 이렇게 말했다.

대부분의 기업이 1년에 너무 많은 목표를 달성하려고 하는 실수를 범한다. 한 번에 모든 것을 다하려고 하면 결국 이루는 것은 거의 없고 좌절하게 된다. 나의 고객 가운데 한 명은 처음 몇 년 동안 많은 목표에 집착했다…. 매년 우리가 목표를 설정하면 그는 더 많은 목표를 추가했다. 그렇게 목표를 세우고 나면, 그해에 달성해야 할 목표가 12~15개가 된다. 아니나 다를까 연말이 되면 달성한 목표가 거의 없고, 결국 팀원들은 좌절감을 느낀다. 3년째 되던 해에 그는 마침내 너무 많은 목표를 달성하려고 했다는 사실을 깨달았다. 그래서 다음 해에는 3개의 목표에만 집중하는 데 의견을 모았다. 회사는 그렇게 했고, 연말에 그들은 목표 3개를 모두 달성하며 매출을 19퍼센트 증가시키고, 5년 만에 최고의 수익을 기록했다.

인생은 정원과 비슷하다. 정원을 잘 관리하지 않으면 여기저기서 잡초가 무성하게 자란다. 너무 많은 목표와 우선순위가 있는 인생도 마찬가지다.

미래의 나를 성장시키려면 미래의 나에 투자해야 한다. 미래의 나에 투자한다는 말은 씨앗을 심고 가꾸어 마침내 열매를 얻는다는 의미다. 어떤 씨앗을 심을지 결정하려면, 먼저 미래의 내가 어떤 열매나 결과를 원하는지부터 결정해야 한다.

미래에 살사소스를 만들어 먹고 싶다면 정원에 토마토와 후추, 양파, 고수를 집중적으로 심어야 한다. 그 자리에 고구마를 심어서는 안 된다.

이때 이런 질문을 하는 게 중요하다. 무엇을 위해 최선의 노력을 다하고 있는가?

미래의 나는 어떤 모습이 되길 원하는가?

10배의 복리효과를 만들어내기 위해 우선순위에 두고 가장 많이 투자해야 하는 영역은 무엇인가? 최대의 보상을 얻으려면 어떤 씨앗을 심어야 하는가 또는 어디에 투자해야 하는가?

예를 들어 미래의 내가 지금보다 훨씬 더 건강해지기를 바란다면 집중해서 투자해야 할 영역은 건강이다. 미래의 내가 불로소득으로 많은 자산을 갖길 원한다면 최우선순위는 재정이다.

미래의 나를 위해 어디에 최선을 다할지는 오직 자신만이 결정할 수 있다.

어떤 씨앗을 심어야 할지 어떤 삶의 모습을 바랄지도 오직 자신만이 결정할 수 있다.

미래의 나를 명확하게 그릴 수 있는 중요한 방법이 또 있다. 세 가지 우선순위를 바탕으로 목표를 정하는 것이다.

당신을 완전히 다른 차원의 삶으로 인도할 우선순위 세 가지는 무엇인가? 이 세 가지 우선순위가 10배의 복리효과를 창출하기 위해 집중적으로 투자해야 할 영역이다. 지금 현시점에서는 이 영역에 가장 중요하게 초점을 맞춰야 한다. 미래에는 우선순위가 달라질 수도 있다.

10대 시절 나의 유일한 목표는 고등학교를 졸업한 다음 선교 활동을 하는 것이었다. 선교 활동 이후의 삶에 대해서는 생각하지 않았다. 하지만 선교 활동이 미래의 나를 위해 내가 할 수 있는 가장 중요한 일이라고 믿었다.

대학에 갈 생각도 하지 않았다.

인생을 어떻게 꾸려나갈지도 계획하지 않았다.

직장에 들어갈 생각도 하지 않았다.

일단 선교 활동에 뛰어들자.

그 일을 무사히 해낸다면, 그다음에 무슨 일을 해야 할지 알 수 있을 것 같았다.

십중팔구 그 목표가 나를 구원했다. 프랭클이 목표 덕분에 살아남은 것처럼 말이다. 10대를 거치면서 나는 수많은 트라우마에 시달리며 혼돈의 시기를 보냈다. 부모님은 뒤도 안 돌아보고 이혼해 버렸고, 아버지는 심각한 마약 중독에 빠져 날마다 전쟁 같은 하루를 보냈다. 평화로운 가정이라는 건 딴 세상 말이었다.

선교 활동이라는 인생의 나침반이 없었다면, 아마 나는 혼돈의 삶 속으로 빨려 들어갔을 것이다. 나는 고등학교 졸업장은 있어야 선교 활동을 할 수 있다는 사실을 알았다. 선교 활동을 목표로 삼았기 때문에 가까스로 고등학교를 졸업했다. 또한 선교사가 되려면 다양한 기준에 도달해야 했다. 그래서 마약이나 다른 함정에 빠져 길을 잃지 않을 수 있었다.

2010년, 22세에 선교 활동을 마치고 집으로 돌아왔을 때, 앞으로 5년 동안 달성할 세 가지 목표를 정했다.

1. 결혼
2. 대학교 졸업
3. 박사 학위 과정 등록

대학 근처도 가보지 않았던 내가 입학하고 싶은 학교는 브리검영대학교였다. 그 대학교는 경쟁이 치열하고, 아이비리그 대학교만큼 들어가기가 어렵다. 하지만 나의 목표는 명확했다. 결국 솔트레이크 커뮤니티 칼리지의 모든 과정에서 A를 받아 브리검영대학교에 입학했다.

입학한 후 두 번째 학기에 로렌을 만났고, 8개월 후 우리는 결혼했다. 나머지 목표인 박사 학위 과정을 밟기 위해 15군데 학교에 지원했지만 탈락했다. 하지만 탈락이 오히려 전화위복이 되었다. 최고의 멘토 네이트 램버트Nate Lambert를 만날 수 있었기 때문이다. 나는 네이트와 함께 20편 가까운 논문을 작성하고 발표했다. 이 경험을 바탕으로 내가 원하는 대학교에 지원했고, 마침내 클렘슨대학교에서 조직심리학 박사과정을 밟게 되었다.

2014년 박사과정에 등록한 후 다시 앞으로 5년 동안 달성할 세 가지 목표를 정했다.

1. 식구를 늘리기
2. 박사과정 마치기
3. 글쓰기를 시작해 전문 작가 되기

클렘슨대학교에서 박사과정을 시작한 직후 나와 로렌은 세 아이의 양부모가 됐다. 그 뒤 3년 동안 우리는 입양 제도 때문에 어려움을 겪었다. 마침내 2018년 2월, 기적적으로 아이들을 정식으로 입양할 수 있었다. 그리고 한 달 후, 여러 해 동안 난임 치료를 받던 로렌은 인공수정으로 쌍둥이 여자아기를 임신했다. 쌍둥이는 2018년 12월에 태어났다.

2015년 초, 박사과정 두 번째 학기에 블로그를 시작했다. 블로그를 시작한 후 2년 동안 수백 개의 글을 작성했고, 수많은 독자를 확보했다. 2017년 1월, 첫 책에 대한 출판 계약을 따냈고, 2018년 3월에 《최고의 변화는 어디서 시작되는가》가 출간됐다. 2019년에는 박사과정을 마치고 두 권의 책을 더 출간하기로 계약했고, 2020년에 《최고의 변화는 어떻게 만들어지는가》와 《누구와 함께 일할 것인가》를 출간했다.

이런 과정을 통해 나는 현재의 순간에 이르렀다. 현재 나와 로렌은 2020년 11월에 태어난 막내 렉스$_{Rex}$까지 6명의 자녀를 두었다. (2024년 기준, 현재 한 명의 아이를 더 입양해 7명의 자녀를 두었다.-편집자) 우리 가족은 올랜도에 살고 있으며, 첫째는 14살, 둘째는 12살, 셋째는 10살이다. (이 책을 집필할 때인 2021년 기준임-편집자)

현재 우리 가족의 목표와 우선순위는 클렘슨대학교에서 박사과정을 시작했던 5년 전과는 달라졌다.

우리는 과거와 똑같은 사람이 아니다.

상황 역시 달라졌다.

5년 전의 목표와 지금의 목표도 당연히 다르다.

최근 나와 로렌은 앞으로 몇 년 동안 우리가 초점을 맞춰야 할 가장 중요한 영역이 어디인지 대화를 나눴다. 그리고 최우선순위를 첫째, 둘째, 셋째 아이에게 두기로 정했다. 지금 10대 시절을 보내고 있는 이 세 아이는 곧 성인이 되기 때문이다.

2021년에 앞으로 5년 동안 달성할 세 가지 목표는 다음과 같다.

1. 가족 - 첫째, 둘째, 셋째 아이에게 최대한 집중하기
2. 책 - 좋은 책을 출판하고 판매량을 늘려 작가로서의 경력 10배 높이기
3. 재정 - 순자산을 10배 늘려 나와 가족을 위한 장기적인 재정 확보하기

이 세 가지가 미래의 나를 위해 최선을 다해야 할 영역이다. 미래의 내가 이 세 가지의 결실을 맺으면 좋겠다. 나는 이 영역에 엄청난 투자를 집중적으로 할 것이다. 그러면 이 영역들의 결실이 쌓이고 쌓여 엄청난 복리를 보장해줄 것이다.

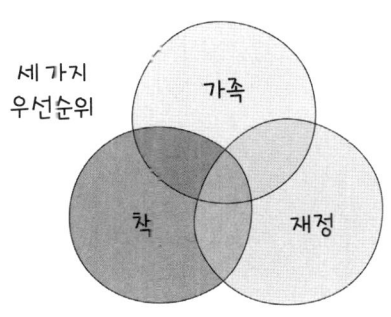

나의 우선순위를 이야기한 건 하나의 사례를 들기 위해서다. 현재 나의 우선순위가 무엇인지 어디에 집중하는지가 중요한 건 아니다.

이제 다음 질문에 직접 대답해보라.

당신의 현재 목적은 무엇인가?

다음 수준으로 도약할 미래의 당신은 어떤 모습인가?

미래의 당신에게 알맞은 환경을 제공할 수 있는가? 비전을 생생하고 자세하게 그릴 수 있는가?

그 비전에 개인적으로 연결되어 있는가? 지금 당장 집중해야 할 가장 중요하고 핵심적인 우선순위 세 가지는 무엇인가? 그 세 가지 우선순위는 앞으로 성취해야 할 가장 중요한 목표에 도움이 되는가? 그 세 가지 우선순위는 가슴이 뛰게 만드는가?

세 가지 우선순위 체크리스트와 추가 자료를 다운로드해 활용하라. (상상스퀘어 출판사 사이트, 도서목록에서 관련 자료를 다운받을 수 있다.)

세 가지 우선순위를 명확하게 정한 다음 각각의 우선순위마다 12개월 목표를 세워라. 이때의 목표는 구체적이고 그 과정을 측정할 수 있어야 한다. 나의 2022년 목표를 소개하겠다.

1. 가족
    a. 2022년에는 매주 수요일, 토요일, 일요일을 쉬는 날로 정해 150일은 일하지 않는다. 그 시간은 가족을 위해 투자해 최고의 경험을 쌓는다.

b. 6주간 유럽으로 여름휴가를 떠난다.

c. 매달 10대 자녀들과 일대일로 시간을 보낸다.

d. 아이들이 좋아하는 스포츠와 관심사에 함께 집중하고 투자한다.

2. 책

a. 《퓨처 셀프》와 《10배 마인드셋》을 출판한다.

b. 지금까지 출간한 모든 책을 합하여 100만 부 이상의 판매량을 기록한다.

c. 2023년에 출간할 책을 대비해 다음 협업 상대를 결정한다.

3. 재정

a. 경제적 자유를 얻는다. 자산이 스스로 증식할 정도의 부를 모아 부유한 삶을 살아간다.

세 가지 우선순위를 명확하게 정했는가? 그렇다면 이제 각각의 우선순위마다 12개월 안에 달성할 구체적인 목표를 세워라. 가장 중요한 순서대로 목표를 적어라. 12개월 안에 달성할 목표 중 어떤 목표가 미래의 나에게 장기적으로 가장 큰 영향을 미치는가?

2022년 세 가지 목표의 순위는 이렇다.

1. 연결성, 회복, 함께함, 느린 삶을 위해 가족과 함께하는 150일의 쉬는 날
2. 책 두 권 출판
3. 경제적 자유에 도달

12개월 안에 달성할 목표 세 가지의 순위를 매겼다면, 다음 질문을 스스로에게 해보라. 12개월 동안 10배 수준으로 해낼 수 있는 목표는 무엇인가?

목표가 과정을 결정한다. 희망이 있다면 자연스럽게 길을 찾기 위해 생각하게 된다. 목표를 10배 높게 세우면, 현재의 과정이나 방식을 다시 검토해야 한다.

댄 설리번은 "10배를 기준으로 삼으면 다른 사람이 하고 있는 일을 건너뛰는 방법이 즉시 보인다"라고 말했다. 예를 들어 2022년 재정 목표를 10배 높게 세운다면, 현재의 계획과 방식을 대대적으로 조정해야 한다. 분명히 현재의 계획과 방식으로는 10배의 목표에 도달할 수 없을 테니 말이다. 따라서 어떤 영역에서든 10배의 성과를 내겠다고 결심하면, 훨씬 더 강력한 해법이나 직접적인 방법을 찾거나 아니면 직접 만들어내야 한다. 물론 시행착오도 있다. 하지만 미래의 나는 일주일만 지나도 이번 주에 내가 아는 것보다 더 많은 방법을 알게 된다. 10배의 성과를 올리려면 집중과 단순함이 필수다.

12개월 안에 달성할 목표 중 어떤 목표가 10배 수준으로 도약하

는 데 가장 도움이 되는가?

　미래의 내가 되는 1단계는 현실적인 목표를 명확하게 세우는 것이다. 미래의 나를 명확하게 정하고 현실적인 목표를 세웠다면 2단계로 진입하자. 2단계는 목표와 우선순위를 방해하는 모든 요소를 제거하는 것이다.

단계

2

덜 중요한
목표들을 제거하라

"우리는 장애물을 만나 목표에서 멀어지는 게 아니다.
눈앞에 보이는 덜 중요한 목표를 추구하다가 진정한 목표에서 멀어진다."

_로버트 브롤트

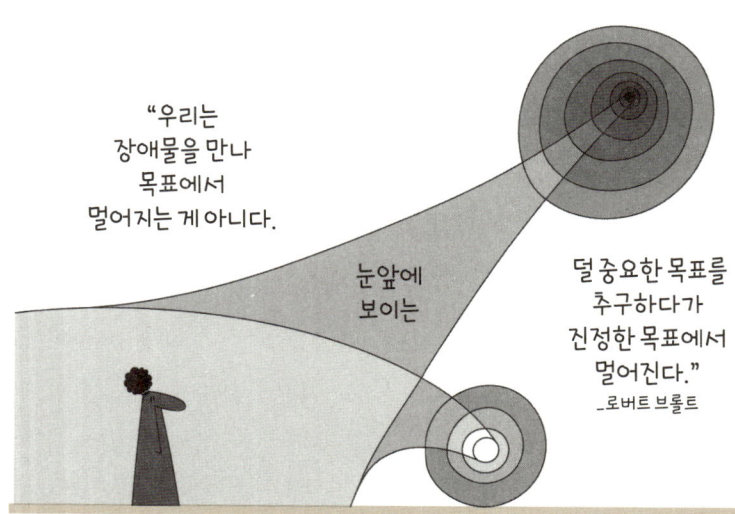

1975년 영국에 한 소년이 있었다. 소년은 만화책을 집어삼킬 듯이 읽으며 어디를 가든 항상 책을 들고 다녔다. 그는 미래의 내가 달성해야 할 목표들을 적었다. '성인 소설 쓰기, 아동서 쓰기, 만화책 쓰기, 영화 각본 쓰기, 오디오 책 만들기, 〈닥터후 Doctor Who〉 시리즈 작가 되기….'

이 소년은 바로 닐 게이먼 Neil Gaiman으로, 그는 성장하면서 목표도 많아졌는데 주로 소설을 쓰는 작가가 되고 싶었다. 훌륭한 책과 재미있는 만화책을 쓰면서 글로 먹고살고 싶었다.

게이먼이 목표를 달성하기 위해 사용한 전략은 미래의 나를 멀리 있는 산으로 보고, 그 산을 향해 가고 있다고 상상한 것이다. 어떤 기회가 나타날 때마다 스스로에게 질문했다. "이 일로 내가 산에서 멀어질까 가까워질까?"

아무리 특별하고 좋은 기회가 생겨도 그 일이 산에 더 가까워지게 해주지 않으면 게이먼은 "No"라고 말했다.

그는 2012년 졸업 연설에서 이렇게 말했다.

내가 산을 향해 계속 걸어가는 한 성공할 거라는 걸 알고 있습니다. 그리고 무엇을 해야 할지 확신이 서지 않는다면, 잠시 멈춰서 그 일로 내가 산에서 멀어지는지 가까워지는지 생각해 볼 수 있습니다. 나는 잡지사의 편집자나 괜찮은 월급을 받는 일자리를 거절했습니다. 그런 일들이 매력적이긴 하지만, 그 일을 하다 보면 산에서 멀어지게 될 게 뻔했으니까요. 아마 그런 일자리 제안을 더 일찍 받았다면 했을 수도 있습니다. 그때는 그 일로 산에 가까워질 수 있었을 테니 말입니다.

게이먼의 산 전략은 효과가 있었다. 그는 세상에서 가장 유명한 소설가 중 한 사람이자 성인 만화의 선구자가 됐다. 그리고 휴고상과 네뷸러상, 브램스토커상에 더해 뉴베리상과 카네기상까지 받았다.

게이먼은 자신이 정한 산보다 더 멀리 갔다. 그래서 자신이 바라던 미래의 나, 아니 그 이상이 됐다. 게이먼의 미래의 나는 계속 성장한다. 그는 목표에 초점을 맞추고, 그 과정에서 방해가 되는 일과 덜 중요한 목표를 제거함으로써 산에 도달했다.

지금 이 순간, 당신은 무엇에 가장 전념하는가? 그것은 결과로 나타난다. 무엇에 전념하는지 알고 싶다면 자신의 행동을 관찰하는 게 가장 빠르다. 어떤 프로젝트를 진행하려고 하지만 다른 일 때문에 정신이 계속 산만해진다면, 그 다른 일에 전념하고 있는 것이다. 그 순간에는 그 다른 일이 더 중요한 목표다.

멋진 은퇴 생활을 준비하는 데 전념한다고 말하면서 월급을 펑펑 쓰며 소비를 즐긴다면, 노후 대비를 위한 투자가 아니라 소비에 전념하고 있는 것이다.

본격적으로 부업을 시작해보겠다고 하면서 여가 시간이 생기면 소셜미디어를 하거나 친구를 만난다면, 그 행동은 소셜미디어나 친구에 전념하는 것이지 부업에 전념하는 게 아니다.

게이먼은 편집자가 되기를 'No' 했을 때 자신이 산에 전념하고 있음을 분명히 보여주었다. 행동은 미래의 나에 대한 시각을 고스란히 드러낸다. 행동을 보면 무엇에 전념하고 있는지 알 수 있으며, 전념하고 있는 일은 결과로 나타난다.

짐 데스머, 다이애나 채드먼, 칼리 클렘프는 이렇게 말했다.

전념은 '현재' 무엇을 하는지에 대한 진술이다. 무엇에 전념하고 있는지는 말이 아니라 결과르 알 수 있다. 우리는 모두 무언가에 전념하며 결과를 만들고 있다. 그 결과가 전념의 증거다.'

현재의 삶과 습관, 결과에 전념하고 있는가? 지금은 이 책을 읽고 있다. 이 책을 읽고 있다는 것은 더 나은 결과를 원한다는 증거다. 당신은 새로운 일에 전념하기를 원한다.

구체적인 목표를 명확하게 정했는가? 그렇다면 이제 자신에게 이런 질문을 해보라. 현재 가지고 있는 것을 포기할 만큼 충분히 전념할 수 있는가?

당신이 새롭고 더 나은 일에 제대로 전념한다면, 현재 하는 일 대부분을 중단할 것이다.

미래의 내가 되는 2단계는 덜 중요한 목표들을 제거해 인생을 단순하게 만드는 것이다. 순간순간 우리는 둘 중 하나를 골라야 한다. 산에 전념할지 아니면 덜 중요한 목표에 굴복할지 말이다.

덜 중요한 목표에는 이머 일이나 소셜미디어를 확인하는 일부터

디저트를 먹는 일까지 수없이 많다. 무언가 새로운 일을 해야겠다는 생각은 하지만, 하던 일을 중단하지 못하는 행동도 덜 중요한 목표에 매달리는 것이다.

미래의 나로 이끌지 않는 모든 일은 덜 중요한 목표다.

고인이 된 전 하버드대학교 경영대 교수 클레이튼 크리스텐슨 Clayton Christensen은 "98퍼센트 전념하는 것보다 100퍼센트 전념하는 게 더 쉽다"라고 말했다. 100퍼센트 전념하는 게 더 쉬운 이유는 일단 전념하면 내적인 충돌이 사라지기 때문이다. 완전히 전념한 상태에서는 결정 피로가 사라지고 덜 중요한 목표를 제거한다.

전념에는 경계심이 필요하다. 덜 중요한 목표가 수시로 고개를 들기 때문이다.

종종 우리는 습관대로 행동하거나 기존의 인간관계를 유지하는 데 신경 쓴다. 전념하는 게 두렵기 때문이다. 어떤 일에 전념했는데도 결과가 좋지 않을까 봐 두려운 것이다. 그래서 눈앞에 명확히 보이는 덜 중요한 목표를 제거하기보다 그냥 하던 일을 계속한다.

동기부여 측면에서 덜 중요한 목표를 추구하는 일은 다 그럴 만한 이유가 있다. 동기가 생기려면 합당한 결과 또는 보상이 보장되어야 하고, 그 결과를 달성할 방법과 자신감이 있어야 한다.[8] 그런 면에서 덜 중요한 목표는 강력한 동기를 부여한다. 쉽기 때문이다. 덜 중요한 목표는 빨리 보상을 안겨주며 도파민이 샘솟게 한다. 그래서 우리가 진정한 목표보다 덜 중요한 목표에 더 전념하는지도 모른다.

덜 중요한 목표는 인생이라는 정원에서 마구 자라는 잡초나 마찬가지다. 덜 중요한 목표를 추구할 때마다 정원에 잡초를 심는 셈이다. 무엇을 심든 그대로 결과가 나온다.

당신의 정원은 무엇을 생산하고 있는가? 당신의 정원은 미래의 나를 만드는 일에 최적화되어 있는가, 아니면 잡초가 무성한 혼돈의 상태인가?

미래의 내가 되는 1단계에서는 현실에 맞는 목표를 명확히 해 세 가지 우선순위를 정했다. 그리고 각각의 우선순위에 대해 구체적인 방법과 측정할 수 있는 과정을 계획했다. 도달해야 하는 산이 무엇인지 정하고 인생이라는 정원을 그려보았다.

이렇게 생생하게 그려본 모습이 당신이 원하는 미래일 것이다. 그 생생한 미래가 빅터 프랭클이 말한 삶의 의미를 주는 목적이다.

미래의 나를 실현하려면 자신의 목적에 100퍼센트 전념해야 한다. 목적과 정체성은 서로 연결되어 있으며 가장 전념하고 있는 데 정체성이 있다. 목적이 무엇이냐에 따라 정체성이 달라진다.

미래의 내가 되는 2단계는 덜 중요한 목표에 전념하지 않는 것이다. 이 덜 중요한 목표들은 현재의 삶에 깊이 뿌리내리고 있기 때문에 일상생활에서 순간순간 내리는 결정에 많은 영향을 미친다.

덜 중요한 목표가 삶에 깊이 뿌리내리고 있다는 말은 그 목표가 기존의 습관과 행동, 인간관계와 관련 있다는 의미다. 그런 습관이나 일상적인 일들이 중요한 목표를 추구하는 것을 방해한다.

덜 중요한 목표는 무엇인가?

중요한 목표를 방해하는 일상적인 일들은 주로 무엇인가?

세 가지 우선순위에 들어가지 않는 것은 무엇인가?

미래의 나는 'No'라고 말할 일에, 현재의 내가 'Yes'라고 말하는 것은 무엇인가?

목표에서 멀어지게 만드는데도 불구하고 계속 전념하고 투자하는 일은 무엇인가?

가혹할 정도로 정직하게 평가해야 한다.

행동은 당신이 무엇에 전념하고 있는지 분명히 보여준다. 매 순간 우리는 진정한 목적을 추구하는 삶을 살지, 덜 중요한 목표에 굴복할지 선택해야 한다.

덜 중요한 목표를 제거하는 일은 지속적인 과정이다. 작가인 나는 매일 매 순간 책을 쓸지 다른 일을 할지 선택의 순간에 직면한다. 인생은 고정된 게 아니라 역동적이다. 거의 매 순간 우리 앞에는 다양한 선택지가 펼쳐진다. 정신을 빼앗는 일이나 다른 사람의 의견, 내적 갈등이 삶에서 계속 고개를 든다. 따라서 그때마다 어떤 게 최선의 결정인지 깨달으려면 마음챙김과 분별력이 필요하다.

예를 들어 아이가 다쳤거나 응급 상황이라면 당연히 병원에 가야 한다. 이때는 가야 할 곳이 명확하다. 하지만 게이먼처럼 가야 할 산이 구체적으로 있는 게 아니라면, 가야 할 길이 명확하지 않을 수 있다.

명확한 우선순위를 세우고 구체적인 목표에 전념해야만 처한 상황에서 어떤 게 최선인지 분별할 수 있다.

완벽함은 더는 추가할 게 없는
상태가 아니다

" 〇 "

완벽함은 더는 제거할 게
없는 상태다

이 일을 하면 목표에 가까워지는가?

이 방법이 가장 효과적인가? 이 질문의 대답이 'No'라면 목표에 다시 초점을 맞춰야 한다. 혹시 길을 잃고 덜 중요한 목표를 추구하고 있는가? 그렇다면 신속하게 목표에 다시 전념하라.

프랑스의 작가이자 시인 앙투안 드 생텍쥐페리Antoine de Saint-Exupery는 이렇게 말했다.

완벽함은 더는 추가할 게 없을 때가 아니라 더는 뺄 게 없을 때 이루어진다.

당장 제거할 수 있는 덜 중요한 목표는 무엇인가?

매일 매 순간 목표가 충돌하는 상황에 직면하게 된다. 그럴 때 어떻게 하겠는가?

당신의 행동은 무엇에 진심으로 전념하고 있는지 보여준다.

미래의 내가 되는 2단계는 덜 중요한 목표를 제거하는 것이다. 이것이야말로 지금 당장 미래의 내가 되는 기본 단계다.

단계

3

필요에서 열망으로, 열망에서 앎으로 나아가라

"하든지 말든지 해.
그냥 한번 해보는 건 없어."
_〈스타워즈〉 요다의 말 중에서

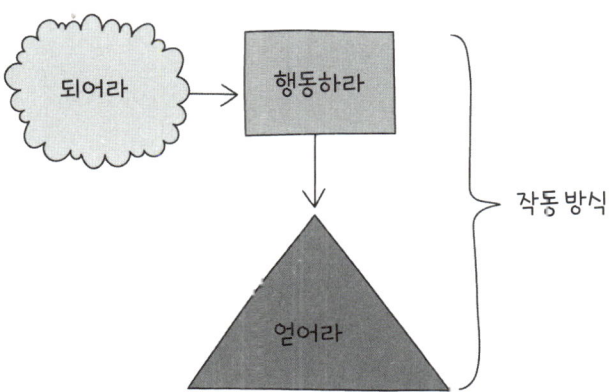

데이비드 호킨스는 '의식 지도map of consciousness'라는 것을 고안했다.[9] 이 지도는 수치, 공포, 분노 등 낮은 수준의 감정에서 용기, 수용, 사랑, 깨달음 등 높은 수준의 감정까지 발전하는 단계를 보여준다.

호킨스의 의식 지도에 있는 상위 수준의 감정을 더 잘 느낄수록 자신이 원하는 삶을 만들기가 더 쉬워진다. 반대로 하위 수준의 감정을 더 많이 느낀다면, 삶은 마찰, 저항, 고통이 가득할 것이다. 하위 수준에서 상위 수준으로 올라가는 것은 필요에서 열망으로, 열망에서 앎으로 발전하는 과정이다.

당신이 무언가 필요하다고 생각하면, 그것에 대해 건강하지 않은 애착이 있는 것이다. 필요는 심한 결핍을 암시한다. 따라서 무언가 필요하면, 그것이 충족되기 전에는 온전한 삶을 살지 못하거나 행복하지 않다.

열망이 필요보다 더 건강한 정신 상태다. 하지만 열망 역시 결핍된 상태다. 무언가 원한다는 것은 그것을 갖지 못했다는 뜻이기 때문이다.

앎은 열망보다 더 높은 수준이다. 앎은 자신이 원하는 것을 이미 가지고 있다는 사실을 받아들이는 것이다. 그러면 인생은 수용, 평화, 감사의 삶이 된다. 20세기 초의 작가이자 신비주의자 플로렌스 쉰은 "믿음이란 이미 받았음을 알고 그에 따라 행동하는 것이다"라고 말했다.[10]

이와 비슷하게 영화배우 덴젤 워싱턴Denzel Washington도 "무언가 좋은 것을 마음속으로 간절히 바라는 것은 이미 그것이 당신의 것임을 알려주려고 신이 보낸 증거다"라고 말했다.

원하는 것이 이기 당신 것임을 알면 그것을 몰랐을 때와는 다르게 행동한다. 실적을 올릴 것을 아는 세일즈맨은 실적을 올리기를 원하는 세일즈맨과 다르게 행동하지 않겠는가?

내일 아침에 일어나 체육관에 갈 거라는 걸 아는 사람은 그저 그렇게 하기를 원하는 사람과는 분명히 다르다. 앎은 내적 경험이자 수용이다.

눈을 감고 미래의 나를 구체적이고 자세하게 상상해보라. 원하는 곳에 있는 자신의 모습을 생생하게 그려보라. 어떤 집에서 살고 있는가? 사랑하는 사람과 함께 벽난로 앞에 아늑하게 앉아 있는가? 일정한 속도로 마라톤을 완주했는가?

당신이 원하는 바가 이미 당신 것임을 알아야 한다. 그 사실을 마음 깊이 받아들여라. 원하는 것을 가질 수 있는지 신께 기도해 물어봐도 좋다. 그리고 평화가 정신에 깃들 때까지 기다려라. 평화와 미소를 느껴보고 미래의 모습에 대해 진정한 감사를 표하라.

작가이자 교육자인 조 디스펜자Joe Dispenza는 이렇게 말했다.

감사는 무언가를 받기 위해 사용할 수 있는 강력한 감정이다. 보통 우리는 무언가를 받은 다음에 감사함을 느낀다. 감사라는 감정에는 감사한 일이 이미 일어났다는 신호가 들어 있다. 따라서 감사하거나 고마움을 느낀다는 것은 궁극적으로 받은 상태에 있음을 의미한다. 감사함을 나타낼 때 무의식은 미래의 현실이 지금 이 순간에 나타났다고 믿기 시작한다. 미래에 느낄 감사함을 지금 느껴야 한다. 이것은 이성적인 과정이 아니라 본능적인 과정이다. 당신이 마땅히 받을 자격이 된다고 생각하는 것은 무엇인가? 원하는 것을 받기 전에 이미 받았다는 감정을 무의식에 알려줄 수 있을까? 원하는 것을 받으려면, 지금 미리 감사를 나타낼 수 있어야 한다.

사람들이 원하는 것을 얻지 못하는 주된 이유는 자신이 그것을 얻을 자격이 없다고 느끼기 때문이다. 머리로는 목표를 상상할 수 있을지 몰라도 감정이 목표를 실현하는 일을 방해한다.
미래의 나를 믿지 않는다.
풍요로움이 자신의 것이 될 수 있다고 생각하지 않는다.
제약에 갇혀 자신이 바라는 미래를 감정적으로 거부한다.
나폴레온 힐Napoleon Hill은 "마음이 상상하고 '믿는' 것은 무엇이든 이룰 수 있다"라고 말했다. 그리고 "갖지 못한 것을 청하는 기도가 아니라 이미 받은 축복에 감사하는 기도를 한다면, 원하는 것을 더 빨리 얻을 것이다"라고 했다.[11]
감사의 힘은 이미 일어난 일에 감사를 표현하는 데 있다. 미래에 받고자 하는 것에 미리 감사함을 나타내면, 그 힘은 극적으로 강력해져서 열망에서 앎으로 나아가게 된다.
무언가를 진심으로 원할 때, 그것이 이미 나의 것임을 알게 될 때까지 명상하고 이루어진 것처럼 상상하고 기도한다. 예를 들어 눈을 감고 가족과 함께 살고 싶은 집을 그려보면서, 이미 그 집을 가지고 있다고 생각하며, 숨을 깊이 들이마신 다음 꿈이 실현된 사실에 감사하고 숨을 부드럽게 내쉰다. 그렇게 나는 수용을 들이마시고 감사를 내쉰다. 이는 내가 원하는 것이 이미 나의 것이 됐다는 완벽한 수용이다.

그러면 완전히 평화로운 상태가 되며 결핍이 전혀 없다.

오직 감사와 수용만 있다.

《위대한 생각의 힘》이라는 고전에서 저자 제임스 알렌James Allen은 "사람은 자신이 원하는 것을 끌어당기는 게 아니라 이미 자신의 모습이라고 생각하는 것을 끌어당긴다"라고 썼다.[12]

이런 이유로 앎과 수용의 상태에 도달하는 게 대단히 중요하다. 그래서 당신은 지금 미래의 내가 되어야 한다.

정체성에 따라 행동이 달라진다. '정체성'은 '개인의 흔들리지 않는 가치관과 믿음으로 구성된, 자아에 대한 체계적인 개념'이라고 정의된다.[13]

정체성은 지금 당신이 가장 전념하는 데 있다. 정체성을 미래의 나와 일치시키고 그 모습을 진짜로 받아들이면, 미래의 내가 된 상태로 행동하게 된다. 스티븐 코비는 "알면서 행하지 않으면 정말로 아는 게 아니다"라고 말했다.[14]

알면 행동하게 된다.

알면서 행동하지 않으면 아는 게 아니다.

플로렌스 쉰의 말을 다시 생각해보자. "믿음이란 이미 받았음을

'알고' 그에 따라 '행동하는' 것이다." 믿음은 앎이고, 앎은 그와 일치하는 발전적인 행동으로 자연스럽게 이어진다.

미래의 나로 향하는 작은 행동 하나하나가 전념과 앎의 수준을 한층 더 높여준다. 그런 행동 하나하나가 믿음의 증거다.

미래의 나에게 한 걸음 한 걸음 다가가는 모든 행동을 통해 지금 미래의 내가 되어간다.

되고자 하는 사람이 될 거라는 걸 알고 그 모습으로 살아가라. 이것이 원하는 삶을 얻는 길이다. 지그 지글러는 "먼저 행동하는 사람이 '되어야' 행동할 수 있고, '행동해야' 얻을 수 있다"라고 말했다. 이는 대부분의 사람이 목표에 접근하는 방식과 정반대다. 그리고 원하는 삶을 사는 사람이 왜 그렇게 드문지도 보여주는 말이다. 일반적으로 사람들은 먼저 얻어야 행동할 수 있고, 그다음에 원하

"알면서 행하지 않으면 정말로 아는 게 아니다."
_스티븐 코비

는 모습이 될 수 있다고 믿는다.

당신의 목표가 사업가라고 해보자. 그러던 먼저 자금을 모으거나 기발한 아이디어가 있어야 한다고 생각할 수 있다. 그래야 원하는 것을 할 수 있고, 마침내 원하는 모습이 될 거라고 믿을지 모른다.

무언가를 먼저 얻어야 한다고 생각하면, 덜 중요한 목표만 추구하는 끝이 보이지 않는 길로 들어서게 된다. 그 길에서는 원하는 곳으로 결코 가지 못한다.

예를 들어보자. 은퇴하고 봉사하는 삶을 살기를 간절히 원하는 친구가 있다. 하지만 그는 먼저 특정 자격이나 자금, 경험을 갖춰야 한다고 믿는다. 그래서 지금 미래의 내가 되기보다 자격을 갖추느라 수십 년을 허비한다.

지금 당장 미래의 내가 될 수 있다는 사실을 깨닫지 못하는 것이다. 만약 그가 미래의 내가 될 것이라는 사실을 알고, 지금 그 모습이 된다면 어떻게 될까? 그러면 현재의 나라는 제약에서 벗어나 미래의 나로서 행동하게 될 것이다.

원하는 것이 이미 당신 것임을 알고 받아들여라. 그러면 당신의 목표는 '종착지'가 아니라 '출발선'이 된다. 이미 성공했다고 생각하면, 미래의 나라는 위치에서 생각하고 행동한다. 목표를 달성하려고 행동하는 게 아니라 목표를 달성했다고 생각하며 행동하기 때문에 훨씬 더 효과적이고 강력한 행동을 할 수 있다.

행동은 정체성에서 비롯된다. 정체성의 뿌리가 미래의 나에 있지 않고 현재 전념하고 있는 일에 있다면 어떨까? 그러면 목표 달성에 도움이 안 되는 엉뚱한 행동만 하게 될 것이다. 미래의 나를 실현하는 유일한 방법은 지금 미래의 내가 '되는' 것이다.

먼저 미래의 내가 돼라. 그다음 미래의 나로 행동하라. 그리고 나서 원하는 것을 얻어라.

진정한 미래의 나를 받아들이고 그 모습이 이미 당신의 모습이라는 사실을 알면, 목표와 일치한 행동을 하게 된다. 환경은 즉시 달라질 것이고, 전에는 보지 못한 것을 볼 것이다. 그리고 목표와 상관없는 행동을 더는 하지 않을 것이다.

여기까지 왔다면 이제 4단계로 진입할 순간이다. 4단계는 앎의 상태에 있는 당신이 원하는 것을 정확하게 요구하는 단계다. 이 단계에서 목표에 도달하는 길과 목표 달성에 도움이 되는 인간관계를 발견할 것이다. 윌리엄 허친슨 머리William Hutchinson Murray는 이렇게 말했다.

전념하기 전에는 계속 망설이며 뒤로 물러날 기회만 엿본다. 그런 상황에서는 비효율성이 가득하다. 주도적이고 창의적인 행동에 관해서는 한 가지 기본적인 진리가 있다. 완전히 전념하는 순간 신의 섭리도 함께 움직인다는 사실이다. 이 사실을 모르면 수많은 아이디어와 멋진 계획들을 망치게 된다. 전념하는 순간, 전념하지 않았다면 일어나지 않았을 온갖 일이 일어나 도와준다. 그 일들의 시작은 전념하기로 한 결정이었다. 전념하기 시작하면서 꿈도 꾸지 못했던 뜻밖의 사건과 만남, 물질적 지원이 자신에게 유리하게 작용한다.

단계

4

원하는 것을 정확하게 요구하라

"구하라, 그러면 너희에게 주실 것이요….
두드리라, 그러면 너희에게 열릴 것이니"
_마태복음 7장 7~8절, 《킹제임스성경》

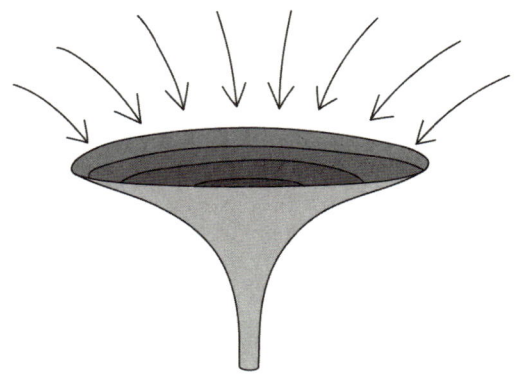

요구하라,
그러면 받을 것이다

어맨다 파머Amanda Palmer는 대학 졸업 후 5년 동안, 낮에는 살아 있는 조각상으로 거리 예술을 하며 살았다. 피부에 흰색 칠을 하고 흰색 옷을 입고서 광장에 상자 하나를 놓고 그 위에 서 있었다. 그의 발 앞에는 모자가 뒤집혀서 놓여 있었다.

누군가가 모자에 1달러를 넣으면 그 사람과 눈을 맞추고 흰색 꽃을 건네주었다.

밤에는 2인조 그룹 드레스덴 돌스Dresden Dolls로 활동하며 피아니스트이자 작곡가로 거리 공연을 했다. 그의 음악이 인기를 얻으면서 살아 있는 조각상을 그만해도 될 정도로 충분한 돈을 벌었다. 드레스덴 돌스로 활발하게 공연을 하러 다니면서도 파머는 거리에서 낯선 사람과 눈을 맞추던서 느꼈던 직접적인 접촉을 계속하고 싶었다.

공연이 끝나면 드레스덴 돌스는 팬에게 사인을 해주고 사진을 함께 찍었다. 또한 트위터를 주로 사용해 팬들에게 부탁하는 예술을 펼쳤다. 파머는 테드 강연에서 '부탁하는 예술The Art of Asking'에 대해 말했다.

트위터에 피아노 연습을 해야 한다는 글을 올리면, 1시간 후 나는 한 팬의 집에 가 있습니다. 그러면 사람들은 집에서 만든 각종 음식을 가져와 우리에게 줍니다. 그 음식을 팬들과 함께 먹죠. 우리는 공연을 하다가 앙코르 공연을 하기도 합니다. 내가 마지막으로 앙코르 공연을 하겠다고 하면, 박물관이나 상점, 광장에 있는 팬들이 손을 흔들어줍니다. 한번은 트위터에 "멜버른에서 코 세정기를 살 수 있는 곳이 어디죠?"라고 물었습니다. 그러자 병원에서 근무하는 간호사가 내가 있는 카페로 바로 운전을 해서 오더군요. 나는 그 간호사에게 스무디를 사줬고, 우리는 함께 앉아 간호직 업무와 죽음에 관한 대화를 나눴습니다.

하지만 파머의 부탁은 무작정 호의를 요청하는 것과는 매우 달랐다. 드레스덴 돌스의 인기가 점점 높아지자 대형 음반회사가 계약을 제안했다. 드레스덴 돌스는 계약에 사인하고 앨범을 출시했지만, 2만 5000장이 팔리는 데 그쳤다. 회사는 앨범 출시가 실패했다고 생각했다.

어느 날 밤 공연이 끝난 후 파머는 팬들에게 사인을 해주며 그들을 껴안았다. 그때 한 남자가 다가와 10달러짜리 지폐를 건네며 말했다. "미안해요. 친구에게 당신 CD를 빌려 복사했어요. 당신의 블로그를 읽고, 당신이 음반회사를 별로 안 좋아한다는 걸 알았어요. 그래서 이 돈을 당신에게 주고 싶어요."

사람들은 파머의 음악을 듣고 계속 그에게 돈을 주었다. 파머는 중개업체를 두지 않고, 자금을 지원하는 사람들과 직접 접촉했다. 그리고 그때부터 음악을 무료로 제공하기로 했다. 또한 도움이 필요할 때마다 사람들에게 직접 요청하겠다고 결심했다.

파머는 음반회사와의 계약을 파기하고, 새로운 밴드 그랜드 세프트 오케스트라Grand Theft Orchestra를 결성해 크라우드펀딩을 시작했다.

목표 금액은 10만 달러였습니다. 그런데 팬들의 지원으로 거의 120만 달러가 모였죠. 음반 제작을 위한 크라우드펀딩으로는 최대 규모의 금액이었습니다. 얼마나 많은 사람이 참여했을까요? 거의 2만 5000명이 크라우드펀딩에 참여했습니다.

파머는 부끄러워 하지 말고 요청하라고 권한다.
우리는 서로 믿고 주고받는 방법을 배워야 한다.
파머는 이렇게 말하며 테드 강연을 마쳤다.

사람들은 잘못된 질문에 사로잡혀 있는 것 같습니다. "어떻게 하면 사람들이 돈을 주고 음악을 사게 할까?"라고 질문하죠. 하지만 "어떻게 하면 음악에 돈을 낼 환경을 만들 수 있을까?"라는 질문을 시작하면 어떨까요?

파머는 인생에 필요한 모든 것을 요청함으로써 얻는다.
그레이엄 스테판Graham Stephan은 수백만 명의 구독자를 보유한 금융 정보 전문 유튜버다. 영상이 시작될 때마다 그는 몇 가지 기발한 방법을 사용해 영상을 보는 사람에게 '좋아요'와 구독을 요청한다. 가끔은 그런 요청에 30~60초를 쓰기도 한다. 그의 이야기가 너무 재미있어 팬들은 바로 '좋아요'와 구독을 누른다.

물론 그레이엄이 너무 노골적이라고 비난하며, "영상이 좋으면 '좋아요'와 구독을 요청할 필요가 없다"라고 말하는 사람도 있다.

하지만 틀린 말이다.

그레이엄 채널이 성공한 이유는 영상을 보는 사람들에게 도움을 요청했기 때문이다. 사람들이 그의 영상 중 하나에 '좋아요'를 누를 때마다, 유튜브 알고리즘이 그에게 유리하게 작동되어 영상을 더 많은 사람에게 노출해준다.

그레이엄의 예전 영상들에서는 '좋아요'와 구독을 그렇게 직접적이고 대범하게 요청하지 않았다. '좋아요'와 구독을 눌러달라고 한 마디도 하지 않은 적도 있다. 설령 그런 요구를 하더라도 죄지은 사람처럼 소심하게 말했다. 하지만 시간이 지나면서 그레이엄은 채널을 성공시키는 일에 전념했다. 그는 성공에 대한 두려움을 떨쳐냈다. 미래의 나를 받아들이고 원하는 것을 정확하게 요청했다. 그렇게 직접적으로 요청한 덕분에 채널이 유명해졌고, 그레이엄은 수백만 달러를 벌어들이고 있다.

조슈아 울프 솅크Joshua Wolf Shenk는 《둘의 힘》에서 "원하는 것을 말하고 그것을 한 사람이라도 들으면 발생 고리를 시작할 수 있다"라고 말했다.[15]

19세기 초 미국의 종교 지도자이자 예언자였던 조셉 스미스Joseph Smith는 "신이 지쳐서 당신을 축복할 때까지 조르라"라고 말했다.[16] 조셉은 자신을 돌보지 않고 남을 도울 정도로 자기가 가진 모든 것을 주는 사람이었다. 그의 찬장이 텅 비어 있을 때가 한두 번이 아니었다.

한번은 그의 가족에게 남아 있는 식량이라곤 소량의 옥수수 가루가 전부였다. 그래서 옥수수 가루로 팬케이크처럼 생긴 옥수수 빵을 만들었다. 조셉은 기도를 드렸다. "주여, 우리에게 이 옥수수 빵을 주셔서 감사드립니다. 그리고 간청하옵기를 더 좋은 음식을 우리에게 보내주소서, 아멘."

식사가 끝나기도 전에 누군가가 찾아와 문을 두드렸다. 한 남자가 햄과 밀가루를 가지고 온 것이다. 놀란 조셉은 자리에서 벌떡 일어나 아내 엠마Emma에게 말했다. "주님께서 내 기도에 응답하실 줄 알았다니까." [17, 18]

무언가를 요청한다는 것은 그것에 전념한다는 뜻이다. 구구절절 설명하지 말고, 직접적이고 대범하게 요청하라.

청하라. 그러면 받기 시작할 것이다. 원하는 것을 직접적으로 요청하면 그것을 얼마나 빨리 얻게 되는지 놀라게 된다.

나도 그런 경험을 했다. 지난 3일 동안 내가 원하는 바를 정확하게 제안하는 이메일을 받았다. 내가 원하는 게 두 가지 있었다. 한 가지는 앞으로 책을 함께 쓸 공동 저자다. 그 목표를 사람들에게 말했고, 그 일이 이루어질 것임을 알고 있었다. 나는 매우 흥미로운 사람들의 메일을 받았는데, 그들 모두 공동 저자로 전혀 손색없는 사람들이었다. 게다가 그들은 내가 요청하는 것을 기꺼이 들어주겠다고 한다.

두드려라. 그러면 문이 열릴 것이다.

종종 우리는 원하는 것을 정확하게 요청하는 일을 어렵게 생각할 때가 있다. 그것을 받을 수 없다고 생각하기 때문이다. 그래서 기준을 낮춰 요청하고, 딱 그 정도 수준의 것만 받는다.

내가 찾고 있던 또 한 가지는 다음 책의 초안 작업을 도와줄 대필작가였다. 대필작가의 도움을 받으면, 나는 가족에게 더 집중하는 것을 포함한 세 가지 우선순위를 놓치지 않으면서 목표를 달성할 수 있다. 그래서 사람들에게 대필작가를 찾는다고 말하곤 했는데, 오늘 아침 이메일 한 통을 받았다. 이메일을 보낸 사람은 자신이 책 30권을 작업한 경력이 있으며, 몇 년 전부터 내 책을 즐겨 읽었다고 했다.

전혀 어렵지 않다. 당신은 꽃을 찾아다니는 꿀벌이 될 수도 있고, 꽃이 되어 꿀벌이 당신을 찾아오게 만들 수도 있다.

당신이 원하는 것을 직접적이고 명확하게 요청하라. 그러면 그것을 얻게 될 것이다. 내가 로렌에게 첫 데이트를 신청한 게 얼마나 잘한 일이었던가. 로렌은 나에게 관심이 없었다.

그래도 계속 데이트를 하자고 요청했다. 그래서 마침내 데이트를 하게 됐다.

그다음 나는 결혼해달라고 요청했다. 그리고 로렌은 내 아내가 됐다.

나는 네이트 램버트에게도 멘토가 되어달라고 요청했다. 그리고 그의 논문을 돕고 싶다고 말했다. 클렘슨대학교에 있는 밥 싱클레어Bob Sinclair에게 박사과정에 등록시켜 달라고도 요청했다. 신청 마감이 지났는데도 부탁했다.

나의 요청은 거기서 끝나지 않았다. 댄 설리번에게 함께 책을 쓰고 싶다고 요청했다. 그리고 우리는 지금 세 번째 책을 함께 쓰고 있다.

한번은 학술회의에 참석하러 샌안토니오에 갔을 때였다. 호텔 헬스장에서 운동을 하다가 주변을 보니, 골든스테이트 워리어스(미국 프로농구 팀-옮긴이) 선수 몇몇도 운동을 하고 있었다. 나는 그들에게 농구 경기 티켓을 구해달라고 요청했다. 그날 밤 나는 함께 간 교수님과 멋진 자리에서 경기를 관람했다.

요청하면 얻게 될 것이다. 때로는 끈질기게 요청해야 한다.

성장하고 발전해가면서 우리는 더 좋은 것을 원하게 될 것이다. 따라서 미래의 나를 명확하게 보는 기술을 연마해야 한다. 그러면 발전한 미래의 나에게 잘 어울리는 것을 구체적으로 요청할 수 있을 것이다.

미래의 내가 되는 4단계는 원하는 것을 직접 요청하는 것이다.

신에게 기도로 요청하라.
전문가에게 요청하라.
친구에게 요청하라.
누구에게든 요청하라.
그냥 요청하라. 두려워하지 마라. 부끄러워하지 마라.

미래의 나를 명확히 보고, 목표를 이루는 과정을 단순화하며, 원하는 것을 정확하게 요청하는 일에 능숙해져라. 그러면 원하는 것을 더욱 빠르게 얻을 것이다.

단계

5

미래의 나를 자동화하고 시스템화하라

"어떤 일에 도전하든 가장 먼저 해야 할 일은 최적화다. 목표를 가장 기본적인 단위로 세분화하고 단순화해야 한다. 그다음 꼭 필요하지 않은 것은 모두 제거하라…. 그렇게 최적화 상태로 만들어놓았다면, 다음 단계는 최대한 자동화 상태로 만드는 것이다. 특정한 소프트웨어나 프로세스를 활용하면 직접 관여하지 않아도 업무를 완수할 수 있다. 자동화를 설정해놓고 잊어라. 마지막으로 남은 업무는 다른 사람이나 전문가에게 아웃소싱하라. 당신의 업무를 아웃소싱하면 많은 도움이 된다. 하지만 최적화와 자동화를 갖춰놓은 다음에 아웃소싱해야 도움이 된다는 사실을 기억해야 한다. 비효율적인 업무를 아웃소싱하면 전혀 도움이 안 된다. 그 업무는 여전히 비효율적이기 때문이다. 남은 업무를 아웃소싱하려면 일단 최적화와 자동화를 통해 최대한 업무를 끝내놓아야 한다."

_아리 마이젤Ari Meisel[19]

미래의 명확성이
현재의 명확성을 만든다

나는 재정 컨설턴트에게 상담을 받으면서 목표와 목적에 관한 이야기를 했다. 그랬더니 그가 자동 투자를 시작해보라고 제안했다. 내 은행 계좌에서 투자 계좌로 매주 월요일에 일정 금액이 자동으로 이체되게 설정하라는 것이다. 그렇게 설정해놓고 잊으면 된다. 시간이 지나면 돈은 불어 있을 것이다.

투자와 시간의 일관성, 이것이 가장 중요하다고 재정 컨설턴트는 설명했다. 그리고 투자할 완벽한 타이밍을 찾지 말고 투자 시장에 오래 머물러 있어야 한다고 했다. 나는 부담 없는 수준의 금액을 설정해놓고 완전히 잊었다. 3개월 후 재정 컨설턴트는 투자금이 얼마나 늘었는지 말해주었다.

불어난 금액에 깜짝 놀랐고, 더 많이 투자해야겠다는 생각이 들었다. 그래서 자동 이체 금액을 늘렸다. 그 후에도 정기적으로 금액을 늘리고 있다.

원하는 곳으로 더 빠르고 쉽게 가려면, 미래의 나를 자동화하고 시스템화해야 한다. 전략적인 시스템을 가동하면 의식적인 노력 없이도 집중, 계획, 실행이 가능하다. 자동화는 일관성 있는 결과를 보장한다.

비즈니스 전략가 에벤 파간Eben Pagan은 이를 '필연성 사고'라고 부른다. 즉 "어떤 결과가 나오도록 상황을 설정해놓았기 때문에 마치 예측된 결론이 있는 것처럼 생각하고 행동하는 것"이다.

출발이 보잘것없다고 겁먹지 마라.

미래의 나를 시스템화하라.

시스템화하라는 말은 목표 달성에 도움이 되는 활동을 최대한 저항이 없는 상태로 자동화해서 일상적인 활동으로 만들라는 뜻이다. 정말 피하고 싶은 결과가 있는가? 그렇다면 그 결과를 야기할 만한 행동에 장벽을 세우고 저항을 만들어라. 어떤 변화를 주면 바람직한 효과가 지속할까? 한 가지 예로, 소셜미디어 앱을 스마트폰에서 제거해보라. 그러면 스마트폰을 만지작거리면서 이 사이트 저 사이트로 생각 없이 돌아다니느라 귀중한 시간을 낭비하지 않을 것이다.

먼저 목표를 명확하고 단순하게 할 때 미래의 나를 체계적으로 시스템화할 수 있다. 경영계의 전설이자 작가 피터 드러커Peter Drucker는 "절대 하지 말아야 할 일을 아주 효율적으로 하는 것만큼 쓸모없는 일은 없다"라고 말했다.

효과성은 올바른 일을 하는 것이고, 효율성은 일을 올바르게 하는 것이다. 효과성이 언제나 먼저여야 하고, 그다음이 효율성이다. 미래의 나를 시스템화한다는 말은 바라는 결과를 자동화하고 아웃소싱하는 것이다. 그렇게 해서 주의와 에너지를 원하는 곳에 쏟을 수 있는 여유를 가져야 한다. 이는 정신적·육체적 부담을 덜어내기 위함이다.

댄 설리번과 나는 《누구와 함께 일할 것인가》를 공동으로 저술했다. 책에는 더 위대한 목표를 달성하려면 다양한 업무를 처리해주는 적절한 '사람'이 필요하다는 전제가 깔려 있다. 모든 일을 혼자 다하려고 하면 몰입과 집중이 어렵다. 해야 할 일이 수백 가지나 있기 때문이다.

중요한 업무를 처리할 사람을 찾는 일이 시스템화의 필수적인 부분이다. 예를 들어 나의 비서 첼시Chelsea는 나를 찾는 온갖 연락을 차단하고 걸러내는 역할을 한다. 나는 첼시에게 내가 관심을 두는 기회와 일정상 할 수 있는 일에 대한 명확한 기준을 알려주었다. 그래서 첼시는 나의 시간을 묻는 전화를 매주 수십 통씩 받지만, 대부분 알아서 처리한다. 첼시가 내게 맞는 일이라고 생각하는 게 있으면, 일주일에 한 번 함께 논의한다.

시스템화하는 과정에서 시행착오가 생기기 마련이다. 잘못된 부분을 바로잡는 데도 시간이 걸린다. 처음에 첼시는 내가 원하지 않았던 일을 일정으로 잡기도 했다. 어떤 경우에는 첼시가 계획한 일들이 실망스럽게 끝나기도 했다. 하지만 내가 미래의 나를 더 명확하게 보고 그 모습에 더욱 전념하면서, 첼시와 나는 미래의 나와 관련이 없는 일을 걸러내며 더 나은 결정을 내렸다.

이 지속적인 과정에서는 끈기와 연습이 핵심이다.

심리학자 배리 슈워츠Barry Schwartz는 《선택의 패러독스》에서 많은 선택지를 가질수록 결정 피로로 이어지며, 결국 후회할 결정을 하게 된다고 설명했다.[20] 너무 많은 선택지를 갖고 있으면 집중과 전념이 어렵다. 결정의 기본은 기회비용을 기꺼이 받아들이는 것이다.

미래의 나를 명확하고 단순하게 만들면 결정 피로, 산만함, 덜 중요한 목표들에서 벗어날 수 있다. 당신의 시간과 주의를 가장 중요하고 가장 효율적인 세 가지 우선순위에 집중시켜야 한다.

선택적이고 전략적인 무시가 중요하다. 바깥세상에서 무슨 일이 일어나고 있는지 점차 '인식하지 않는' 상태가 되어야 한다. 작가 존 맥스웰John Maxwell은 "세상에서 벌어지는 사소한 일들을 과대평가해서는 안 된다"라고 말했다.[21]

당신이 정한 '세 가지 우선순위' 외에 다른 모든 일은 중요하지 않다. 세상에서 일어나는 거의 모든 일은 미래의 나와 상관없는 일들이거나 덜 중요한 목표다.

미래의 나와 상관없는 사소한 일들이 삶 전체에 영향을 미쳐, 완전히 다른 인생을 만들어버릴 수도 있다. 이런 현상을 나타내는 용어가 '나비효과'다. 나비효과는 감지할 수 없을 정도의 사소한 일이 커져, 전체 시스템에 막대한 영향을 주는 현상을 말하는 경제 용어다.

한 예로, 1995년 옐로스톤 국립공원에 늑대를 다시 풀어놓았던 일을 생각해보자. 70년 동안 사슴의 포식자가 없어서 사슴 개체 수가 엄청나게 늘어났다. 사람이 사슴을 통제하려 했지만 불가능했다. 사슴은 공원의 모든 식물을 뜯어 먹었다.

늑대 몇 마리를 공원에 풀어놓자 상황이 달라졌다. 늑대가 사슴 몇 마리를 잡아먹긴 했지만, 그보다 놀라운 일은 사슴이 공원의 특정 장소를 피해 다녔다는 점이다. 특히 계곡과 협곡에는 사슴이 얼씬도 하지 않았다. 그러자 즉시 그곳에 다시 풀이 나기 시작했다.

일부 지역에서는 나무의 키가 5배로 늘어났다. 황량했던 계곡이

PART 3 미래의 내가 되는 7단계

사시나무, 버드나무, 미루나무가 우거진 숲으로 빠르게 변했다. 나무가 많아지자 새들도 날아들었다. 비버의 개체 수도 급격하게 불어났다. 늘어난 비버들이 댐을 만들려고 나무를 쓰러뜨려 수달, 오리, 물고기, 파충류의 서식지가 생겼다. 열매가 풍부해지면서 곰의 수도 늘어났다. 늑대가 코요테를 잡아먹어서 개체 수가 늘어난 쥐와 토끼는 매, 족제비, 여우, 오소리의 먹잇감이 됐다.

가장 놀라운 일은 옐로스톤 국립공원을 흐르는 강줄기의 윤곽이 더욱 뚜렷해지고 길어졌다는 점이다. 다시 살아난 숲 덕분에 둑이 안정화되고 튼튼해지면서 물길이 선명해지고 웅덩이가 생겼다. 늑대가 공원의 생태계만 바꾼 게 아니라 물리적인 구조까지 바꿨다.

작은 변화는 예측할 수 없는 방식으로 시스템 전체에 간접적인 변화를 가져온다. 미래의 내가 예상과 상당히 달라지는 것도 어느 정도는 이 이유에서다. 또한 이런 사실은 시스템 사고와 시스템화가 왜 그렇게 강력한지도 잘 알려준다. 시스템 사고를 통해 여러 상황이 서로 연관성이 있다는 사실을 인식해야 한다. 그러지 않으면 처음에는 영향력이 미미했던 바이러스가 전체에 퍼져 시스템을 장악할 수도 있다. 반대로 당신이 시스템을 바꿀 수도 있다. 불필요한 정보를 차단하고, 다른 사람으로 하여금 당신이 원하는 결과를 산출하게 하고, 그 과정을 자동화하게 함으로써 그렇게 할 수 있다.

당신의 시스템에 작은 변화를 도입하라. 그러면 극적인 효과를 얻을 수 있다. 원하는 결과를 자동화하고, 소음과 결정 피로를 차단하는 시스템을 만드는 것은 몰입과 높은 성과를 위해 필수적이다.

아무리 좋은 시스템을 만들어놨어도 금방 쓸모없어질 수 있다는 점에 유의해야 한다. 당신이 성장하고 발전하면서 목표와 상황도 달라진다. 비전이 확장되고 더 나은 결과를 위해 더욱 전념하게 될 것이다. 그러면 당신의 시스템도 개선해야 한다.

미래의 내가 되는 5단계는 미래의 나를 자동화하고 시스템화하는 것이다.

어떻게 하면 미래의 나를 더 효과적으로 시스템화할 수 있을까?

결정 피로와 덜 중요한 목표에서 벗어나려면 삶에서 무엇을 제거해야 할까? 어떻게 하면 삶을 단순화할 수 있을까?

시간과 정신적 에너지를 아끼려면 무엇을 차단하고 걸러내야 할까?

내가 했던 주간 투자 전략처럼 자동화할 수 있는 것은 무엇일까?

당신이 재능 있는 영역에 집중할 수 있도록 그 외의 일들을 처리해줄 사람을 어디에서 찾을 수 있을까?[22]

단계

6

미래의 나의
일정을 관리하라

"내가 볼 때, '바쁘다'고 말하는 사람은
자기 삶을 통제하지 못하는 사람이다."
_데릭 시버스[23]

정체성이 행동을 좌우한다

자신을 누구라고
생각하는지가
무슨 행동을 해야 하는지
알려준다

당신의 일정은 무엇에 우선순위를 두고 있는지, 무엇에 전념하는지 보여준다.

사람들의 일정을 살펴보면 대부분 대면회의나 화상회의 같은 시급한 문제를 처리하거나 덜 중요한 목표를 추구하는 일로 가득 차 있다. 현재의 나보다 미래의 나에 우선순위를 두고 일정을 관리하는 사람은 극히 드물다.

과거 몇 년 동안 나의 일정에는 수많은 약속과 회의가 넘쳐났다. 대부분은 덜 중요한 목표나 정신을 산만하게 하는 일이었다. 그런 일들은 시급하지만 중요하지 않았다. 나의 일정에는 책을 쓰는 데 배정한 시간이 없었다. 그 상태에서 수백 개의 블로그 게시글과 몇 권의 책을 썼다. 글쓰기가 가장 중요한 목표이자 우선순위라고 말하면서도 일정은 그렇지 않았음을 증명했다. 자투리 시간을 쪼개서 글을 썼으니 말이다.

미래의 내가 되는 6단계는 미래의 나를 중심으로 일정을 계획하는 것이다. 제대로만 한다면 6단계 원칙은 생산적인 결과를 10배 또는 100배 더 많이 안겨준다. 나아가 더욱 중요한 것은 시간이 당신을 지배하는 게 아니라 당신이 시간을 지배할 수 있게 해준다.

《누구와 함께 일할 것인가》에서 댄 설리번과 나는 네 가지 자유에 대해 다룬다.

1. 시간의 자유
2. 경제적 자유

3. 관계의 자유
4. 목적의 자유[24]

당신의 시간은 무엇에 전념하는지 보여주는 가장 명확한 지표다. 시간을 어떻게 쓰는지는 결코 숨길 수 없다.

돈과 인간관계, 목적에서 더 많은 자유를 누리려면 먼저 시간의 자유를 획득해야 한다.

시간의 자유를 얻으려면 자기 일정에 대한 주도권을 가져야 한다. 가장 중요한 일에 최우선순위를 두고, 중요하지 않은 일은 제거하라. 시간에 대한 주도권을 쥐고, 자신이 원하는 곳에 관심을 집중해야 한다. 그래야 미래의 나를 실현하는 일이 더 단순해지고 쉬워진다. 자신의 시간이 덜 중요한 목표와 다른 사람의 의견에 좌우되게 그냥 놔둔다면, 원하는 미래의 내가 되는 건 어려울 것이다.

시간에 접근하는 기본적인 두 가지 견해가 있다. 한 가지는 시간이 자신 외부에 있는 요소로 스스로 통제할 수 없다는 견해이고, 또 한 가지는 시간이 자신 내부에 있는 요소로 완벽하게 통제할 수 있다는 견해이다. 《위대한 도약 The Big Leap》에서 저자 게이 헨드릭스는 이 두 가지 견해를 뉴턴식 시간과 아인슈타인식 시간으로 설명한다.

아인슈타인식 시간에서 시간의 근원은 자기 자신이다. 자신이 원하는 만큼 시간을 만들 수 있다. 뉴턴식 시간은 시간의 부족함을 가정하기 때문에 긴박감이라는 불편한 감정을 느끼게 한다. 그래서 사람들은 '외부의 요소' 때문에 '내부의 감정'이 좌우된다고 생각한다.[25]

조 디스펜자는 '뉴턴의 물리학은 원인과 결과를 설명하는 반면 아인슈타인의 물리학은 결과를 유발하는 일에 초점을 맞춘다. 당신이 결과를 유발하고 있을 때, 양자 세계는 생각, 에너지, 행동에 반응한다"라고 설명했다.

당신은 어떤 일의 결과가 아니라 결과의 원인이다. 이 사실을 깨달을 때 과거, 현재, 미래의 나에 대한 주도권을 키워나갈 수 있다.

시간에 대한 주도권을 얼마나 쥘 생각인가? 덜 중요한 목표에 'No'라고 말할수록 원하는 삶과 결과를 만드는 일에 더욱 열정적으로 전념할 수 있다.

이 점이 최근 내가 진지하게 검토한 문제다. 나는 코비가 제안한 대로 '중요한 일을 먼저 넣기'로 결심했다. 매주 수요일, 토요일, 일요일을 일하지 않고 쉬는 날로 정했다. 일주일에 3일이면 1년에 대략 150일이다. 이 시간을 오직 가족을 위한 일과, 업무와 무관한 활동을 하는 데 쓰기로 했다. '일로부터의 심리적 분리Psychological detachment from work'는 직업심리학에서 점점 중요해지는 개념으로, 일의 스위치를 끄는 것의 중요성을 강조한다. 계속 일을 하거나 항상 업무에 돌입할 태세로 지내며 온전한 휴식을 취하지 않으면, 몰입, 창의성, 높은 성과는 사실상 불가능하다.[26, 27]

내가 일에서 추구하는 중요한 목표 두 가지는 좋은 책을 더 많이 쓰는 것과 유튜브 영상을 많이 제작하는 것이다. 최근까지 그 둘을 생각만큼 잘 해내지 못했다. 그래서 근무 시간에 두 가지 일을 먼저 하기로 계획했다. 월요일과 화요일은 글을 쓰고 영상을 촬영하는 날이다. 이때는 아무리 흥미롭고 중요한 일이라도 약속을 잡지 않는다. 목요일과 금요일 오전 11시 이후에는 특별히 신경 써서 약속을 몇 군데 잡는다. 그런 약속에는 코칭 통화, 팟캐스트, 업무와 관련된 사람들과 통화하는 일 등이 있다.

일정에 미래의 나를 반영하는 것은 매우 중요하지만, 그렇게 하는 사람은 극히 드물다. 시급한 문제라는 급한 불을 끄지 않고 그냥 놔두기란 절대 쉽지 않기 때문이다. 그렇게 시급한 일들은 쉴 새 없이 생긴다. 겉보기에 성공한 사람들 대부분은 여전히 시간이라는 덫에 빠져 시간에 얽매인다. 그들은 시간을 지배하고 창조하지 못한다.

시간에 대한 주도권을 키워나가다 보니 덜 중요한 목표에 몇 초도 낭비하기가 싫어졌다. 한 달 전에는 'Yes'라고 했던 일들이 지금은 절대 사절이다. 일정을 더욱 치밀하게 관리하며, 첼시에게도 더욱 철저하게 걸러내 일정을 계획하라고 지시한다.

이렇게 일정을 관리하겠다고 꼭 비서를 채용해야 하는 건 아니다.

자기 사업을 해야 일정을 주도적으로 계획할 수 있는 것도 아니다.

시간의 자유를 얻는 출발선은 시간의 주도권을 잡겠다는 결심이다. 이런 결심에서 시작해 지속적으로 일정을 관리하는 방법을 개선해나갈 때 시간의 자유를 얻을 수 있다.

시급한 일보다 중요한 일을 기꺼이 먼저 하겠는가? 당신이 전념하는 대상은 현재의 나인가 아니면 미래의 나인가? 단기적이고 시급한 일들을 처리하는 데 집중할 것인가 아니면 미래의 나로 지금 당장 시선을 옮길 것인가?

의문의 여지 없이 시간의 주도권을 갖는 일에는 전념과 용기가 필요하다. 어떤 일이 비효율적이라는 사실을 알면서도 그 일로 바쁘게 지내는 것은 안전지대에 머무는 일일 수 있다. 덜 중요한 목표라는 울타리 안에서 분주하게 지내면, 미래의 나라는 진실을 피해갈 수 있으니 말이다. 스티븐 프레스필드는 이런 현상을 '저항'이라고 부른다. 그는 《최고의 나를 꺼내라!》에서 이렇게 말한다.

> 미루는 태도가 저항의 대표적인 형태다. 자신의 행동을 정당화하기 가장 쉬운 게 내일로 미루는 일이기 때문이다. 우리는 스스로에게 "절대 교향곡을 쓰지 않을 거야"라고 말하지 않고 "교향곡을 쓸 거야. 그런데 내일부터 해야겠어"라고 말한다…. 우리 영혼을 발전시키는 사명이나 행동의 중요성이 클수록 그 일을 하는 데 저항을 크게 느낀다.[28]

미래의 나에 전념하기 시작하면 용기를 내야 한다. 안정보다 자유를 선택하는 건 용기 있는 행동이다.

그렇게 할 때 위험이 존재하는가?

물론이다.

현재의 나보다 미래의 나를 선택할 때마다 항상 위험이 도사리고 있다. 하지만 지금 미래의 내가 할 만한 일을 하면 그 성과는 즉시 나타난다. 그리고 과거에 맛봤던 그 어떤 성과보다 더 달콤할 것이다.

그렇다, 의도적인 연습에는 실패가 따른다.

그렇다, 경기장에 뛰어들면 싸움의 상처를 얻는다.

미래의 내가 되고자 노력하다가 실패하는 게 현재의 내가 성공하는 것보다 더 낫지 않은가.

당신의 일정에는 미래의 내가 얼마나 반영되어 있는가?

당신의 일정에는 우선순위가 얼마나 반영되어 있는가? 짐 콜린스의 말을 다시 생각해보자. "3개를 초과하는 목표를 추구하면 아무것도 얻지 못한다."[29]

우선순위 세 가지를 명확하게 정했는가? 그렇다면 이제 실천할 시간이다.

일정을 관리하라.

시간의 주도권을 잡아라.

단계

7

완벽하지 않더라도
공격적으로 완수하라

"인생에서 무언가를 이룰 계획이라면, 그리고 목표 달성을 위해 10년 계획을 세웠다면, 이렇게 물어야 한다. 어째서 그 일을 6개월 안에는 못하는가?"

_피터 틸[30]

"자주 세상에 내보내라. 흘껏없는 일들을 내보내라. 그렇지 않더라도 내보내라. 지속적으로 내보내라. 회의를 건너뛰어라. 자주 그렇게 하라. 크게 문제가 되지 않는다면 회의를 건너뛰어라. 하고 있는 일을 세상에 내보내라."

_세스 고딘[31]

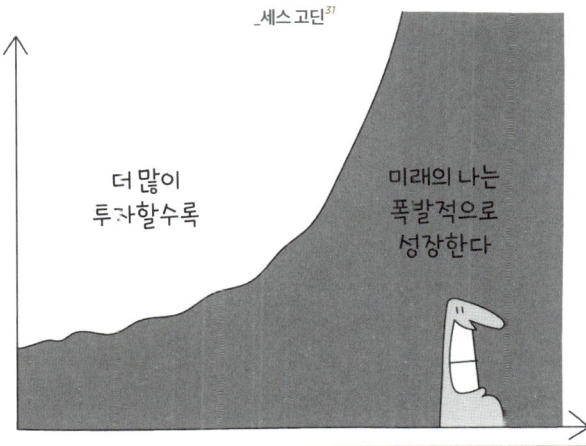

PART 3 미래의 내가 되는 7단계

세스 고딘은 21세기를 대표하는 혁신적인 비즈니스 사상가로 많은 책을 썼다. 1999년 그는《퍼미션 마케팅》이라는 책을 발표했다. 이 책에서는 공격적인 마케팅으로 소비자의 삶을 간섭하지 말라고 제안한다. 그리고 마케팅을 해도 좋다는 허락을 소비자에게 받아야 한다면서 혁신적이고 인간적인 개념을 소개한다.[32]

2003년에는《보랏빛 소가 온다》를 출간했다. 이 책에서 고딘은 더는 지루한 제품 생산과 마케팅을 반복하지 말라고 대담하게 제안한다. 보랏빛 소가 될 수 있는데 어째서 갈색 소로 남아 있는가? 하지만 대담해지고 돋보이는 일에는 위험이 따른다.

고딘은 이렇게 말했다.

당신이 돋보이면 일부 사람은 당신을 좋아하지 않을 것이다. 돋보이는 사람의 정의에는 주변의 비난을 받는 사람이라는 뜻도 있다. 모두의 박수를 받는 사람은 절대 없다. 소심한 사람이 바라는 건 그저 눈에 띄지 않는 것이다. 돋보이는 사람에게는 비난이 따르기 때문이다.[33]

고딘은 책을 출간할 때 '보랏빛 소'라는 개념을 활용했다. 처음에는 책을 자비로 출판하면서, 운송과 관리에 드는 비용을 아끼기 위해 우유 상자에 포장했다. 보라색과 흰색 표지에 제목이 옆으로 인쇄된 책은 출간 후 2년 동안 23쇄까지 출판되며, 15만 부가 넘게 팔렸다. (현재 전 세계에서 300만 부 이상 판매되었다.-편집자)

2007년에는 《더 딥》을 발표했다. 이 책에서 고딘은 세계 최고가 되는 일을 왜 과소평가하는지, 어떻게 세계 최고가 될 수 있는지 설명한다.[34] 세계 최고가 되려면 버텨야 할 때와 포기해야 할 때를 알아야 한다고 한다.

그는 이렇게 말한다.

때때로 우리는 낙담하면 인상적인 글귀에 주목한다. 그런 말 중에는 "포기하는 사람은 결코 승리하지 못하며, 승리하는 사람은 결코 포기하지 않는다"라는 빈스 롬바디Vince Lombardi의 말도 있다. 하지만 나쁜 조언이다. 승리하는 사람은 언제나 포기한다. 그들은 적절한 시점에 적절한 일을 포기할 줄 안다.

덜 중요한 목표를 포기하라.
당신을 미래의 나라는 산에 가까이 데려다주지 않는 일을 전부 포기하라.
과거의 내가 투자했다고 해서 그 일을 붙잡고 있지 마라.
미래의 나로 살게 하지 못하는 것은 모두 포기하라.

고딘은 2008년에는 리더십을 다룬 《트라이브즈》를 출간했다. 2010년에는 《린치핀》을 발표해 누구도 대체할 수 없는 존재가 되어야 한다고 주장했다.[35] 《린치핀》에서 고딘은 '세상에 내보내다shipping'라는 개념을 소개했다. 이 개념은 스티브 잡스의 "진정한 예술가는 작품을 일단 끝내고 세상에 내보낸다"라는 말에서 따온 것이다.

고딘은 세상에 내보낸다는 게 무슨 의미인지 이렇게 설명한다.

어떤 일을 시작하는 유일한 목적은 그 일을 끝내는 것이다. 진행 중인 프로젝트가 완벽하게 끝나지 않았더라도 세상에 내보내야 한다. 세상에 내보내는 일에는 블로그 글의 발행 버튼 누르기, 판매팀에 프레젠테이션하기, 전화 받기, 머핀 팔기, 추천서 보내기 등도 포함된다. 내보내는 일은 당신이 한 일을 일단 세상에 던져버리는 것이다.

지속적으로 내보내야 최고의 성과를 낼 수 있다. 세상에 내보내는 일은 당신을 계속 앞으로 나아가게 해준다. 고딘은 이렇게 계속 말한다.

세상에 내보내는 게 집중해서 걸작을 만드는 일은 아니다. 하지만 그렇게 내보내다가 걸작이 탄생한다. 나는 100권이 넘는 책을 썼다. 그 책들 대부분이 팔린 건 아니지만, 그렇게 수많은 책을 쓰지 않았다면 이런 책을 쓸 기회도 없었을 것이다. 피카소는 1000점 이상 그림을 그렸지만, 우리는 그의 그림 중 고작 3개 정도밖에 모른다.

지금까지 고딘에 대해 이야기하면서 나 역시 그의 유명한 책 중 고작 몇 개만 인용했다. 그는 책을 20권 이상 출간했고 블로그에는 수천 개의 글을 썼다. 고딘은 날마다 세상에 내보낸다.

세상에 내보내는 것은 하던 일을 끝내는 것이다. 완수하는 것이 완벽한 것보다 낫다. 레오나르도 다빈치Leonardo da Vinci는 "예술은 절대 완성되지 않는다. 버려질 뿐이다"라고 말했다.

끝내려면 한 일이 완벽하지 않더라도 사람들에게 보여줘야 한다. 미완성의 예술을 세상에 내보내야 한다. 상품을 시장에 내놓아라. 더 많이 내보내라.

고딘은 이렇게 말했다.

일을 일단 끝내고 세상에 내보내는 일이 때로는 타협처럼 다가온다. 우리는 변화를 만들고 중요한 예술을 창조하고 최상의 성과를 내기 위해 일을 시작한다. 그리고 마감일이 다가온다. 그러면 일을 중단해야 한다. 내보내는 일이 그렇게 중요한가? 나는 그렇다고 생각한다. 세상에 내보내는 기술이 누구도 대체할 수 없는 존재가 되는 핵심적이고 장기적인 방법이다.

고딘의 이야기와 생각을 통해 미래의 내가 되는 마지막 7단계를 살펴보았다. 이 마지막 단계는 '공격적인 완수'다.

프로젝트를 완수하고 목표를 완수하라.

완벽하지 않더라도 완수하라.

일관성 있게 완수하라.

프로젝트를 하나둘 완수할수록 결과는 더 좋아진다.

미래의 내가 되려면 경기장 밖에 머물러서는 안 된다. 머릿속으로 분석만 하고 있으면 아무것도 할 수 없다. 분석을 멈추고 경기장 안으로 들어가 한 일을 세상에 내보내라.

당신이 어느 정도 성공을 거두고 있을지는 몰라도, 현재의 당신은 엄청나게 제한적이고 무지하다. 지금 해낼 수 있는 일은 미래의 내가 해낼 일에 비하면 기껏해야 조약돌에 불과하다. 하지만 미래의 나는 현재의 나에게 조약돌 만들기를 허락한다.

지금 하는 일은 그 무엇도 완벽하지 않다. 지금 처한 상황에서는 관점이 제한될 수밖에 없기 때문이다. 3년 전에 내가 쓴 책은 현재 내가 쓰는 책과 다르다. 또한 이 책을 끝내고 몇 년 지난 다음에 나와 이야기를 나눈다면, 달라진 벤저민 하디와 이야기하는 것이다. 미래의 나는 현재의 나와 다른 사람이다.

미래의 당신도 현재의 당신과 다르다.

일을 끝내고 세상에 내보내는 것이 미래의 나에게 도달하는 방법이다. 과거의 일을 붙잡고 있거나 과거의 관점을 고수하면 한계에 갇혀 꼼짝도 하지 못한다.

《싱크 어게인》에서 저자 애덤 그랜트Adam Grant는 이렇게 말했다.

자신이 틀렸을 때도 기쁨을 느끼려면 분리가 필요하다. 나는 두 가지 종류의 분리가 특히 유용하다는 점을 배웠다. 한 가지는 과거와 현재의 분리고, 또 한 가지는 정체성과 의견의 분리다…. 과거의 나는 미스터 팩트Mr. Facts였다. 아는 것에 지나치게 집착했다. 하지만 지금은 내가 모르는 것을 알아내는 데 더 흥미를 느낀다. 세계 최대 헤지펀드 브리지워터Bridgewater의 창업자 레이 달리오는 "자신을 되돌아보고 '와, 1년 전에는 내가 왜 그렇게 어리석었지'라는 생각을 하지 않는다면, 지난 1년 동안 배운 게 많지 않다는 뜻이다"라고 말했다. [36]

나는 그랜트와 달리오의 사상을 좋아한다. 하지만 과거의 나를 어리석은 존재로 보는 달리오의 말에는 동의하지 않는다. 과거, 현재, 미래의 나를 비하하고 깎아내리는 일은 아무런 가치가 없다.

과거의 나는 현재의 나보다 능력과 경험이 더 제한적이었다.

현재의 나도 미래의 나에 비해 상당한 제약이 있다.

이 사실을 알면 자유로워진다.

지속적인 완수에는 두 가지 기본 원칙이 있다. 이 원칙을 일관성 있게 적용해 실패에 투자하고, 미래의 나를 향해 폭발적으로 성장하라.

1. 파킨슨 법칙

어떤 일이든 주어진 시간을 다 써야 끝난다. 어떤 일을 완수하는 데 3년이라는 시간을 계획했다면, 그 일을 완수하는 데는 3년이 걸릴 수밖에 없다. 하지만 3개월 만에 끝내겠다고 생각하면 아마 그 시간 안에 완수하는 방법을 찾아낼 것이다.

2. 80퍼센트 법칙

완수가 완벽보다 낫다. 댄 설리번은 "80퍼센트 하려고 할 때는 결과를 얻지만, 100퍼센트 완벽하게 하려고 하면 여전히 고민만 하게 된다"라고 설명했다.

완벽주의는 미루는 태도를 낳는다. "80퍼센트 하려고 할 때 결과를 얻는다."

인류가 인간을 처음으로 달에 보낼 때만 해도 지금의 과학 기술은 없었다. 인류는 달에 가는 기술을 계속 발전시키며 혁신했다. 그러다가 지금의 기술을 갖게 된 것이다. 기술은 점점 발전하기 마련이라 과거에 사용하던 도구를 지금 그대로 사용할 수는 없다.

시간이 흐르면서 기술은 발전한다. 따라서 완벽하게 하는 것보다 일단 많이 하는 게 더 낫다.

완수하는 태도를 삶의 방식으로 만들어라. 그러면 미래의 나로 더 다가가게 될 것이다.

현재의 내가 80퍼센트만 해도 과거의 내가 할 수 있었던 수준을 훨씬 넘어선다.

미래의 내가 80퍼센트를 하면 현재의 내가 할 수 있는 일보다 더 많은 일을 할 것이다.

전념하면 완수할 수 있다.

완수하면 자신감이 생긴다.

누구든 일을 시작할 수는 있다. 하지만 시작한 일을 끝내는 사람은 드물다. 더 멀리 갈수록 경쟁은 줄어든다. 사람들은 대부분 덜 중요한 목표에 굴복해 오래전에 포기했다.

미래의 나로 한 걸음 한 걸음 다가갈 때마다 누구나 쉽게 가지 못하는 곳으로 가는 것이다.

무언가를 하나씩 완수할 때마다 다음 일을 할 때 활용할 수 있는 것을 배우게 된다.

완수하고 세상에 내보내는 일의 대가가 되어라. 그렇지 않으면 미래의 나는 현실이 되지 않고 단순한 이미지로 남는다.

KEY POINT

미래의 내가 되는 단계

지금 결정하고 집중하는 일의 결과가 쌓이고 쌓여 미래의 내가 된다. 미래의 나를 단순하고 명확하게 그릴 수 있다면 지금 더 집중하게 될 것이다.

이 책의 마지막 부분에서 지금 미래의 내가 되는 7단계를 살펴보았다. 이 단계들을 활용해 미래의 나를 명확하게 설계하고 우선순위를 정할 수 있다. 이 7단계를 잘 따라가면 어느덧 당신이 바라던 미래의 내가 되어 있을 것이다.

이 단계들은 단순하고 명료하다. 하지만 지속적으로 노력하고 발전해나가야 한다.

미래의 내가 되는 7단계를 적용하면 삶은 즉시 달라진다. 날마다 삶을 더 계획적으로 살며 목표에 전념하게 될 것이다. 덜 중요한 목표들을 제거하고 미래의 나에 대한 명확한 태도를 지니게 될 것이다. 당신이 원하는 것이 이미 당신 것임을 더 잘 알게 될 것이다.

시스템화를 통해 능력과 몰입의 수준이 향상되어 믿기 힘든 결과를 창출해낼 것이다. 일정을 대대적으로 손봐서 덜 중요한 목표 대신 우선순위들을 일정에 반영할 것이다. 생산성이 점점 향상되고 많은 일을 완수하여 더 나은 결과를 얻을 것이다.

체크리스트를 활용해 미래의 내가 되는 7단계를 즉시 적용하라. (상상스퀘어 출판사 사이트, 도서목록에서 관련 자료를 다운받을 수 있다.)

에필로그

지금 미래의
내가 돼라

"용기 있게 행동해야 자유를 얻는다."

로버트 프로스트 Robert Frost [1]

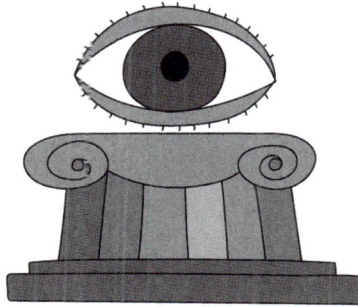

미래의 내가
최고의
안내자다

현재의 나보다
미래의 내가 나를
더 많이 사랑한다

2012년 9월 1일, 나와 로렌은 결혼했다. 그리고 정확히 1년 뒤 우리는 9년 뒤에 개봉할 타임캡슐을 만들었다. 결혼 10주년에 우리 모습이 어떨지 상상했다.

각자 미래의 나에게 편지를 썼고, 삶이 어떻게 펼쳐질지에 대한 생각을 말하며 영상을 찍었다. 그리고 편지와 영상 파일을 유리병에 넣어 거실 선반에 두었다.

이 글을 쓰고 있는 오늘은 2022년 1월 13일이다. 올해가 지나면 우리는 타임캡슐을 열어 기록한 내용을 볼 것이다. 그날이 얼마 남지 않았다. 나는 타임캡슐을 열기 전까지 최대한 많이 발전할 생각이다. 우리 예측이 얼마나 맞았는지, 삶이 생각했던 것과 얼마나 다른지 보고 싶다.

9년 전 나와 로렌은 학사과정을 마쳤다. 우리는 로렌의 부모님 집 지하실에서 살았다. 나는 15군데 학교에 박사과정을 신청했지만 모두 떨어졌고, 미래는 불확실하게 느껴졌다. 작가가 되고 싶었지만, 3년이 넘도록 글쓰기를 시작하지 못했다.

또한 우리에게는 아이가 없었다. 내가 3명의 아이를 입양하고 3명의 아이를 더 낳을 거라고는 생각조차 못했다. 나의 글이 그렇게 인기를 얻을 줄도 몰랐다.

타임캡슐에 뭐라고 썼는지 잘 기억나지 않지만, 현재 우리가 만든 삶은 틀림없이 과거의 내가 상상했던 것 이상일 것이다.

이 책 프롤로그에서 나는 지미 도널드슨의 이야기와 그가 미래의 나에게 말하는 타임캡슐 영상 4편을 소개했다. 그는 6개월 후, 12개월 후, 5년 후, 10년 후에 열어볼 영상을 촬영했다.

그가 5년 후 자신에게 쓴 영상 편지 '안녕, 5년 후의 지미야'가 2020년에 유튜브 채널에 공개됐다. 어린 지미는 5년 후에 타임캡슐을 열어볼 때, 구독자가 100만 명이 되어 있기를 꿈꿨다. 그런데 구독자는 4400만 명이 넘었다. 지미는 자신이 꿈꿨던 모습과 비교도 안 되는 엄청난 성공을 거뒀다.

이제 책을 마무리할 시간이 오고 있다. 이쯤에서 마지막으로 당신에게 한 가지 제안을 하고 싶다. 24시간 안에 잠시 시간을 내어 미래의 나에게 보내는 타임캡슐을 만들어보라. 지미처럼 영상을 촬영해 미래의 특정한 날짜에 공개되도록 설정해놓아도 좋다. 또는 나와 로렌이 했던 것처럼 미래의 나에게 편지를 써서 병에 담아 선반 위에 놓아도 상관없다.

타임캡슐을 만드는 게 중요하지 방법은 중요하지 않다.

내 친구 리 브라우어Lee Brower는 해마다 1월 1일이 되면 1년 후의 자신이 말하는 짧은 영상을 찍는다. 미래의 브라우어는 이런 말로 영상 편지를 시작한다. "브라우어, 네가 이 영상을 보고 있다면, 1년을 또 해낸 거야." 그다음 미래의 브라우어는 지난 1년 동안 일어난 일들을 하나하나 언급한다. 1년 후에 브라우어는 그 영상을 보면서 예측과 얼마나 비슷하게 살았는지 확인한다. 그리고 1년 뒤에 볼 영상을 다시 촬영한다.

당신도 다양한 타임캡슐을 만들 수 있다. 6개월 후, 12개월 후,

3년 후, 5년 후, 10년 후, 20년 후에 열어볼 타임캡슐을 만들어라. 이 타임캡슐이 《퓨처 셀프》의 마지막 행동 지침이다. 언제 열어볼 것인지 기한을 정해 오늘 타임캡슐을 만들어라. 명확하고 대범한 비전을 세워라. 이 책에서 배운 대로 미래의 나와 연결하고 그 모습을 명확히 그려라. 가장 중요한 세 가지 우선순위를 정하라.

예측을 아무리 잘해도 미래의 나는 그 예상과 상당히 달라진다는 사실을 잊지 마라. 살아가면서 예상했던 것보다 더 많은 것을 배우게 될 것이다. 미래의 나는 현재의 내가 상상할 수 있는 것보다 더 현명하다.

타임캡슐을 만들어놓고 지금 미래의 내가 돼라.

미래의 내가 되는 것이 행동의 첫 단계다.

미래의 내가 할 행동을 지금 하라.

당신이 원하는 것이 이미 당신 것임을 알아차려라.

당신이 바라는 미래의 나에게 100퍼센트 전념하라.

덜 중요한 목표들을 제거하라.

그 과정에서 하게 되는 모든 경험에서 유익을 찾아라.

미래의 당신을 응원하라.

이 책을 읽음으로 당신은 투자에 성공했다. 축하한다.

지금 시작하라. 지금 미래의 내가 돼라.

감사의 말

《최고의 변화는 어떻게 만들어지는가》를 저술하면서 우연히 '미래의 나'라는 연구를 접하게 됐다. 나는 즉시 그 개념에 사로잡혔다. 그리고 언젠가 미래의 나를 주제로 책을 쓰게 되리라고 직감했다. 이 책을 쓰기 거의 3년 전의 일이었다. 그때부터 내 생각은 온통 '미래의 나'라는 개념에 빠져 있었다.

우선 미래의 나라는 새롭고 흥미 있는 주제를 연구한 학자들에게 감사한 마음을 전하고 싶다. 특히 마틴 셀리그먼, 로이 바우마이스터, 대니얼 길버트, 할 허시필드, 안데르스 에릭슨에게 감사한다.

나와 나의 책을 믿어준 출판사 헤이하우스Hay House에 대단히 감사한다. 리드 트레이시Reid Tracy, 패티 기프트Patty Gift, 멜로디 가이Melody Guy에게 특히 고맙다. 이 책에 대한 믿음을 나타내주고, 내가 마감 일정을 어기고 또 어겨도 인내심 있게 기다려줘서 진심으로 감사한다. 나와 미래의 나에 투자해준 그들에게 감사를 전한다.

터커 맥스Tucker Max에게도 감사의 마음을 전한다. 그는 지난 18개월 동안 이 책에 대해 나와 수없이 대화하며 아낌없는 조언을 해주었다. 내가 생각을 명확히 정리하도록 도와주었고 미래의 나라는 개념의 중요성을 확신할 수 있도록 해주었다. 그리고 지금 미래의 내가 되도록 응원해주었다. 정말 감사한다.

리드 트레이시와 터커 맥스를 소개해준 조 팔리시Joe Polish에게 감사한다.

이 책의 초안 원고를 꼼꼼하게 검토해준 아내 로렌과 어머니 수잔 나이트에게 감사함을 전한다. 덕분에 생각을 명료하게 정리하고 글을 명확하게 쓸 수 있었다. 아내와 어머니의 도움이 없었다면 이 책은 엉망이 되었을 것이다.

페기슈 웰스PeggySue Wells에게 감사드린다. 작업 마지막 주에 그는 이 프로젝트에 참여해 원고를 매끄럽게 다듬어주었다. 그가 살짝 수정한 부분은 매우 좋았다. 그 덕분에 이 책이 훨씬 더 깔끔해졌다.

나의 팀원들에게도 감사한다. 내가 몇 개월간 이 책을 작업하는 데 집중해 있을 때도 첼시 젠킨스Chelsea Jenkins와 나타샤 시프먼Natasha Schiffman 덕분에 내 사업이 계속 성공적으로 유지됐다. 그들에게 진심으로 감사한다. 나의 팀원이 되어주고 우리 일을 사랑해주어 감사한다. 또한 메간 하먼Meagan Harman, 제네사 캐터슨Jenessa Catterson, 알렉시스 스완슨Alexis Swanson, 카라 에이비Kara Avey, 키라 미챔Kira Micham, 케이틀린 체드윅Katelyn Chadwick에게도 감사함을 전한다.

내 블로그의 글을 읽은 사람들, 내 온라인 강좌를 수강한 사람들, AMP 커뮤니티에 가입한 사람들 모두에게 감사한다. 내 글을 믿고 따라준 모든 분에게 진심으로 감사드린다. 나의 목적은 그들이 미래의 나를 명확하게 보고 잠재력을 최대한 끌어내 미래의 내가 되도록 돕는 것이다.

내 가족, 특히 로렌과 아이들에게 감사한다. 사랑과 지원을 아낌없이 준 가족에게 진심으로 감사한다. 가족의 희생과 투자 덕분에 여러 책을 쓸 수 있었다. 나는 가족을 무척 사랑한다. 가족이 내 인생에서 1순위다. 가족과 함께 미래의 나를 계속 만들어갔으면 좋겠다.

놀라운 삶을 주신 하나님께 감사드린다. 나와 미래의 나에 투자하시고 은총과 축복을 주신 하나님께 진심으로 감사드린다. 미래의 내가 하나님과 더 깊이 연결될 것이라고 확신한다.

30만 부 기념 한국어판 서문 원문

When I found out in October of 2023 that Be Your Future Self Now sold nearly 200,000 copies in Korea, I was shocked and surprised. It makes me so happy to hear that the message and science of "Future Self" resonates with the Korean culture. I immediately felt connected to the Korean audience and people, as we seem to have a similar alignment on the importance of the ideas contained in the book.

Thank you for supporting the book!

Thank you for enjoying the book!

In this special prologue, which I'm writing solely for a special Korean edition of Be Your Future Self Now, I'm going to share some new perspectives and personal experiences I've had since writing the book. I'm thankful to SangSangSquare publisher for giving me this opportunity to share some new ideas solely with you, and for doing a special print edition of the book with this prologue. I'm honored and humbled.

Before jumping into some fresh perspectives on "Future Self Science," let me start by sharing with you a story. A few months back, I had a clashing of perspectives with a former friend and mentor. In simple terms, we had a heated argument. This man-many decades older than me-told me he was concerned with the direction I was going as a person. He felt I'd gone a bad way, and that my soul may be lost. He didn't use those exact terms, but those were implied in his concerns.

Then, after voicing his concerns about me, he invited me to join his mastermind group, wherein the group would get together and help each other discover each other's inner and latent talents, and then with those talents, make bold visions and decisions about how we could heal and help this broken world.

I told this man I could not be a part of such a group, and that the very premise of the group conflicted with my understanding of human nature. I told him.

"You and I see things almost exactly opposite. You believe humans are fixed creatures with innate gifts and talents to be mined and discovered. You believe that once we discover our inner talents, that we then use those talents as the basis for our goals and objectives. Conversely, I believe our talents are not the basis of our goals, but rather, that our chosen goals are the basis of the talents we develop. I believe our current self-who we are at this point in time-is not the

basis of our potential. Instead, I believe our imagination and vision reflect our potential. Like Dr. Carol Dweck, I believe in a 'growth mindset,' rather than a 'fixed' one. I believe my chosen Future Self is what determines the potential of my current self, rather than my current self determining the potential of my Future Self."

Interestingly, although not surprisingly, when I directly and honestly rejected this man's offer to join his mastermind group, and when I explained my rational for doing so, he was extremely angry at me. In fact, he exploded in a reactive fit of rage, tearing down my character and expressing fears that I was a lost cause, going down a terrible path.

During his tirade, I was receiving text messages from my wife that she needed help inside with our seven children. I calmly told him, "I'm sorry for our disagreement. My wife needs me at this time to help with our kids. I need to go."

I could sense in our parting words that this man had a twinge of regret at his reactive tone and energy, but at the same time, he didn't want to admit he was wrong in any way. He texted me a few hours later saying that my thinking-"that goals determine talents rather than talents determining goals"-was very hopeful, and he apologized for how he tore me down.

That was the end of that conversation, but it left me pondering deeply and greatly the concepts I'd written about in Be Your Future Self Now. It led me to deeply ponder what a person's true identity and potential are. Without question, all people are different and unique. All people come with different backgrounds, situations, limitations, and constraints. Yet, the question in my mind remains: What is a person's potential? Is it based on their past and current selves, or is there a deeper and hidden power within each individual to choose what they might become?

I love the quote from Terryl Givens.

"Our lives are more like a canvas on which we paint, than a script we need to learn-though the illusion of the latter appeals to us by its lower risk. It is easier to learn a part than create a work of art."

Personally, I don't care that much about my current self. I love my current self, just as a love my past self. But I know I'm not my past self, not even a week ago. To quote Harvard psychologist, Dr. Daniel Gilbert, in his TED talk, The Psychology of Your Future Self:

"Human beings are works in progress that mistakenly think they're finished. The person you are right now is as transient, as fleeting and as temporary as all the people you've ever been. The one constant in our life is change."

My Future Self dictates he direction and potential of my present self-not the other way around. Let me be very bold and direct. Your current self is great. But your current self is a blip on the radar. Who you are now is "as transient, as fleeting and as temporary" as the present moment.

Your Future Self will be different from your current self.

But it's up to you how different they are.

The bigger the vision, the better the decisions.

This brings me to an important concept I've learned since writing Be Your Future Self Now, and that's the idea that "impossible goals" are actually more practical and useful than "possible" or "realistic" goals.

What do I mean by this?

There's actually a growing body of research on this topic.

Let me explain.

Bigger goals are more useful than smaller goals, for one

reason, because bigger even impossible goals have far fewer potential pathways to achieve them. With a small or "2x" goal, there are numberless ways you can succeed, whereas with a 10x or impossible goal, almost nothing will work.

This is where the research on impossible goals comes in. Dr. Alan Barnard, a researcher who studies a concept called Constraint Theory, has found that marginal or linear goals aren't useful because there are seemingly endless things you can do to achieve them. Take for example, the goal of increasing your income or revenue by 10-50%. If you wanted to increase your income by 10%, there are probably hundreds or thousands of different "paths" or directions for you to do that.

However, if you wanted to increase your income by 10-times, almost nothing would work. Almost nothing you're now doing would work, either. Therefore, having a "10x" future is a much better tool. It's much better because it forces a lot more critical thinking about everything going on in your life right now.

Take my son Kaleb, for example. Kaleb plays tennis. If his goal were simply to play college tennis, then there are feasibly countless paths for him to reach that goal. Where we live, in Orlando, Florida, there are dozens of high school programs, hundreds of tennis coaches, and many tennis academies. For

Kaleb to reach his goal of playing college tennis, many of these possible pathways will likely work.

But Kaleb's goal is more unrealistic: he wants to become a professional, career tennis player. Most of the obvious paths won't help him achieve that. In truth, there may only be a small handful of coaches in all of Florida that could reasonably get him to the pro level.

Thus, the higher or "10x" goal in the case of Kaleb's tennis forces us to be a lot more choosey and honest about Kaleb's current training and process. Bigger goals, even impossible goals, force you to be a lot more honest and critical about the path you're now on. If you're going for a 10x or impossible Future Self, most of the pathways won't get you there. Most of what you're now doing won't get you there. And this is what makes it a powerful tool.

I apply this principle to my own Future Self. My personal goals for the next three years are downright unreasonable. Truly, I don't know if I can reach them. But it doesn't matter whether my current self thinks I can. My Future Self is a different person, and he has already done it.

Albert Einstein said, *"Imagination is more important than knowledge."*

When it comes to creating and imagining your Future Self, you don't need to let your past or current self be the basis for the Future Self you imagine and decide. When you imagine a Future Self that is 10x bigger and better than your current self and life, that "Future Self" is going to require you to stop almost everything you're now doing.

There's a concept in psychology called the consistency principle. What it means is that as people, we like to be viewed by others as consistent. This can be a problem for your Future Self, because as people, we want to be viewed consistently. This can lead us to being trapped being consistent with our past selves, rather than being consistent with our desired Future Self.

Here's a cold hard fact.

If you have an "impossible" Future Self you're going for, then you will absolutely not be consistent with your past self.

Your future is what determines who you are and what you do in the present, not your past self.

Your future determines your present; your present doesn't determine your future.

I've applied these ideas in a few big way the past few years.

Since writing Be Your Future Self Now, I've been pursuing much bigger and more impossible goals. And my life has changed enormously for the better.

Yes, it's taken a lot of commitment and courage.

But it's led to beautiful change and growth.

I invite you to set impossible goals every 3-5 years. And that every 3-5 years, you achieve and grow 10x or more what you've done to that point in your life combined.

You can do this.

But only if you're more committed to your Future Self than your present and past selves.

Thank you for investing in your Future Selves!

I hope to come to Korea soon and meet you, and to celebrate your success with you.

July 16th, 2024
Benjamin Hardy

저자 벤저민 하디 줌 라이브 Q&A

* 다음은 상상스퀘어에서 운영하는 독서 모임 '씽큐베이션 15기' 특별 이벤트로 진행된 저자와의 만남(2024년 1월 19일)으로, 독자들의 질문에 저자가 직접 답변한 내용을 정리한 것입니다. 317p에 있는 큐알코드에 접속하면 영상으로도 보실 수 있습니다. 참고로 영상 내용에서 일부 편집하여 실었음을 밝힙니다.

Q1. 질문자: 상무님, 상여기

많은 사람이 자기계발을 통해 자산을 늘리고, 급여를 올려야 한다는 생각과 나이, 욕심, 조급함 때문에 매년 집중해야 할 우선순위를 3가지로 정하지 못합니다. 여기저기 기웃거리고 덜 중요하고 긴박한 일에 끌려다니다 한 해를 그냥 허비하기 쉽습니다. 40~45세 가장들에게 조언해주신다면 그리고 우선순의를 잘 선택하기 위한 구체적인 방법이 있다면요?

Q2. 질문자: 깜깜이, 어차피만석꾼, 람람, 책째비, 시간과정성, 파란망또

가까운 미래는 그려지는데 10년 후, 20년 후는 잘 그려지지 않습니다. 미래가 선명하게 그려지지 않을 때 어떻게 방법을 찾아야 할까요?

Q3. 질문자: 별빛도서관, 김유라

내가 원하는 목표가 있더라도 현실은 매우 불확실하고 상황이 계속 바뀌기 마련입니다. 제어할 수 없는 환경 변수들이 존재하기에 현재 맡은 일을 충실히 하고, 열심히 살면 그 상황에 맞는 긍정적인 미래가 저절로 열린다는 생각은 어떻게 생각하시나요? 그리고 10배 목표를 세우니까 너무 막연하게 느껴지는데 실현 가능한 계획을 세우는 노하우가 있을까요?

A1~3. 벤저민 하디

안녕하세요! 만나서 반갑습니다. 여러분과 함께하니 행복하군요. 이 세 질문은 궁극적으로 인생에서 또는 올해에 우선순위 세 가지를 어떻게 선택하느냐인 것 같은데요.

《좋은 기업을 넘어 위대한 기업으로》 책을 보면 인생에서 우선순위가 셋 이상이면 그냥 없는 것과 같다고 합니다. 핵심은 사람들 대부분이 너무 많은 목표를 세운다는 거예요. 사람들은 너무 많은 일을 하려고 합니다. 그래서 먼저 우선순위를 명확히 하는 법에 관해 몇 가지 중요한 개념을 단계별로 소개하고 싶습니다.

첫 번째, 여러분은 시간을 내서 과거의 삶을 돌아봐야 합니다. 지금 모습이 과거와 얼마나 다른지 확인해야 해요. 그래야 자신이 얼마나 성장했는지 알 수 있기 때문이죠. 그렇게 하면 여러분의 과거와 좋은 관계를 형성할 수 있고, 그다음 퓨처 셀프를 명확히 그릴 수 있죠. 결국 자신이 과거와 얼마나 다른지 인식하고 그에 따라 감사하라는 겁니다. 제가 사람들에게 제안하는 게 있어요. 10년 전의 자신을 생각해보라는 거죠. 지금 어떤 모습인지, 2014년의 모습과 얼마나 다른지 생각해보세요. 여러분의 인생은 지난 10년 동안 얼마나 달라졌습니까?

두 번째, 과거를 얼마나 잘 다룰 수 있는지 설명할게요. 미래를 명료하게 보는 능력을 제대로 키울 수 있을 겁니다. 이해를 돕기 위해 사진 하나를 보여줄 겁니다. 하지만 이 개념을 빨리 이해하려면 현재의 여러분이 과거와 같은 사람이 아니라는 사실을 깨닫는 게 매우 중요합니다. 그건 아주 멋진 일입니다.

세 번째, 과거를 지배하는 방법을 알려드릴게요. 장기적 미래를 위해 우선순위 셋을 정하도록 할 겁니다. 또한 단기적 미래 계획에도 도움을 드릴 거예요.

마지막으로 과거, 현재, 미래에 관해 설명하겠습니다.

자, 그럼 세 가지 우선순위와 관련해 과거를 간단하게 말하겠습니다.

사람들은 과거가 현재를 결정한다고 생각하죠. 이건 사람들이 시간을 바라보는 공통적인 방식입니다. 대개 과거 때문에 지금의 모습이 됐다고 생각합니다. 그런 생각은 옳은 방향이 아닙니다. 현재를 만드는 건 과거가 아닙니다. 실제로는 지금 모습이 과거의 의미를 규정합니다. 현재를 결정하는 건 과거가 아니라, 현재가 여러분의 과거에 의미를 부여합니다.

이는 현재의 내가 과거의 나와 다르다는 사실을 아는 게 중요해서입니다. 여러분은 10년 전과 같은 사람이 아닙니다. 또 10개월 전과도 같은 사람이 아니죠. 현재의 내가 과거의 스토리를 결정한다는 걸 늘 인식해야 합니다. 정말로 중요한 게 하나 있습니다. 과거의 나는 화를 내야 할 대상이 아니라는 겁니다. 여러분은 과거의 나를 사랑해야 해요.

잠깐 시간을 드리겠습니다. 여러분이 과거와 비교해서 얼마나 달라졌는지 생각해보세요. 그러니까 4년 전 2020년에 코로나19가 발생했을 때와 지금이 얼마나 다릅니까? 2020년으로 되돌아가보세요. 그때 목표는 무엇이었습니까? 어디에 집중하고 있었죠? 무엇을 알고 있었나요? 취미는 뭐였죠?

그때와 지금을 비교해보세요. 지금은 어디에 집중하고 있으며 어떤 문제가 중요합니까?

그렇게 4년 전의 자신과 지금의 자신이 얼마나 다른지 생각해보는 것으로 시작할 수 있습니다. 정말 중요한 과정입니다.

90일 전과 비교해도 괜찮습니다. 2023년 10월과 지금은 얼마나 달라졌나요? 90일 전과 달리 지금은 어디에 초점을 맞추고 있나요? 얼마나 변했고 많은 걸 해결했는지, 얼마나 성장했는지 알게 될 거예요. 90일 만에 말이죠! 이게 중요한 이유는 여러분의 퓨처 셀프가 현재의 나와 다르기 때문입니다.

제가 일기를 어떻게 썼는지 알려드리고 싶네요. 저는 일기를 쓸 때마다 스스로 다섯 가지 질문을 합니다.

첫 번째, '지금 나는 어느 위치에 있는가?'입니다.

저는 보통 주요 항목들을 적는데요. 인생에서 지금 내가 어느 위치에 있는지 나열하는 거죠. 책도 쓰고, 딸아이 입양도 해야 하고,

다섯 개 정도 주요 항목을 적습니다. 지금 내 삶이 어떤지, 어디에 초점을 맞췄는지 적어요.

두 번째, '지난 90일 동안 이룬 성취 중 가장 중요한 것은 무엇인가?'입니다.
내가 이룬 성취 중 가장 중요한 게 무엇인지, 그 일들을 5~10개 항목으로 적습니다. 그건 사적일 수도 있고 일과 관련된 것일 수도 있어요. 근사한 여행이라든가, 업무에서 상당한 발전을 이루었다든가, 멋진 경험을 했다든가, 90일 동안 이룬 성취 중 가장 중요한 일을 적습니다.

세 번째, '앞으로 90일 동안 이루고 싶은 중요한 성취는 무엇인가?'입니다.
저는 분기별로 계획을 세워요. 1년에는 90일씩 4분기가 있죠. 그래서 앞으로 90일 동안 제가 경험하고 이루고 싶은 것 중 가장 중요한 게 무엇일까 생각합니다.

네 번째, '지금부터 1년 후 퓨처 셀프는 어떤 모습일까?'입니다.
그리고 세 개의 목표만 세웁니다. 우선순위를 세 개로 정하는 거죠. 12개월 후의 저는, 그러니까 2025년 1월 19일에 퓨처 셀프로서 제가 이룬 성취 중 가장 중요한 세 가지가 무엇일까 생각합니다.

다섯 번째, '지금부터 3년 후 퓨처 셀프는 어떤 모습일까?'입니다.

지금부터 3년 후면 2027년 1월 19일이군요. 그때는 가장 중요한 세 가지 영역이 무엇일지, 거기서 엄청난 발전을 이룰지 생각해봅니다. 그 세 가지 영역에서 제 퓨처 셀프는 10배 이상 성장할 거라고 확신합니다.

사람들 대부분은 과거가 현재를 결정한다고 생각합니다. 또 현재가 미래를 결정한다고 생각하죠. 사실 미래를 어떻게 바라보느냐에 따라 현재 여러분이 어떤 존재인지, 무엇을 하는지 결정됩니다.

'지배'라는 말은 무언가의 주인이 된다는 겁니다. 자신이 삶의 주인이라면 과거가 현재를 결정하게 두지 않습니다. 주인은 현재가 과거를 결정하게 하죠. 그리고 과거를 도구 삼아 현재를 더 잘 살아갑니다. 또 주인은 현재가 미래를 결정하게 하지 않습니다. 자신이 바라는 미래가 현재의 자신을 결정하게 하죠. 지금 이 순간의 여러분은 매우 일시적입니다. 여러분의 퓨처 셀프는 아주 다른 사람일 것입니다. 여러분의 퓨처 셀프는 무엇을 하려고 할까요? 아인슈타인은 "상상력이 지식보다 더 중요하다"라고 말했습니다. 여러분이 원하는 퓨처 셀프가 무엇인가요? 원하는 걸 생각하고 상상하세요. 현재의 모습을 토대로 퓨처 셀프를 상상하지 마세요. 현재의 모습은 중요하지 않습니다. 아마 현재의 모습 그대로 퓨처 셀프가 되고 싶진 않을 겁니다.

여러분이 반드시 깨달아야 하는 게 있습니다. 인생은 내가 그려나가야 할 도화지라는 겁니다. 인생은 익히려고 노력해야 하는 각본이 아닙니다. 퓨처 셀프가 어떤 모습인지 찾아내야 하는 게 아니라 어떤 모습이 될지 선택하는 겁니다. 여러분이 바라는 퓨처 셀프가 현재 모습과 행동을 결정하게 하세요. 과거와 미래는 현재를 더 잘 살기 위해 사용하는 도구죠. 과거를 도구로 삼아 현재를 더 잘 살 수 있는 겁니다. 미래는 현재를 더 잘 살게 돕는 도구입니다.

세 가지 우선순위를 선택할 때 퓨처 셀프 관점에서 생각하고, 퓨처 셀프를 위해 무엇이 가장 중요한지, 어떤 문제가 가장 중요한지 고민하세요.

일반적으로 세 가지 우선순위가 가장 중요합니다. 반드시 알아야 할 점은 여러분의 퓨처 셀프가 가장 중요하게 여기는 우선순위입니다. 다른 사람과 우선순위가 똑같지 않아도 괜찮습니다. 퓨처 셀프를 정하는 건 자신입니다. 전 인생에서 정말 소중하고 가치 있는 데 초점을 맞춥니다. 다른 사람이 동의하지 않아도 상관없어요. 누구도 여러분을 대신해 퓨처 셀프를 정할 수 없습니다. 어떤 삶을 선택할지는 스스로에게 달렸습니다. 내 퓨처 셀프는 어떨까 다른 사람이 이해하지 못해도, 반대해도 괜찮습니다. 그건 여러분과 퓨처 셀프의 문제입니다.

핵심은 앞에서 언급한 다섯 가지 질문을 하는 거예요.

- 지금 나는 어느 위치에 있는가?
- 지난 90일 동안 내가 이룬 성취는 무엇인가?

- 앞으로 90일 동안 내가 이룰 성취는 무엇인가?
- 1년 후 나의 퓨처 셀프는 어떤 모습인가?
- 3년 후 나의 퓨처 셀프는 어떤 모습인가?

이 다섯 가지 질문은 유용합니다. 여러분도 이 질문을 일기에 적으며 스스로에게 물어보세요.

매달 또는 90일마다 같은 질문을 해보세요.

대단히 중요한 격언이 있는데요.

'모든 발전은 진실을 말하는 것에서부터 시작한다.'

따라서 먼저 진실을 말해야 해요. 퓨처 셀프에 대해 진정으로 원하는 바를 말하세요. 받아들이기가 조금 두렵더라도 또는 다른 사람이 할 수 없을 거라고 해도, 자신에게 그리고 퓨처 셀프에게 진실해지세요. 다들 인정하지 않아도 상관없습니다. 여러분의 퓨처 셀프만 괜찮으면 됩니다.

3년 후의 퓨처 셀프에게 말해보세요. 3년 후의 퓨처 셀프와 원하는 삶을 생각하세요. 딱 세 가지 주요 영역에서요. 그러한 성장은 시간이 걸려도 괜찮습니다. 3년 후의 퓨처 셀프를 생각할 때 세 가지 주요 영역은 재정이나 건강일 수도 있습니다. 제 경우에는 책 저술에 대한 열망이 강했습니다. 그게 바로 제 꿈이자 퓨처 셀프였죠. 3년 후 세 가지 영역에서 성장한 퓨처 셀프에 관해 하고 싶은 말은 이겁니다. 퓨처 셀프, 즉 여러분의 목표가 불가능하게 느껴지나요? 괜찮습니다. 사실 이와 관련한 여러 연구가 있어요. 불가능해 보이는 목표를 추구하라는 거죠. 목표가 너무 원대해서 어떻게 해야 할지 모를 수준으로요. 그러면 퓨처 셀프는 현자의 나에게 다른 행동을 시작하라고 요구할 겁니다. 지금까지와는 완전히 다른 행동을요. 그래서 자신에게 솔직해지는 게 중요합니다.

솔직히 저는 언제나 불가능하다고 생각하는 목표들만 추구합니다. 그걸 못 한다는 뜻이 아닙니다. 단지 하는 방법을 모를 뿐이죠. 그리고 목표를 매우 원대하게 세우면 그 목표들이 여러분을 움직이게 만듭니다. 미래가 현재를 결정하기 때문이죠. 불가능한 목표를 세우면 이런 질문을 할 수밖에 없습니다.

'그 목표를 이루기 위해 정말 중요한 몇 가지는 무엇일까?'

그다음 불필요한 모든 것을 제거할 수 있어요. 지금 제 삶에서 많은 것은 과거의 나와 관련 있습니다. 저의 퓨처 셀프와는 관련 없죠.

3년 후에 이룰 세 가지 목표를 정하고 솔직하게 물으세요.

'2024년에는 그중 얼마나 이룰 수 있을까?'

불가능하게 보이는 목표 세 가지를 세우고 2024년에 얼마나 할 수 있을지 생각해보세요.

먼저 90일 동안 이룰 목표를 세우고, 90일마다 새로운 목표들을 세우세요.

몇 가지 영역에서 큰 발전을 이루기 위해 노력하세요. 지금 하는 일 대부분은 중단해야 합니다. 그래야 몇 가지 영역에서만 크게 성장할 수 있죠. 불필요한 건 그만두세요.

1년 동안 이룰 원대한 목표를 세우고, 앞으로 90일간 이룰 수 있는 게 얼마나 되나 생각해보세요.

목표가 불가능해 보여도 괜찮습니다. 목표를 이루지 못해도 진짜 상관없습니다.

90일 동안 원대한 목표를 이루기 위해 노력했다면, 90일 후 목표를 이루지 못했더라도 어떤 일이 생길까요? 그겁니다. 90일 후 저는 달라져 있겠죠. 90일 후 퓨처 셀프는 지금의 저와는 다른 사람입니다. 퓨처 셀프는 지금 제가 모르는 많은 걸 알고 있죠. 이게 핵심입니다. 90일마다 과거를 돌아보며 스스로에게 다음 질문을 해보세요.

'나는 어떤 발전을 이루었지?'
'과거의 나와 어떻게 달라졌지?'
'어떤 경험을 했지?'

이렇게 하면 과거를 지배할 수 있습니다.
과거를 되돌아보며 질문하고 새로운 목표를 세우세요.
그렇게 90일마다 과거의 주인이 되고 또 물으세요.
그다음 또 새로운 목표를 세우는 겁니다.

Part3 미래의 내가 되는 7단계에서 1단계 '현실에 맞는 목표를 명확하게 세워라'가 있습니다.

여기서 핵심은 현재 위치에서 다음 단계로 올라가는 목표를 세우라는 겁니다. 제 경우에는 학생이었을 때 저의 다음 목표, 즉 다음 퓨처 셀프는 전문 작가가 되는 거였습니다. 불가능하게 느껴졌지만 3년 후 목표를 달성했죠. 그러고 나서 다음 단계 목표를 다시 세웠습니다. 그렇게 목표를 세울 때마다 다음 단계가 불가능해 보였지만, 이렇게 하면 삶은 완전히 달라집니다. 그래서 3년 후의 퓨처 셀프를 생각하라고 말씀드린 거예요. 3년 후 퓨처 셀프는 전혀 다른 곳에 있어야 해요. 정신적, 감정적, 영적으로 달라져야 합니다. 완전히 다른 상황에 있어야 하죠. 다른 문제에 집중해야 합니다. 원대한 세 가지 우선순위를 정하세요. 그러면 불필요한 모든 일을 중단할 수밖에 없을 겁니다. 삶을 변화시키는 데 매우 중요한 핵심 영역에만 초점을 맞추게 되죠.

목표 달성에 도움이 되지 않는 많은 일을 중단하고 제거하세요.

목표 달성에 도움이 되는 일은 몇 가지 안 됩니다.

지금 삶에서 대부분의 일은 과거의 여러분과 관련된 버려야 할 것들이죠. 친구나 특정 활동, 심지어 직업도 퓨처 셀프에 도움이 되지 않는다면 버리고 다음 단계로 가는 데 도움이 되는 몇 가지 일에만 초점을 맞추세요.

Q4. 질문자: 차파, 민서민규사랑해

Part2 미래의 나에 대한 진실 7가지에서 진실5 '미래의 실패가 현재의 성공보다 낫다'라고 하셨는데 잘 이해가 되지 않습니다. 비록 현재는 성공하지 못한 상태라고 하여도 미래의 성공한 내 모습과 연결하여 현재를 충실히 지내는 것이 중요하다고 생각되는데, 이 개념과는 너무 상반된 이야기인 것 같습니다. 왜 '미래의 실패가 현재의 성공보다 낫다'라고 한 것인지 좀 더 구체적으로 설명해주시면 감사하겠습니다. (30만 부 기념 스페셜 에디션에서는 독자들의 이해를 돕기 위해 '미래의 나로서 실패하는 게 현재의 성공보다 낫다'라고 수정했습니다. -편집자)

A4. 벤저민 하디

이 내용은 책에서 제가 좋아하는 부분입니다.

여기서 핵심 개념은 퓨처 셀프를 생각할 때 아직은 내가 그 사람이 아니라는 사실입니다. 하지만 퓨처 셀프가 되기 위해 노력하고 있는 거죠. 그래서 이와 관련해 종합적인 개념은 '퓨처 셀프가 되고자 노력하다가 실패를 맛보는 게 그냥 현재의 내가 성공하는 것보다 더 낫다'라는 것입니다.

이 말은 여러분이 달성하고 싶은 목표, 불가능한 목표를 이루는 과정에서 많은 실패를 하게 된다는 뜻입니다. 똑바로 걷기 위해 노력하는 아기와 비슷합니다. 아기가 걸음마를 배우기 시작하면 걷기 위해 노력하는 과정에서 수없이 넘어지죠. 즉 걷는 방법을 배우려고 노력하다가 실패하는 겁니다. 아기가 걸으려고 시도하지 않고 기어다니는 것보다 걷기 위해 시도하며 계속 넘어지는 게 더 낫다는 거죠. 넘어졌지만 다시 일어나 걷고 또 넘어져도 다시 일어나는 게 아기가 퓨처 셀프로서 실패하는 것입니다. 아기의 퓨처 셀프인 걷는 사람을 향해 가다 실패하는 겁니다. 실패하지만 즉, 반복적으로 넘어지지만 아기들은 다시 일어납니다.

실패의 다른 말은 배움입니다. 원대한 목표를 향해 나아가면 실패할 수 있지만 한편으론 많은 것을 배웁니다. 실패를 회피하면 어떻게 될까요? 실패하지 않으려고 한다면 걷다가 넘어지는 과정을 피하는 아기나 마찬가지입니다. 시도하지 않는다면 진정한 삶을 사는 게 아닙니다. 그저 자동 조종 장치에 기대어 사는 거죠. 아무런 미래 없이 존재하는 거예요.

인간인 우리에게는 엄청난 능력이 있습니다. 우리가 집중하는 것에 적응하는 능력이죠.

예를 들어 걷고 싶어 하는 아기는 걸음마에 집중하고 그러면 마침내 걷게 됩니다.

한 가지 예를 더 들어보겠습니다.

저는 자녀가 일곱 명입니다. 절대 쉬운 일이 아니에요. 아빠로서 저는 자주 실패합니다. 걸음마를 하는 아기처럼 365일 내내 실패하죠. 하지만 기어다니다가 넘어지지 않는 것보다 시도하는 게 더 행복합니다. 저는 행동하는 거예요. 그리고 적응할 거라는 걸 압니다. 90일 후에 그리고 1년 후에 지난날을 되돌아보며 깨닫겠죠.

'나는 생각보다 좋은 아빠가 됐어. 1년 전보다 나아졌어.'

그래서 완전히 실패하는 것 같아도 행동하는 게 더 좋습니다. 아기처럼 실패하면서 실제로는 배우고 성장하는 거죠. 반면에 대부분의 사람은 그저 존재하는 데 그칩니다.

여러분에게 원대한 미래와 불가능한 퓨처 셀프가 있다면 또는 큰 목표를 추구한다면, 자주 아기처럼 넘어질 겁니다. 거기에 익숙해져야 해요. 그래야 많은 걸 배웁니다.

일론 머스크를 생각해보세요. 화성에 간다고 말하죠. 머스크는 오랫동안 배우고 일을 망치고 실패했어요. 하지만 그게 성장하는 방법입니다. 반면에 많은 사람은 원대한 퓨처 셀프를 추구하지 않습니다. 그래서 실패하지 않죠. 실패하고 싶지 않아서 안전한 성공을 택합니다. 이미 성과를 거둔 일에 안주하며 작은 성공을 추구합니다. 원대한 목표를 좇아 실패하고 배우고 성장하길 피하죠.

그렇기 때문에 과거를 지배해야 합니다. 과거를 되돌아보세요. 저 같은 경우에는 계속 되돌아봅니다. 저는 지금도 불가능한 목표들을 추구하고 있어요. 현재의 저는 아기처럼 수없이 넘어질지 몰라도 1년 전을 되돌아보면 또는 90일 전을 되돌아보면 놀라운 일들이 일어났죠. 제가 성장하고 발전하고 있는 겁니다. 저는 과거의 나와 같은 사람이 아니죠. 그래서 희망을 얻습니다. 여러분도 과거를 되돌아봐야 합니다. 특히 원대한 목표를 추구하면 때로는 가망이 없다거나 불가능하게 생각될 때가 있습니다. 하지만 과거를 되돌아보면 꽤 발전을 이뤘다는 사실을 깨닫게 됩니다. 실제로 앞으로 나아가고 있는 거죠. 그래서 여러분은 과거를 지배해야 합니다.

제가 좋아하는 사람의 말을 인용해서 이 파트의 요점을 설명할게요.

조시 웨이츠킨은 '퓨처 셀프로서 실패하는 것은 실패에 투자하는 것이다'라고 합니다.

그 말의 의미는 무언가 원대한 일을 이루기 위해 노력할 때 여러분은 미래에 투자해야 한다는 뜻입니다. 미래에 투자한다는 말은 때로는 실패한다는 말이죠.

조시는 무술에 집중했습니다. 매번 두들겨 맞으면서도 계속 자신보다 더 강한 사람들을 상대했죠. 마침내 그는 강한 사람들을 상대하는 법을 배웠습니다. 손실이나 실패에 투자해야 했던 거예요. 당장은 여러분도 두들겨 맞을 수 있습니다. 아기처럼 몇 번이고 고꾸라지는 일에 투자해야 할 수도 있어요. 한동안은 그렇겠지만 그게 투자입니다.

이 책 전체에서 저는 퓨처 셀프에 투자하라고 말하는데, 그러한 투자가 결국 엄청난 보상을 안겨주기 때문입니다. 그러면 여러분은 완전히 다른 위치에 서게 되죠. 배움의 시기를 기꺼이 헤쳐나갔기 때문입니다. 책에 매우 중요한 문장이 있는데요.

"목적 없는 사람은 소멸한다."

공유하고 싶은 말이 또 있습니다.

"현재를 더 잘 사는 유일한 방법은 미래를 더 크게 설계하는 것이다."

저에게 이 말은 미래에 대한 목적이 없다면 의미 없는 현재를 사는 거라는 뜻으로 다가왔습니다. 의미 있는 방향으로 나아가지 않고 미래에 대한 목적이 없다면, 현재는 무의미하고 소멸하기 시작합니다. 그냥 존재만 하는 거죠. 미래에 대한 목적을 가지세요. 그러면 현재 여러분은 확장됩니다. 이게 핵심입니다.

이 말의 의미를 제 아들 칼렙의 이야기를 예로 들어 말해볼게요. 칼렙이 프로 테니스 선수라는 원대한 미래를 목표로 삼는다면, 꼭 프로 선수가 되라는 소리가 아닙니다. 제 말은 프로 선수가 칼렙의 미래고, 퓨처 셀프고, 목표라면 생활이 아주 달라진다는 거예요. 칼렙은 더욱 원대한 미래를 향해 최선을 다해야 하죠. 즉 날마다 자신의 모든 것을 쏟아내야 합니다. 칼렙이 원대한 미래를 향한다면 그 아이는 하루하루 확장될 거예요.

원대한 미래를 향해 최대한 노력하면서 매주 한 주를 되돌아보세요. 매주 그렇게 하면서 자신에게 이렇게 질문하세요.

'이번 주 가장 중요한 성과는 무엇인가?'

지난달을 돌아보며 질문하세요.

'이번 한 달 동안 가장 중요한 성과는 무엇인가?'

원대한 미래를 향하며 자신에게 질문하는 건 중요합니다. 그 과정이 어렵고 때로는 가망 없다고 생각하기 때문이죠. 하지만 원대한 미래를 향해 힘껏 나아가다가 뒤를 돌아보며 잠깐이라도 '난 발전하고 있어, 괜찮아, 잘 되는 거 같아'라고 생각한다면 노력이 가치가 있다는 걸 깨달을 수 있습니다. 실제로 도움이 돼요. 원대한 목표를 향해 굳건한 믿음이 자라기 시작할 겁니다. 그리고 일이 잘 풀릴 거예요. 목표를 향해 나아가는 과정이 수월해지고 계속 노력하면 그 과정을 즐기기 시작할 것입니다.

저는 여기 계신 모든 분들이 앞으로 90일을 어떻게 보낼지 생각해보면 좋겠어요.

미래를 더욱 원대하게 설계하면, 즉 무언가 큰 목표를 정하면, 이 90일은 정말로 달라집니다. 작은 목표를 추구할 때와는 정말 달라요. 그래서 이 90일 동안 여러분은 퓨처 셀프로서 더 많이 실패할 거예요. 원대한 미래를 향해 노력한다면 말이죠. 제 아들이 큰 목표를 세우고 노력한다면 앞으로 90일은 아주 달라질 겁니다. 작은 목표를 추구할 때와는 다르죠. 이 90일은 매우 중요한 기간이 될 것이며 큰 도움이 되는 귀중한 시간일 겁니다.

정말 중요한 말이 있어요.

"몇 년을 살았는지가 중요한 게 아니라 얼마나 알차게 살았는지가 중요하다."

퓨처 셀프로 살아간다면 10년 가치의 삶을 1년 만에 살 수 있습니다. 저는 여러분이 매년 10년의 가치가 있는 삶을 살기를 바랍니다. 퓨처 셀프가 된다면 그렇게 살 수 있습니다. 인생에서 가장 중요한 건 퓨처 셀프를 향해 최선을 다할 때, 기어다니는 아기가 걷는 법을 배우는 것처럼 마침내 성공하고 변화하면서 원하는 퓨처 셀프가 된다는 겁니다. 그렇게 인생을 확장하는 거죠. 그렇게 하면 틀림없이 인생을 즐길 수 있어요. 사랑하는 사람들과 여러분의 성장을 즐기는 겁니다. 나아가 여러분의 노력과 발전도 즐기게 됩니다. 그게 여러분의 시간을 늘리고, 시간을 만드는 방법이죠. 더욱 유용하고 귀중하고 강력한 시간을 만드세요.

  20대에 대한 연구가 많은데요. 20대에서 30대 사이에 사람들이 가장 많이 변합니다. 그 10년은 엄청난 시간이죠. 그래서 20대가 퓨처 셀프를 생각해볼 수 있다면 행운이에요. 30대나 40대에 성취하는 일을 20대에 성취할 수 있기 때문입니다. 10년은 엄청난 시간인데 대부분 20대를 낭비해버리죠. 그러고는 30대와 40대를 보내면서 20대에 저지른 많은 문제를 해결하려고 노력합니다. 하지만 여러분이 20대에 30, 40대 사람들이 이루는 것보다 더 많이 성취할 수 있다면, 그건 분명히 퓨처 셀프에 투자하고 있는 겁니다.

  제가 20살 때 어떤 리더에게 들은 말이 있습니다. 무슨 일이 있어도 언젠가는 30살이 된다는 겁니다. 따라서 20대를 잘 활용해 엄청난 성장을 해야만 하죠. 그래서 여러분이나 과거의 나에게 하고 싶은 중요한 조언은 더욱 빨리 목표를 추구하라는 거예요. 저는 정말 책을 쓰고 싶었습니다. 하지만 늦어져서 26살인가 27살이 되어서야 목표를 세우고 노력할 수 있었죠. 몇 년만 더 빨리 시작했더라면 어땠을까요? 퓨처 셀프로서 더 빨리 실패하는 일을 시작했다면요. 아마 지금보다 10년 더 앞선 위치에 있겠죠. 따라서 여러분이 퓨처 셀프를 명확히 보고, 퓨처 셀프와 연결된다면 그 일을 지금 시작하세요. 실패하고 배우고 더 나아가 좋은 안내자나 멘토를 통해 도움을 받는다면 지금 실패해도 정말 괜찮습니다.

오늘 여러분과 함께해서 즐거웠습니다. 시간을 내어주셔서 진심으로 감사하다는 말을 전하고 싶습니다. 제 이야기가 여러분에게 도움이 되었기를 바랍니다.

벤저민 하디 줌 라이브 Q&A

참고 문헌

한국어판 서문

1. 길버트. D. (2014) '미래의 나에 관한 심리학' 테드 강연
2. 과다그노(Guadagno) R. E.와 치알디니(Cialdini) R. B. (2010) '일관성 선호와 사회적 영향: 현재 연구 결과 검토' 소셜 인플루언스(Social Influence), 5(3), 152-163.

프롤로그

1. Goddard, N. (2015). *The Power of Unlimited Imagination: A Collection of Neville's San Francisco Lectures.* Devorss & Co.
2. 미스터 비스트. (2016). *Dear Future Me* (6개월 전에 영상이 공개됨). 해당 영상은 미스터 비스트의 유튜브 채널 https://www.youtube.com/watch?v=fG1N5kzeAhM 에서 볼 수 있다.
3. 미스터 비스트. (2016). *BEST INTROS ON YOUTUBE #1.* 해당 영상은 미스터 비스트의 유튜브 채널 https://www.youtube.com/watch?v=tqO3_AKC5Ks에서 볼 수 있다.
4. 미스트 비스트. (2016). *CUTTING TABLE IN HALF WITH PLASTIC KNIVES.* 해당 유튜브 영상은 미스터 비스트의 유튜브 채널 https://www.youtube.com/watch?v=tqO3_AKC5Ks에서 볼 수 있다.
5. 미스터 비스트. (2016). *100 LAYERS OF SARAN WRAP + TOILET PAPER!!.* 해당 영상은 미스터 비스트의 유튜브 채널 https://www.youtube.com/watch?v=bqpKlkPpT10에서 볼 수 있다.
6. 미스터 비스트. (2016). *IF ONLINE ADS WERE REAL.* 해당 영상은 미스터 비스트의 유튜브 채널 https://www.youtube.com/watch?v=NEDPgQYhbqs에서 볼 수 있다.

7   미스터 비스트. (2017). *I Counted To 100,000!* 해당 영상은 미스터 비스트의 유튜
    브 채널 https://www.youtube.com/watch?v=xWcldHxHFpo에서 볼 수 있다.
8   미스터 비스트. (2017). *Counting To 200,000 (Road To A Mil)*. 해당 영상은 미스
    터 비스트의 유튜브 채널 https://www.youtube.com/watch?v=9CVwXBYVqVk
    에서 볼 수 있다.
9   미스터 비스트. (2017). *Counting To 300,000 Road To A Mil (Part 1)*.
    해당 영상은 미스터 비스트의 유튜브 채널 https://www.youtube.com/
    watch?v=0SNiEOWRnEQ에서 볼 수 있다.
10 미스터 비스트. (2017). *Saying Logan Paul 100,000 Times*. 해당 영상은
    미스터 비스트의 유튜브 채널 https://www.youtube.com/watch?v=_FX6rml2Yjs에서 볼
    수 있다.
11 미스터 비스트. (2017). *Giving A Random Homeless Man $10,000*. 해당 영
    상은 미스터 비스트의 유튜브 채널 https://www.youtube.com/watch?v=N_
    GMakKf7G4에서 볼 수 있다.
12 미스터 비스트. (2017). *Giving Homeless People $1,000 (Not Clickbait)*.
    해당 영상은 미스터 비스트의 유튜브 채널 https://www.youtube.com/
    watch?v=4KVmSG6KS2k1E0에서 볼 수 있다.
13 미스터 비스트. (2017). *Donating $10,000 To Random Twitch Streamers*.
    해당 영상은 미스터 비스트의 유튜브 채널 https://www.youtube.com/
    watch?v=kupaqq-xJ_8에서 볼 수 있다.
14 미스터 비스트. (2017). *Tipping Pizza Delivery Guys $10,000*. 해당 영상은 미스
    터 비스트의 유튜브 채널 https://www.youtube.com/watch?v=uotb9ZHnI2g에
    서 볼 수 있다.
15 미스터 비스트. (2017). *Tipping Uber Drivers $10,000*. 해당 영상은 미스터 비스
    트의 유튜브 채널 https://www.youtube.com/watch?v=zAAxW7ySu1k에서 볼
    수 있다.
16 미스터 비스트. (2017). *How Many Balloons Does It Take To Float?* 해
    당 영상은 미스터 비스트의 유튜브 채널 https://www.youtube.com/
    watch?v=8bYzXI7bb8k8bYzXI7bb8k에서 볼 수 있다.
17 미스터 비스트. (2018). *I Bought One Snickers Bar From Every Walmart*.

해당 영상은 미스터 비스트의 유튜브 채널 https://www.youtube.com/watch?v=sirrTXiPFmw에서 볼 수 있다.
18 미스터 비스트. (2018). *I Bought One Snickers Bar From Every Walmart.* 해당 영상은 미스터 비스트의 유튜브 채널 https://www.youtube.com/watch?v=nLpqZEAFnkE에서 볼 수 있다.
19 미스터 비스트. (2018). *Giving 3,000,000 Pennies To My 3,000,000th Subscriber.* 해당 영상은 미스터 비스트의 유튜브 채널 https://www.youtube.com/watch?v=Pe3pGsCeYXg에서 볼 수 있다.
20 Seligman, M. E., Railton, P., Baumeister, R. F., & Sripada, C. (2013). Navigating into the future or driven by the past. *Perspectives on Psychological Science,* 8(2), 119-141.
21 Baer, J., Kaufman, J. C., & Baumeister, R. F. (Eds.). (2008). *Are We Free? Psychology and Free Will.* Oxford University Press.
22 Slife, B. D., & Fisher, A. M. (2000). Modern and postmodern approaches to the free will/determinism dilemma in psychotherapy. *Journal of Humanistic Psychology,* 40(1), 80-107.
23 Slife, B. (2002). Time, information, and determinism in psychology. *Between Chance and Choice: Interdisciplinary Perspectives on Determinism,* 469-83.
24 Richardson, F., & Bishop, R. (2002). Rethinking determinism in social science. *Between Chance and Choice: Interdisciplinary Perspectives on Determinism,* 425-45.
25 Seligman, M. E., Railton, P., Baumeister, R. F., & Sripada, C. (2013). Navigating into the future or driven by the past. *Perspectives on Psychological Science,* 8(2), 119-141.
26 Seligman, M. E., Railton, P., Baumeister, R. F., & Sripada, C. (2016). *Homo prospectus.* Oxford University Press. 《전망하는 인간, 호모 프로스펙투스》, 웅진지식하우스
27 Gilbert, D. T., & Wilson, T. D. (2007). Prospection: Experiencing the future. *Science,* 317(5843), 1351-1354.
28 Rosenblueth, A., Wiener, N., & Bigelow, J. (1943). Behavior, purpose and

teleology. *Philosophy of Science,* 10(1), 18-24.

29 Coats, E. J., Janoff-Bulman, R., & Alpert, N. (1996). Approach versus avoidance goals: Differences in self-evaluation and well-being. *Personality and Social Psychology Bulletin,* 22(10), 1057-1067.

30 Elliot, A. J., & Friedman, R. (2017). Approach—Avoidance: A Central Characteristic 01 Personal Goals. In *Personal Project Pursuit Goals, Action, and Human Flourishing* (pp. 97-118). Psychology Press.

31 Hawkins, D. R. (2015). *Healing and Recovery.* Hay House. 《치유와 회복》, 판미동.

32 50 Cent & Greene, R. (2009). *The 50th Law.* Amistad. 《50번째 법칙》, 살림Biz.

33 The Weekend University. (2021). *The Psychology of Your Future Self—Professor Hal Hershfield.* https://www.youtube.com/watch?v=QBdIeC7FYkU에서 볼 수 있다.

34 Statistica. (2019). *Life expectancy (from birth) in the United States, from 1860 to 2020*.* https://www.statista.com/statistics/1040079/life-expectancy-united-states-all-time/에서 볼 수 있다.

35 Gilbert, D. (2014). *The psychology of your Future Self.* 테드 강연. https://www.ted.com/talks/dan_gilbert_the_psychology_of_your_future_self?language=en에서 볼 수 있다.

36 Goldstien, D. (2011). *The battle between your present and Future Self.* 테드 강연. https://www.ted.com/talks/daniel_goldstein_the_battle_between_your_present_and_future_self에서 볼 수 있다.

37 Jay, M. (2021). *Essential questions to ask your Future Self.* 테드 강연. https://www.ted.com/talks/meg_jay_essential_questions_to_ask_your_future_self?language=en에서 볼 수 있다.

38 Da Sliva, A. (2020). *A journey to your Future Self.* 테드 강연. https://www.ted.com/talks/alex_da_sliva_a_journey_to_your_future_self에서 볼 수 있다.

39 Stewart, J. M. (2020). *Guidance from your Future Self.* 테드 강연. https://www.ted.com/talks/mark_john_stewart_guidance_from_your_future_self에서 볼 수 있다.

40 Howard, J. (2019). *Saying hello to your Future Self*. 테드 강연. https://www.ted.com/talks/jon_howard_saying_hello_to_your_future_self에서 볼 수 있다.

41 Hershfield, H. (2014). *How can we help our future selves?* 테드 강연. https://www.youtube.com/watch?v=tJotBbd7MwQ&t에서 볼 수 있다.

42 Wilson, D. (2016). *Thinking Forward For Your Future Self: Establishing Your i+1* | Diamond Wilson | 테드 강연. https://www.youtube.com/watch?v=2_zMc9T4ekA192에서 볼 수 있다.

43 Maciejovsky, B. (2015). *How to make our Present self become our Future Self* | Boris Maciejovsky | 테드 강연. https://www.youtube.com/watch?v=avTD-NyCSUI에서 볼 수 있다.

44 Mudathir, M. (2020). *Challenge your Future Self* | MATHANI MUDATHIR | TEDxYouth@TWSDubai. https://www.youtube.com/watch?v=rTmj34G3K0M에서 볼 수 있다.

45 Plewa, P. (2020). *How To Step Into Your Future Self* | Pauly Plewa | TEDxMcMasterU. https://www.youtube.com/watch?v=w8AzABQ_2_0에서 볼 수 있다.

46 Hershfield, H. E., Goldstein, D. G., Sharpe, W. F., Fox, J., Yeykelis, L., Carstensen, L. L., & Bailenson, J. N. (2011). Increasing saving behavior through age-progressed renderings of the Future Self. *Journal of Marketing Research*, 48(SPL), S23-S37.

47 Rutchick, A. M., Slepian, M. L., Reyes, M. O., Pleskus, L. N., & Hershfield, H. E. (2018). Future Self-continuity is associated with improved health and increases exercise behavior. *Journal of Experimental Psychology: Applied*, 24(1), 72.

48 Van Gelder, J. L., Hershfield, H. E., & Nordgren, L. F. (2013). Vividness of the Future Self predicts delinquency. *Psychological Science*, 24(6), 974-980.

49 Van Berkum, J. J. (2010). The brain is a prediction machine that cares about good and bad-any implications for neuropragmatics? *Italian Journal of Linguistics*, 22, 181-208.

50 Den Ouden, H. E., Kok, P., & De Lange, F. P. (2012). How prediction errors

shape perception, attention, and motivation. *Frontiers in Psychology*, 3, 548.

51 Long, T. L. (Writer), & Kruse, N. (Director). (2010). "Money Bart" [심슨 가족 시리즈의 에피소드]. In A. Jean J. Frink, J. L. Brooks, M. Groening, M. Selman, & S. Simon (Producers), *The Simpsons*.

52 Letterman, D. (1994). *Jerry Seinfeld—Night Guy/Morning Guy*. https://jerryseinfeldarchives.tumblr.com/post/155428911272/night-guymorning-guy-letterman-1994에서 볼 수 있다.

53 Hershfield, H. E., Cohen, T. R., & Thompson, L. (2012). Short horizons and tempting situations: Lack of continuity to our future selves leads to unethical decision making and behavior. *Organizational Behavior and Human Decision Processes*, 117 (2), 298-310.

54 Gilbert, D. (2013). *The Psychology of Your Future Self*. 2014년 밴쿠버에서 촬영된 테드 강연, 6:49. https://www.ted.com/talks/dan_gilbert_the_psychology_of_your_future_self에서 볼 수 있다.

55 Frankl, V. E. (1985). *Man's Search for Meaning*. Simon & Schuster. 《죽음의 수용소에서》, 청아출판사.

56 Anders Ericsson, K. (2008). Deliberate practice and acquisition of expert performance: a general overview. *Academic Emergency Medicine*, 15(11), 988-994.

57 Ericsson, A., & Pool, R. (2016). *Peak: Secrets from the New Science of Expertise*. Houghton Mifflin Harcourt. 《1만 시간의 재발견》, 비즈니스북스.

58 Suddendorf, T., Brinums, M., & Imuta, K. (2016). *Shaping One's Future Self: The Development of Deliberate Practice*.

59 Covey, S. R. (2013). *The 7 Habits of Highly Effective People: Powerful Lessons in Personal Change*. Simon & Schuster. 《성공하는 사람들의 7가지 습관》, 김영사.

60 Hebrews 11:1. King James Bible.

61 Johnston, W. A., & Dark, V. J. (1986). Selective attention. *Annual Review of Psychology*, 37(1), 43-75.

62 James, W. (1863). *Principles of Psychology*. Dover Publications, Inc.
63 Shinn, F. S. (2009). *The Game of Life and How to Play It*. Penguin.
64 Dethmer, J., Chapman, D., & Klemp, K. (2014). *The 15 Commitments of Conscious Leadership: A New Paradigm for Sustainable Success.* Conscious Leadership Group.

PART 1

1 Godin, S. (2012). *The Icarus Deception: How High Will You Fly?* Penguin. 《이카루스 이야기》, 한국경제신문사.
2 Frankl, V. E. (1985). *Man's Search for Meaning.* Simon & Schuster. 《죽음의 수용소에서》, 청아출판사.
3 Frankl, V. E. (1985). *Man's Search for Meaning.* Simon & Schuster. 《죽음의 수용소에서》, 청아출판사.
4 Arden, P. (2003). *It's Not How Good You Are, It's How Good You Want to Be.* Phaidon Press.
5 Frankl, V. E. (1985). *Man's Search for Meaning.* Simon & Schuster. 《죽음의 수용소에서》, 청아출판사.
6 Baumeister, R. F., & Vohs, K. D. (2002). The pursuit of meaningfulness in life. *Handbook of Positive Psychology, 1,* 608-618.
7 Proverbs 29:18. King James Bible. 《킹제임스성경》, 잠언 29:18.
8 Duckworth, A. (2016). *Grit: The Power of Passion and Perseverance.* New York, NY: Scribner. 《그릿》, 비즈니스북스.
9 Reichard, R. J., Avey, J. B., Lopez, S., & Dollwet, M. (2013). Having the will and finding the way: A review and meta-analysis of hope at work. *The Journal of Positive Psychology, 8*(4), 292-304.
10 Tong, E. M., Fredrickson, B. L., Chang, W., & Lim, Z. X. (2010). Reexamining hope: The roles of agency thinking and pathways thinking. *Cognition and Emotion, 24* (7), 1207-1215.
11 Bryant, F. B., & Cvengros, J. A. (2004). Distinguishing hope and optimism:

Two sides of a coin, or two separate coins? *Journal of Social and Clinical Psychology,* 23 (2), 273-302.

12 Fischer, I. C., Cripe, L. D., & Rand, K. L. (2018). Predicting symptoms of anxiety and depression in patients living with advanced cancer: The differential roles of hope and optimism. *Supportive Care in Cancer,* 26(10), 3471-3477.

13 Fowler, D. R., Weber, E. N., Klappa, S. P., & Miller, S. A. (2017) Replicating future orientation: Investigating the constructs of hope and optimism and their subscales through replication and expansion. *Personality and Individual Differences,* 116, 22-28.

14 Chang, E. C. (1998). Hope, problem-solving ability, and coping in a college student population: Some implications for theory and practice. *Journal of Clinical Psychology,* 54(7), 953-962.

15 Snyder, C. R., LaPointe, A. B., Jeffrey Crowson, J., & Early, S. (1998). Preferences of high- and low-hope people for self-referential input. *Cognition & Emotion,* 12(6), 807-823.

16 Snyder, C. R., Shorey, H. S. Cheavens, J., Pulvers, K. M., Adams III, V. H., & Wiklund, C. (2002). Hope and academic success in college. *Journal of Educational Psychology,* 94(4), 820.

17 Levine, P. A. (1997). *Waking the Tiger: Healing Trauma: The Innate Capacity to Transform Overwhelming Experiences.* North Atlantic Books.

18 Livingston, G. (2009). *Too Soon Old, Too Late Smart: Thirty True Things You Need to Know Now.* Da Capo Lifelong Books. 《너무 빨리 지나가버린, 너무 늦게 깨달아버린》, 걷는나무.

19 Faulkner, W. (2011). *Requiem for a Nun.* Vintage.

20 Slife, B. D. (1993). *Time and Psychological Explanation: The Spectacle of Spain's Tourist Boom and the Reinvention of Difference.* SUNY Press.

21 Tedeschi, R. G., Shakespeare-Finch, J., Taku, K., & Calhoun, L. G. (2018). *Posttraumatic Growth: Theory, Research, and Applications.* Routledge.

22 Sullivan, D. & Hardy, B. (2021). *The Gap and the Gain: The High Achievers' Guide to Confidence, Happiness, and Success.* Hay House Business.

23 Rosenthal, R., & Jacobson, L. (1968). Pygmalion in the classroom. *The Urban Review*, 3(1), 16-20.

24 Boyd, R., & MacNeill, N. (2020). How Teachers' Self-Fulfilling Prophecies, Known as the Pygmalion Effect, Influence Students' Success. *Education Today*, 24.

25 Szumski, G., & Karwowski, M. (2019). Exploring the Pygmalion effect: The role of teacher expectations, academic self-concept, and class context in students' math achievement. *Contemporary Educational Psychology*, 59, 101787.

26 Berger, J. (2016). *Invisible Influence: The Hidden Forces That Shape Behavior*. Simon & Schuster.《보이지 않는 영향력》, 문학동네.

27 Bornstein, R. F., & D'agostino, P. R. (1992). Stimulus recognition and the mere exposure effect. *Journal of Personality and Social Psychology*, 63(4), 545.

28 Fang, X., Singh, S., & Ahluwalia, R. (2007). An examination of different explanations for the mere exposure effect. *Journal of Consumer Research*, 34(1), 97-103.

29 Bornstein, R. F., & Craver-Lemley, C. (2016). Mere exposure effect. In *Cognitive Illusions* (pp. 266-285). Psychology Press.

30 Morgenstern, M., Isensee, B., & Hanewinkel, R. (2013). Seeing and liking cigarette advertisements: is there a 'mere exposure' effect? *European Addiction Research*, 19(1), 42-46.

31 Langer, E. J. (2014). *Mindfulness*. Da Capo Lifelong Books.《마음챙김》, 더퀘스트.

32 Goldsmith, M., & Reiter, M. (2015). *Triggers: Creating Behavior That Lasts-- Becoming the Person You Want to Be* (Vol. 37, No. 7). Currency.《트리거》, 다산북스.

33 Frankl, V. E. (1985). *Man's Search for Meaning*. Simon & Schuster.《죽음의 수용소에서》, 청아출판사.

34 Langer, E. J. (2009). *Counterclockwise: Mindful Health and the Power of Possibility*. Ballantine Books.《늙는다는 착각》, 유노북스.

35 Johnston, W. A., & Dark, V. J. (1986). Selective attention. *Annual Review of*

Psychology, 37(1), 43-75.

36 Mack, A. (2003). Inattentional blindness: Looking without seeing. *Current Directions in Psychological Science*, 12(5), 180-184.

37 Duckworth, A. (2016). *Grit: The Power of Passion and Perseverance. Part III: Growing Grit from the Outside In*. New York, NY: Scribner. 《그릿》, 비즈니스북스

38 The Weekend University. (2021). *The Psychology of Your Future Self—Professor Hal Hershfield*. https://www.youtube.com/watch?v=QBdleC7FYkU에서 볼 수 있다.

39 Blouin-Hudon, E. M. C., & Pychyl, T. A. (2017). A mental imagery intervention to increase Future Self-continuity and reduce procrastination. *Applied Psychology*, 66(2), 326-352.

40 Van Gelder, J. L., Luciano, E. C., Weulen Kranenbarg, M., & Hershfield, H. E. (2015). Friends with my Future Self: Longitudinal vividness intervention reduces delinquency. *Criminology*, 53(2), 158-179.

41 50 Cent & Greene, R. (2009). *The 50th Law*. Amistad. 《50번째 법칙》, 살림Biz.

42 Cardone, G. (2011). *The 10X Rule: The Only Difference Between Success and Failure*. John Wiley & Sons. 《10배의 법칙》, 부키.

43 Simons, D. J., & Chabris, C. F. (1999). Gorillas in our midst: Sustained inattentional blindness for dynamic events. *Perception*, 28(9), 1059-1074.

44 Mack, A. (2003). Inattentional blindness: Looking without seeing. *Current Directions in Psychological Science*, 12(5), 180-184.

45 Dyer, W. W. (2010). *The Power of Intention: Learning to Co-Create Your World Your Way*. Hay House, Inc.

46 Arden, P. (2003). *It's Not How Good You Are, It's How Good You Want to Be*. Phaidon Press.

47 Hardy, D. (2011). *The Compound Effect*. Vanguard Press. 《인생도 복리가 됩니다》, 부키.

48 Rate, C. R., Clarke, J. A., Lindsay, D. R., & Sternberg, R. J. (2007). Implicit theories of courage. *The Journal of Positive Psychology*, 2(2), 80-98.

49 Rate, C. R. (2010). Defining the features of courage: A search for meaning. *The*

Psychology Of Courage: Modern Research on an Ancient Virtue, 47, 66.
50　Hawkins, D. R. (2014). *Power Vs. Force: The Hidden Determinants of Human Behavior.* Hay House, Inc.《의식 혁명》, 판미동.
51　Walsh, B., Jamison, S., & Walsh, C. (2009). *The Score Takes Care of Itself: My Philosophy of Leadership.* Penguin.
52　Hendricks, G., & Hendricks, G. (2009). *The Big Leap.* HarperCollins.
53　McKeown, G. (2014). *Essentialism: The Disciplined Pursuit of Less.* Currency.《에센셜리즘》, 알에이치코리아.
54　Brault, R. (2014). *Round Up The Usual Subjects: Thoughts On Just About Everything.*
55　Hopf, G. M. (2016). *Those Who Remain: A Postapocalyptic Novel (The New World Series Book 7).* CreateSpace Independent Publishing Platform.
56　Durant, W., & Durant, A. (2012). *The Lessons of History.* Simon & Schuster.《윌 듀런트의 역사의 교훈》, 을유문화사.
57　Dalio, R. (2021). *Principles for Dealing with the Changing World Order: Why Nations Succeed and Fail.* Simon & Schuster.《변화하는 세계 질서》, 한빛비즈.
58　James 1:8. King James Bible.《킹제임스성경》, 야고보 1:8.

PART 2

1　Frankl, V. E. (1985). *Man's Search for Meaning.* Simon & Schuster.《죽음의 수용소에서》, 청아출판사.
2　"Greatest robbery of a Government". Guinness World Records. https://www.guinnessworldrecords.com/world-records/65607-greatest-robbery-of-a-government에서 볼 수 있다.
3　Durant, W., & Durant, A. (2012). *The Lessons of History.* Simon & Schuster.《윌 듀런트의 역사의 교훈》, 을유문화사.
4　Charlton, W., & Hussey, E. (1999). *Aristotle Physics Book VIII (Vol. 3).* Oxford University Press.
5　Turnbull, R. G. (1958). Aristotle's Debt to the 'Natural Philosophy' of the

Phaedo. *Philosophical Quarterly,* 8, 131-143.

6 Scharle, M. (2008). Elemental Teleology in Aristotle's Physics II 8. *Oxford Studies in Ancient Philosophy,* 34, 147-184.

7 Boeri, M. D. (1995). Change and Teleology in Aristotle Physics. *International Philosophical Quarterly,* 34. 87-96.

8 Charles, D. (1991). Teleological Causation in the Physics, in L. Judson (ed.), *Aristotle's Physics: A Collection of Essays.* Oxford: Oxford University Press, 101-128.

9 Charles, D. (2012). Teleological Causation, in C. Shields (ed.), *The Oxford Handbook of Aristotle.* Oxford: Oxford University Press, 227-266.

10 Rosenblueth, A., Wiener, N., & Bigelow, J. (1943). Behavior, purpose and teleology. *Philosophy of Science,* 10(1), 18-24.

11 Thiel, P. A., & Masters, B. (2014). *Zero to One: Notes on Startups, or How to Build the Future.* Currency. 《제로투원》, 한국경제신문사.

12 Clear, J. (2018). *Atomic Habits: Tiny Changes, Remarkable Results: An Easy & Proven Way to Build Good Habits & Break Bad Ones.* Avery. 《아주 작은 습관의 힘》, 비즈니스북스.

13 Howes, L. (2018). *James Clear: Success Habits: The Proven Way to Achieve Your Dreams.* https://lewishowes.com/podcast/the-proven-way-to-achieve-your-dreamswith-james-clear/에서 볼 수 있다.

14 Clear, J. (2019). *3-2-1: On systems vs. goals, endings, and the importance of leverage.* https://jamesclear.com/3-2-1/december-31-2020에서 볼 수 있다.

15 Perttula, A., Kiili, K., Lindstedt, A., & Tuomi, P. (2017). Flow experience in game based learning—a systematic literature review. *International Journal of Serious Games,* 4(1).

16 Csikszentmihalyi, M., Abuhamdeh, S., & Nakamura, J. (2014). *Flow and the Foundations of Positive Psychology.* 227-238. Springer, Dordrecht.

17 Kotler, S. (2014). *The Rise of Superman: Decoding the Science of Ultimate Human Performance.* Houghton Mifflin Harcourt.

18 Frankl, V. E. (1985). *Man's Search for Meaning.* Simon & Schuster. 《죽음의 수

용소에서》, 청아출판사.
19 Gilbert, D. (2014). *The Psychology of your Future Self*. 테드 강연.
20 Gilbert, D. (2006). *Stumbling Upon Happiness*. Knopf.
21 Gilbert, D. (2014). *The Psychology of your Future Self*. 테드 강연.
22 Gilbert, D. (2014). *The Psychology of your Future Self*. 테드 강연.
23 Quoidbach, J., Gilbert, D. T., & Wilson, T. D. (2013). The end of history illusion. *Science*, 339(6115), 96-98.
24 Harris, H., & Busseri, M. A. (2019). Is there an 'end of history illusion' for life satisfaction? Evidence from a three-wave longitudinal study. *Journal of Research in Personality*, 83, 103869.
25 Dweck, C. S. (2008). *Mindset: The New Psychology of Success*. Random House Digital, Inc. 《마인드셋》, 스몰빅라이프.
26 Einstein, A. (2010). *The Ultimate Quotable Einstein*. Princeton University Press.
27 Olson, J. (2013). *The Slight Edge*. Greenleaf Book Group.
28 Sitzmann, T., & Yeo, G. (2013). A meta-analytic investigation of the within-person self-efficacy domain: Is self-efficacy a product of past performance or a driver of future performance? *Personnel Psychology*, 66(3), 531-568.
29 Fogg, BJ (2020). *Tiny Habits: The Small Shanges That Change Everything*. Houghton Mifflin Harcourt. 《습관의 디테일》, 흐름출판.
30 Berk, L. E. (2010). *Exploring Lifespan Development (2nd ed.)*. 314. Pearson Education Inc.
31 Hardy, B. (2016). *Does It Take Courage to Start a Business?*
32 Bodner, R., & Prelec, D. (2003). Self-signaling and diagnostic utility in everyday decision making. *The Psychology of Economic Decisions*, 1(105), 26.
33 Hawkins, D. R. (2014). *Letting Go: The Pathway of Surrender*. Hay House, Inc.
34 Baer, D. (2013). *How Arianna Huffington networks without networking*. Fast Company. https://www.fastcompany.com/3018307/how-arianna-huffington-networks-without-networking에서 볼 수 있다.
35 Ferriss, T. (2017). *Tools of Titans: The Tactics, Routines, and Habits of*

Billionaires, Icons, and World-Class Performers. Houghton Mifflin. 《타이탄의 도구들》, 토네이드.

36　Souman, J. L., Frissen, I., Sreenivasa, M. N., & Ernst, M. O. (2009). Walking straight into circles. *Current Biology,* 19(18), 1538-1542.

37　Max Plank Institute. (2009). *Walking in circles Scientists from Tübingen show that people really walk in circles when lost.* 막스 플랑크 생물학적 인공두뇌학 연구소. https://www.mpg.de/596269/pressRelease200908171에서 볼 수 있다.

38　Max Plank Institute. (2009). *Walking in circles: Scientists from Tübingen show that people really walk in circles when lost.* 막스 플랑크 생물학적 인공두뇌학 연구소. https://www.mpg.de/596269/pressRelease200908171에서 볼 수 있다.

39　Horigome, Y. (2019). *Yuto Horigome | Rising Legend of Japanese Skateboarder.* https://www.youtube.com/watch?v=FaGJbRHuiX0&t에서 볼 수 있다.

40　Horigome, Y. (2021). *Horigome Yuto: His story and the road to the Tokyo 2020 Olympics.* https://olympics.com/en/news/horigome-yuto-his-story-and-the-road-to-the-tokyo-2020-olympics에서 볼 수 있다.

41　Waitzkin, J. (2008). *The Art of Learning: An Inner Journey to Optimal Performance.* Simon & Schuster. 《배움의 기술》, 이제.

42　Waitzkin, J. (2008). *The Art of Learning: An Inner Journey to Optimal Performance.* Simon & Schuster. 《배움의 기술》, 이제.

43　Moors, A., & De Houwer, J. (2006). Automaticity: a theoretical and conceptual analysis. *Psychological Bulletin,* 132(2), 297.

44　Klöckner, C. A., & Verplanken, B. (2018). Yesterday's habits preventing change for tomorrow? About the influence of automaticity on environmental behavior. *Environmental Psychology: An Introduction,* 238-250.

45　Ericsson, A., & Pool, R. (2016). *Peak: Secrets from the New Science of Expertise.* Random House. 《1만 시간의 재발견》, 비즈니스북스.

46　Anders Ericsson, K. (2008). Deliberate practice and acquisition of expert performance: a general overview. *Academic Emergency Medicine,* 15(11), 988-994.

47 Suddendorf, T., Brinums, M., & Imuta, K. (2016). *Shaping One's Future Self: The Development of Deliberate Practice.*

48 Waitzkin, J. (2008). *The Art of Learning: An Inner Journey to Optimal Performance.* Simon & Schuster.《배움의 기술》, 이제.

49 Ferriss, T. (2020). *Josh Waitzkin on Beginner's Mind, Self-Actualization, and Advice from Your Future Self (#412).* https://tim.blog/2020/02/27/josh-waitzkin-beginners-mind-self-actualization-advice-from-your-future-self/ 에서 볼 수 있다.

50 Ferriss, T. (2021). *Josh Waitzkin and Tim Ferriss on The Cave Process, Advice from Future Selves, and Training for an Uncertain Future (#498).* https://tim.blog/2021/02/16/josh-waitzkin-2/에서 볼 수 있다.

51 Ferriss, T. (2020). *The Tim Ferriss Show Transcripts: Josh Waitzkin on Beginner's Mind, Self-Actualization, and Advice from Your Future Self (#412).* https://tim.blog/2020/03/14/josh-waitzkin-transcript-412/에서 볼 수 있다.

52 Sivers, D. (2021). *How to Live: 27 conflicting answers and one weird conclusion.* (p. 52). Hit media. https://sive.rs/h에서 볼 수 있다.

53 Shakespeare, W. (1991). *Hamlet:*[1604]. Oxford Text Archive Core Collection.《햄릿》, 민음사.

54 Hitler, A. (2021). *Mein Kampf.* Diamond Pocket Books Pvt Ltd.《나의 투쟁》, 동서문화사.

55 Pressfield, S. (2002). *The War of Art: Break Through The Blocks and Win your Inner Creative Battles.* Black Irish Entertainment LLC.《최고의 나를 꺼내라》, 북북서.

56 Ferriss, T. (2015). *Derek Sivers Reloaded - On Success Habits and Billionaires with Perfect Abs (#128).* https://tim.blog/2015/12/28/derek-sivers-reloaded-on-success-habits-andbillionaires-with-perfect-abs/에서 볼 수 있다.

57 Galvin, B. M., Randel, A. E., Collins, B. J., & Johnson, R. E. (2018). Changing the focus of locus (of control): A targeted review of the locus of control literature and agenda for future research. *Journal of Organizational Behavior,* 39(7), 820-833.

58 Jacobs-Lawson, J. M., Waddell, E. L., & Webb, A. K. (2011). Predictors of health locus of control in older adults. *Current Psychology,* 30(2), 173-183.

59 Benassi, V. A., Sweeney, P. D., & Dufour, C. L. (1988). Is there a relation between locus of control orientation and depression?. *Journal Of Abnormal Psychology,* 97(3), 357.

60 Pinnock, C. H., Rice, R., Sanders, J., Hasker, W., & Basinger, D. (2010). *The Openness of God: A Biblical Challenge to the Traditional Understanding of God.* InterVarsity Press.

61 Acts 17:29. King James Bible.《킹제임스성경》, 사도행전 17:29.

62 Romans 8:16-17. King James Bible.《킹제임스성경》, 로마서 8:16-17.

63 Wall, M. (2018). *We're Probably Living in a Simulation, Elon Musk Says.* Space.com. https://www.space.com/41749-elon-musk-living-in-simulation-rogan-podcast.html에서 볼 수 있다.

64 Carter-Scott, C. (1998). *If Life Is a Game, These Are the Rules.* Harmony.

65 Genesis 1:27. King James Bible.《킹제임스성경》, 창세기 1:27.

66 Snow, E. (1845). Eliza R. Snow, "My Father in Heaven," October 1845. https://www.churchhistorianspress.org/the-first-fifty-years-of-relief-society/part-1/1-14에서 볼 수 있다.

67 Olson, R. E. (2007). Deification in contemporary theology. *Theology Today,* 64(2), 186-200.

68 Hallonsten, G. (2007). Theosis in Recent Research: A Renewal of Interest and a Need for Clarity. *Partakers of the Divine Nature. The History and Development of Deification in the Christian Traditions.*

69 Kharlamov, V. (Ed.). (2011) *Theosis: Deification in Christian Theology, Volume Two (Vol. 156).* Wipf and Stock Publishers.

70 Irenaeus, Adversus Haereses (Irenaeus Against Heresies), book 4, chapter

38, in The Apostolic Fathers, Justin Martyr, Irenaeus, vol. 1 of *Ante-Nicene Fathers: The Writings of the Fathers Down to A.D. 325,* ed. Alexander Roberts and James Donaldson (Peabody, Massachusetts: Hendrickson Publishers, 1994), 522.
71 Irenaeus, Adversus Haereses (Irenaeus Against Heresies), book 5, chapter 36, in vol. 1, *The Apostolic Fathers,* 567.
72 Lewis. C. S. (1960). "Counting the Cost," *Mere Christianity.* New York: Macmillan, 174-75.
73 Smith, E., * Jones, A. (1805). Know Then That Every Soul Is Free. https://www.churchofjesuschrist.org/music/library/hymns/know-this-that-every-soul-is-free에서 볼 수 있다.

PART 3

1 Segall, K. (2013). *Insanely Simple: The Obsession That Drives Apple's Ssuccess.* Penguin. 《미친듯이 심플》, 문학동네.
2 Isaacson, W. (2011). *Steve Jobs.* Simon & Schuster. 《스티브 잡스》, 민음사.
3 McKeown, G. (2014). *Essentialism: The Disciplined Pursuit of Less.* Currency. 《에센셜리즘》, 알에이치코리아.
4 Luce, C. B. (1931). Stuffed Shirts by Clare Boothe Brokaw. Chapter 17: *Snobs, New Style,* Quote Page 239, Horace Liveright, New York.
5 Frankl, V. E. (1985). *Man's Search for Meaning.* Simon & Schuster. 《죽음의 수용소에서》, 청아출판사.
6 Collins, J. (2001). *Good to Great: Why Some Companies Make The Leap and Others Don't.* HarperBusiness. 《좋은 기업을 넘어 위대한 기업으로》, 김영사.
7 Dethmer, J., Chapman, D., & Klemp, K. (2014). *The 15 Commitments of Conscious Leadership: A New Paradigm for Sustainable Success.* Conscious Leadership Group.
8 Lawler III, E. E., & Suttle, J. L. (1973). Expectancy theory and job behavior. *Organizational Behavior and Human Performance,* 9(3), 482-503.

9   Hawkins, D. R. (2014). *Power vs. Force: The Hidden Determinants of Human Behavior*. Hay House, Inc. 《의식 혁명》, 판미동.
10 Shinn, F. S. (2009). *The Game of Life and How to Play It*. Penguin.
11 Hill, N. (2020). *Think and Grow Rich: The Original Classic*. Third Millennium Press. 《생각하라! 그러면 부자가 되리라》, 국일미디어.
12 Allen, J. (2008). *As a Man Thinketh*. Create Space Independent Publishing Platform. 《위대한 생각의 힘》, 문예출판사.
13 Berk, L. E. (2010). *Exploring Lifespan Development (2nd ed.)*. Pg. 314. Pearson Education Inc.
14 Covey, S. R. (2013). *The 7 Habits of Highly Effective People: Powerful Lessons in Personal Change*. Simon & Schuster. 《성공하는 사람들의 7가지 습관》, 김영사.
15 Shenk, J. W. (2014). *Powers of Two: Finding the Essence of innovation in Creative Pairs*. Houghton Mifflin Harcourt.
16 WJS, p. 15.
17 Recollection of John Lyman Smith in JI (March 15, 1892): 172.
18 Madsen, T. (1978). Joseph Smith Lecture 2: Joseph's Personality and Character. BYU Speeches. https://speeches.byu.edu/talks/truman-g-madsen/joseph-smiths-personality-and-character/에서 볼 수 있다.
19 Meisel, A. (2014). *Less Doing, More Living: Make Everything in Life Easier*. TarcherPerigee.
20 Schwartz, B. (2004, January). *The Paradox Of Choice: Why More is Less*. New York: Ecco.
21 McKeown, G. (2014). *Essentialism: The Disciplined Pursuit of Less*. Currency. 《에센셜리즘》, 알에이치코리아.
22 Hendricks, G., & Hendricks, G. (2009). *The Big Leap*. HarperCollins.
23 Sivers, D. (2015). *Derek Sivers on Developing Confidence, Finding Happiness, and Saying "No" to Millions (#125)*. The Tim Ferriss Show. https://tim.blog/2015/12/14/derek-sivers-on-developing-confidence-finding-happiness-andsaying-no-to-millions/에서 볼 수 있다.

24 Sullivan, D. & Hardy, B. (2020). *Who Not How: The Formula to Achieve Bigger Goals Through Accelerating Teamwork.* Hay House Business.
25 Hendricks, G., & Hendricks, G. (2009). *The Big Leap.* HarperCollins.
26 Sonnentag, S. (2012). Psychological detachment from work during leisure time: The benefits of mentally disengaging from work. *Current Directions in Psychological Science,* 21(2), 114-118.
27 Karabinski, T., Haun, V. C., Nübold, A., Wendsche, J., & Wegge, J. (2021). Interventions for improving psychological detachment from work: A meta-analysis. *Journal of Occupational Health Psychology,* 26(3), 224.
28 Pressfield, S. (2002). *The War of Art: Break Through the Blocks and Win Your Inner Creative Battles.* Black Irish Entertainment LLC. 《최고의 나를 꺼내라!》, 북북서.
29 Collins, J. (2001). *Good to Great: Why Some Companies Make the Leap and Others Don't.* HarperBusiness. 《좋은 기업을 넘어 위대한 기업으로》, 김영사.
30 Ferriss, T. (2014). The Tim Ferriss Show: Interview with Peter Thiel, Billionaire Investor and Company Creator (#28). https://tim.blog/2014/09/09/peter-thiel/에서 볼 수 있다.
31 Godin, S. (2010). Seth Godin: The Truth About Shipping. 99Designs. https://99u.adobe.com/articles/6249/seth-godin-the-truth-about-shipping 에서 볼 수 있다.
32 Godin, S. (1999). *Permission Marketing: Turning strangers into friends and Friends into Customers.* Simon & Schuster.
33 Godin, S. (2003). *Purple Cow: Transform Your Business by Being rRemarkable.* Portfolio. 《보랏빛 소가 온다》, 재인.
34 Godin, S. (2007). *The Dip: A Little Book That Teaches You When to Quit (and When To Stick).* Portfolio. 《더 딥》, 재인.
35 Godin, S. (2008). *Tribes: We Need You to Lead Us.* Penguin. 《트라이브즈》, 시목.
36 Grant, A. (2021). *Think Again: The Power of Knowing What You Don't Know.* Viking. 《싱크 어게인》, 한국경제신문사.

에필로그

1   Frost, R. (1952). Men of Faith by Philip Hamburger. Start Page 167, Quote Page 169, The New Yorker Magazine Inc., New York. https://quoteinvestigator.com/2020/05/04/bold/에서 볼 수 있다.

찾아보기

ㄱ
가치관 68, 158, 159, 162, 218, 245
감정이입 85, 103, 104
거래적 관계 101
건강한 정서 86
게이먼, 닐 233-235, 238
《격차와 유익》 89
결정론 40, 41
〈경기장의 투사〉 120
결정 피로 125, 236, 262, 264, 265
고다드, 네빌 31
고딘, 세스 67, 178, 273-277
고정 마인드셋 24, 160, 161, 211
골드스미스, 마셜 97
공격적인 완수 277
공산주의 132
그랜드 세프트 오케스트라 252
그랜트, 애덤 278, 279
그로서, 틸리 69
그린, 로버트 45, 109
그림자 경력 197
근시안적인 결정 6, 66, 102, 108, 169
근접효과 95
기업 운영 시스템 221
길버트, 대니얼 25, 52, 157-161, 287
길을 찾는 생각 80

ㄴ
나비효과 263
《나의 투쟁》 196

《남아 있는 사람들: 종말 후 이야기》 130
농업 단계 131
《누구와 함께 일할 것인가》 226, 261, 267
뉴턴식 시간 268
니노이 139-142
니체, 프리드리히 72

ㄷ
다빈치, 레오나르도 277
다이어, 웨인 116
단순노출 효과 95, 99
달리오, 레이 133, 279
《더 답》 275
더크워스, 앤절라 79, 81, 99
데스머, 짐 62, 235
도널드슨, 지미 32-39, 284
돌이킬 수 없는 지점 174, 175
《둘의 힘》 254
듀런트, 아리엘 131, 133
듀런트, 윌 131, 133, 143
드러커, 피터 261
드레스덴 돌스 251, 252
드웩, 캐럴 24, 160
디스펜자, 조 243, 269

ㄹ
램버트, 네이트 225, 256
레논, 존 127
레빈, 피터 85
〈레이트 쇼 위드 데이비드 레터먼〉 50

레터먼, 데이비드 50, 51
로스차일드 병원 69
론, 짐 93, 166
롬바디, 빈스 275
루미 99
루스벨트, 시어도어 119
루스, 클레어 부스 217
루이스, 알프레드 헨리 112
루이스, C. S. 208
리빙스턴, 고든 87
《린치핀》 275

ㅁ
마르코스, 이멜다 139, 145
마르코스, 페르디난드 138-146
마이젤, 아리 259
막스 플랑크 생물학적 인공두뇌학 연구소 180
매카트니, 폴 127
맥스웰, 존 263
맥커운, 그렉 129
머리, 윌리엄 허친슨 248
명확성의 역설 129
모로우, 존 173
목적론적 세계관 42
목적 원인 148
몰입 31, 40, 57, 129, 153-155, 261, 265, 269, 282
무주의 맹시 116, 117
미래의 나 상상 도구 164
미래의 나에 대한 심리학 48, 49, 158
미래의 나에 대한 투자 168, 169
미스터 비스트 33-37, 39, 49, 59, 63, 64, 113

ㅂ
《바비 피셔를 찾아서》 187
바우마이스터, 로이 77, 287
바커, 마이클 84
반마르코스 운동 143
《배움의 기술》 187
버거, 조나 95
버핏, 워런 126
베르겐벨젠 70
변혁적 관계 101
《변화하는 세계 질서》 133
《보랏빛 소가 온다》 274
보스, 캐슬린 77
《보이지 않는 영향력》 95
복리효과 170-172, 223
부산물 171
브라우어, 리 285
브래디, 톰 120
브랜슨, 리처드 198, 199
브롤트, 로버트 130, 197, 232
브리넘스, 멜리사 191
비틀스 127
빈 신경과 종합진료소 71

ㅅ
사냥 단계 131
사인펠드, 제리 51
산업 단계 132
산 전략 234
생텍쥐페리, 앙투안 드 239
《선택의 패러독스》 262
선택적 주의 50, 99, 117
설리번, 댄 89, 105, 117, 230, 257, 261, 267, 280

성공 병   126, 127
성장 마인드셋   24, 162
셀리그먼, 마틴   40, 287
셰익스피어, 윌리엄   197
솅크, 조슈아 울프   254
수덴도르프, 토마스   191
슈워츠, 배리   262
스나이더, 찰스   81
스노우, 로렌조   206
스노우, 엘리자   207
스미스, 엘리아스   209
스미스, 조셉   254
스컬리, 존   215
스트래티직 코치   89
스테판, 그레이엄   253
스포츠 비평   121
슬라이프, 브렌트   87
《습관의 디테일》   172
《시간과 심리학적 설명》   87
시버스, 데릭   195, 197, 266
시스템화   7, 212, 259-262, 264, 265, 282
〈심슨 가족〉   50
《싱크 어게인》   278
쉰, 플로렌스   61, 242, 245
싱클레어, 밥   256

ㅇ
아덴, 폴   118
아들러, 알프레드   68
아리스토텔레스   147-149
아우슈비츠 수용소   70, 71
아웃소싱   259, 261
아이젠하워, 드와이트   113
아인슈타인식 시간   268

아인슈타인, 알베르트   28, 153, 164, 170, 198, 268, 269
《아주 작은 습관의 힘》   153
알렌, 제임스   245
애덤스, 존   76
애플   214-216
에릭슨, 안데르스   188, 189, 287
에머슨, 랠프 월도   63, 150
엑스(X) 게임   184
엡스타인, 브라이언   127
옐로스톤 국립공원   264, 264
올슨, 제프   165
완벽주의   280
외부 요소   199
외상 후 성장   89
요나스, 레기나   70
요다   241
우선순위   19, 20, 114, 211, 219, 220, 222, 223, 226-229, 231, 237, 238, 256, 263, 267, 268, 272, 282, 286, 299-301, 303, 305, 309
우울증   40, 202
워싱턴, 덴절   242
워즈워스, 윌리엄   205-207
월시, 빌   126
웨이츠킨, 조시   186, 187, 315
웨이츠킨, 프레드   187
《위대한 도약》   268
《위대한 생각의 힘》   245
〈위대함의 학교〉   153
위크먼, 지노   221
《윌 듀런트의 역사의 교훈》   131
윌리엄스, 세리나   179
윌리엄슨, 마리안   200

윌슨, 메러디스　114
유연함　79, 107
유튜브 영상　32, 34, 39, 270
의미 치료　69, 76
《의사와 정신》　69-71, 218
의식 지도　242
이레나에우스　207
이무타, 카나　191
이슨, 보　120
인간의 문명　131
인간의 신격화　207
《인생이 게임이라면 규칙이 있다》　204
〈인 타임〉　110

ㅈ

자기 파괴적　49, 128
자동성　188, 189
자동화　7, 189, 212, 259-261, 263, 265
자신감　35, 160, 171-173, 236, 280
잡스, 스티브　213-216, 219, 275
저항　196, 242, 261, 271
전념　30, 59, 60, 62, 63, 81, 82, 89, 105, 116, 128, 129, 139, 146, 161, 163, 173-176, 185, 192-194, 213, 216, 234-240, 245, 246, 248, 254, 255, 262, 265, 267-269, 271, 280, 282, 286
전망　42, 47, 163
접근 동기　45
정체성　47, 63, 97, 98, 137, 160, 162, 171, 173, 175, 176, 203, 209, 237, 245, 247, 266, 278
제임스, 윌리엄　60
제퍼슨, 토머스　76
조코비치, 노바크　189

존스, 애브너　209
존스, 찰리　96
《좋은 기업을 넘어 위대한 기업으로》　220, 302
주도권　85, 268-272
《죽음의 수용소에서》　71, 72, 75
중독　88, 169, 224
지글러, 지그　96, 246

ㅊ

창의성　128, 150, 269
채프먼, 다이애나　62, 235
《최고의 나를 꺼내라》　196, 271
《최고의 변화는 어디서 시작되는가》　226
《최고의 변화는 어떻게 만들어지는가》　226, 287
최적화　237, 259
측정 가능한 지표　180
칙센트미하이, 미하이　153

ㅋ

카돈, 그랜트　115, 116
카우퍼링　70
카터 스콧, 셰리　204
카토　122
코리　139-146
코비, 스티븐　59, 113, 114, 149, 245, 246, 269
코틀러, 스티븐　154
콜린스, 짐　220, 221, 272
크라우드펀딩　252, 253
크리스텐슨, 클레이튼　236
클렘프, 칼리　62, 235
클리어, 제임스　153
킹, 마틴 루서　141

341

ㅌ

타이슨, 마이크　83
타이지 푸시 핸드　187
타임캡슐　284-286
태극권　187, 190-192
테드 강연　26, 47, 28, 158, 251, 253
테레진 수용소　70
테오시스　207, 208
〈토이 스토리〉　216
투지　79, 81, 82, 99
튀르크하임　70
트라우마　72, 85, 88, 224
《트라이브즈》　275
《트랙션》　221
《트리거》　97
틸, 피터　151, 152, 273
팀버레이크, 저스틴　110

ㅍ

파간, 에벤　260
파머, 어맨다　251-253
《파이돈》　148
파킨슨 법칙　279
판돌피니, 부르스　187
《퍼미션 마케팅》　274
페리스, 팀　192, 197
포그, BJ　172
포크너, 윌리엄　87
프랭클, 가브리엘　68
프랭클린, 벤저민　76
프랭클, 빅터　54, 58, 67-73, 75-78, 82, 97, 137, 155, 218, 219, 224, 237
프랭클, 엘사　68
프레스필드, 스티븐　197, 271

프로스트, 로버트　283
프로이트, 지그문트　68
프링글스　168
플라톤　148
피그말리온 효과　93, 94, 99
피리 부는 사람　6, 136, 165, 166, 177
피카소, 파블로　183, 276
피프티 센트　45, 99
피플 파워 혁명　144
픽사 스튜디오　216
필연성 사고　260

ㅎ

하디, 대런　121
하우스, 루이스　153
《행복에 걸려 비틀거리다》　158
허시필드, 할　102-106, 287
허핑턴, 아리아나　178
헨드릭스, 게이　128, 268
호리고메 유토　181
호킨스, 데이비드　44, 122, 177, 242
호프, 마이클　130
홀로코스트　54
회복력　71
회피 동기　45
효과성　261
효율성　261
후회　16, 24, 50, 52, 122, 166, 262
훈련　28, 126, 130, 166, 167, 183, 184, 186, 188, 189, 192, 194
휴스턴, 나이자　184
히틀러, 아돌프　196, 197
힐, 나폴레온　244

《10배 마인드셋》   229
《10배의 법칙》   115, 116
《50번째 법칙》   45, 109
80퍼센트 법칙   280
UTR   178, 180

퓨처 셀프 30만 부 기념 스페셜 에디션

초 판   1쇄 발행 2023년 8월 30일
기념판 206쇄 발행 2025년 12월 17일

지은이 벤저민 하디
옮긴이 최은아
펴낸이 고영성

책임편집 김주연 편집 윤충희 저작권 주민숙

펴낸곳 주식회사 상상스퀘어
출판등록 2021년 4월 29일 제2021-000079호
주소 경기 성남시 분당구 성남대로43번길 10, 하나EZ타워 307호
팩스 02-6499-3031
이메일 publication@sangsangsquare.com
홈페이지 www.sangsangsquare-books.com

ISBN 979-11-988543-1-5   03190

- 상상스퀘어는 출간 도서를 한국작은도서관협회에 기부하고 있습니다.
- 이 책은 저작권법에 따라 보호를 받는 저작물이므로 무단 전재와 복제를 금지하며,
  이 책 내용의 전부 또는 일부를 사용하려면 반드시 저작권자와 상상스퀘어의 서면 동의를 받아야 합니다.
- 파손된 책은 구입하신 서점에서 교환해 드리며 책값은 뒤표지에 있습니다.